틀릴 결심

틀림 결심

정답이 사라진 순간
우리는 대화할 수 있다

오후 지음

바다출판사

들어가며

"야, 너 틀렸어."

내비게이션이 알려준 길과 다른 길로 들어서자 옆에 앉은 친구가 말했다.

"괜찮아."

별일 아니란 듯 말했지만 운전대를 쥔 손에 힘이 바짝 들어간다. 짧은 정적.

"전방 200미터 앞에서 우회전입니다."

언제나 그렇듯이 주인보다 현명한 내비는 정적을 깨고 곧 새로운 루트를 알려준다. 도착 예정 시간도 1분 줄어든다. 그제서야 긴장이 풀린다.

"길이 틀린 게 어딨냐. 가면 다 통하지."

"틀렸다"라는 친구의 말 때문인지 이 사소한 사건을 종종 떠올리곤 한다. 틀렸다는 건 누구나 아는 표현이지만 의외로 잘 쓰지 않는 표현이다. 특히 학교를 나온 뒤로 시험과는 거리가 먼 삶을 산 나 같은 이들은 쓰는 일도 듣는 일도 거의 없다. 현대인들은 웬만해선 타인에게 틀렸다고 말하지 않는다. 그게 예의라고 배운다.

물론 틀렸다고 말하지 않는다고 해서 타인을 평가하지 않는다는 건 아니다. 아니, 오히려 잣대는 훨씬 더 엄격해졌다. 인터넷이 처음 등장했을 때 인류는 완벽히 자유로운 세계를 상상했다. 모두의 개성이 그 자체로 존중받는 익명의 세상. 처음에는 얼핏 그런 것처럼 보였다. 그런데 인터넷이 삶 깊숙이 침투하기 시작하자 오히려 자유는 사라졌다. 사람들은 누가 시키지도 않았는데 스스로를 전시했고, 각자의 기준으로 서로를 비교해 댔다. 그리고 누군가 기준에서 벗어나면 한없이 조리돌렸다. 그리고 그 칼날은 곧 자신에게로 향했다. 현대인은 어떻게 행동하고 어떻게 발언하고 어떻게 살아가야 더 나은지 자기계발서 같은 삶을 내면화한다. 그렇게 다른 것은 틀린 것이 되었다.

우리는 자유로운 제도 속에서 스스로를 속박한다. 오히려 진짜 자유가 억압받던 과거가 조금 더 자유롭게 느껴질 정도다. 그때는 적어도 일탈에 대한 동경이 있었다. 동경까진 아니어도 아웃사이더의 실패에 대한 동정이 있었다. 그런데 이제 아웃사이더는 그냥 왕따가 된다. 모두가 소수를 존중해야 한다고 말하지만 막상 소수 의견을 듣는 것에 대해서는 어느 때보다 힘들어한다. 아무렇지 않게 "누칼협"이라고 말한다.

6

'(그렇게 하라고) 누가 칼들고 협박함?'이라는 신조어가 흥미로운 것은 선택의 자유에 대해 말하면서 오히려 선택을 강요하기 때문이다. 눈에 띄지 말고 정해진 대로 착실하게 살라고 칼을 들지 않고 협박한다. 이제는 게임을 하나 해도 공략 먼저 찾아보는 것이 루틴이 되어버렸다. 사람들은 팁을 공유하고 공식대로 게임을 깬다. 그런데 더 놀라운 건 공략을 따라 해야 내 마음도 편해진다는 것이다. 확실한 답은 그 답이 옳든 그르든 사람을 안도하게 한다. 그러면 "아름다운 전체 사회에서 모두가 행복하게 살았습니다" 하고 끝나면 좋을 텐데, 아쉽게도 그렇지가 않다.

당연한 말이지만 세상은 시뮬레이션이 아니다. 게임과 내비에는 최적 노선이 존재하지만 세상에는 정답이 없다. 신이 있는지 없는지는 모르겠지만, 있다 해도 프로그래밍 실력만큼은 형편 없다. 더 중요한 건 내비나 게임과 달리 세상에는 목적이 정해져 있지 않다. 세상 그 어떤 일도 하나의 정답을 낼 정도로 단순하지 않다. 유일하게 단언할 수 있는 게 있다면, 그건 '어떤 일이든 단순하게 설명하는 이들은 사기꾼'이라는 것 정도가 아닐까 싶다.

사회는 흰색 도화지가 아니다. 우리 이전에 누군가 그림을 그렸고, 우리도 모르는 사이 덧칠을 하고 있다. 원본이 무엇인지조차 알아볼 수 없을 정도로 덧칠을 한다. 덧칠은 본질적으로 깔끔할 수 없다. 모두가 완벽한 답을 찾으려고 하지만 완벽함은 상상에서나 존재한다. 심지어 완성된 것처럼 보이더라도 시간이 지나면 다시 낡고 해져서 다시 덧칠해야 한다. 세상의 진보란 수많은 길이 뒤섞여 만든 타협의 결과물이다. 그리고 타협이란 어느 하나 만족스럽지 않고 괴기스러운 것이다. 안타깝게도 이것이 인류가 진보해 온 방식이다. 괴기스러움이야말로 현실에서 존재할 수 있는 유일한 아름다움이다. 결국 이 모든 과정에서 얼마나 많은 고민이 있었느냐가 세상의 깊이를 결정한다.

이 책은 2021년부터 2024년 사이 교양 과학잡지 《스켑틱》에 연재한 글을 모은 것이다. 원고를 쓰기 시작하면서 나는 크게 두 가지 목표를 세웠다.

하나, 《스켑틱》스럽지 않은 글을 쓸 것.

사실 이건 목표라기보다는 어쩔 수 없는 전략에 가까웠다. 《스켑틱》에는 내로라하는 과학 전문가(대부분 박사)들이 주로 글을 쓴다. 잘 알지도 못하면서 그럴듯하게 말하는 게 내 스타일이긴 하지만, 전문가 앞에서는 삼가는 게 좋다. 《스켑틱》에서 과학 이야기를 잘못 꺼냈다간 바닥이 드러나기 때문에 내게는 다른 식의 글쓰기가 필요했다. 물론 과학잡지니 과학 이야기를 안 할 수는 없지만, 주제나 소재를 다채롭게 하려고 노력했다. 《스켑틱》의 지향점과는 다소 어긋나겠지만, 그 어긋남이 《스켑틱》에서 나를 섭외한 이유가 아니었겠느냐는 자기 합리화를 과거부터 지금까지 꾸준히 하고 있다.

둘, 시의성 있는 주제를 다룰 것.

잡지의 매력은 '바로 지금 여기'에 있다. 많은 작가들이 '불멸의 글'을 욕망하지만, 나는 당대의 글을 사랑한다. 물론 모든 글은 원하든 원하지 않든 시대를 담고, 그중 보편성을 획득한 글은 오래 살아남는다. 오래 살아남았다는 건 좋다는 의미일 것이다. 하지만 오랜 시간 살아남지 않는다고 해서, 심지어 일회성으로 사라진다고 해서, 꼭 나쁜 글이라고는 할 수 없다. 내가 좋아하는 글은 읽었을 때 바로 지금 여기의 이야기라고 느껴지는 글이다. 그 어느 때보다 지금 봤기에 좋은 글. 곧 사라지기에 더 반짝거리는 글. 특히 잡지 연재라면 그런 글이 꼭 필요하다.

남들과 다른 방식을 시도하고, 시의성 있는 주제를 다루는 것 모두 틀릴 수 있음을 전제로 한다. 보통 남들이 하지 않는 것은 틀렸을 확률이 높고, 시의성 있는 주제는 모든 전말이 드러나지 않았기에 시간이 지나면 틀릴 가능성이 있다. 하지만 틀릴 수 있기에 조심해야 하는 것이 아니라 틀릴 수 있기에 새로운 가치도 만들어낼 수 있다. 많은 이들이 과학의 가치를 '팩트(옳음)'에서 찾지만, 과학의 가치는 틀릴 수 있고, 틀렸음을 확인할 수 있다는 것에 있다. 항상 옳은 건(옳다고 주장하는 건) 과학이 아니라 종교나 신념이다.

지난 글을 묶어 내면서 '지금 바로 여기'를 떠들다니 이런 아이러니가 있을까 싶다. 하지만 동시에 매우 적절하게 느껴지기도 한다. 왜냐면 아이러니야말로 이 책을 관통하는 주요 키워드니까. 비록 내 글이 불멸의 글은 아니겠지만, 아직은 음미할 부분이 남아 있다고 믿는다. 글을 쓸 당시와 현재를 비교해 보는 것만으로도 흥미로운 경험이 될 것이다. 어느 한 챕터라도 생각의 틀을 깨는 계기가 된다면 작가로서 더없이 기쁜 일일 것이다.

시의성을 중요하게 여기다 보니 논쟁적인 주제도 종종 다뤘다. 지금은 어느 정도 결론이 난 것도 있고 여전히 논쟁 중인 사안도 있는데, 당시의 치열한 분위기를 떠올리면서 읽으면 좋을 것 같다. 원고를 준비하면서 비슷한 주제를 다룬 다른 저자들의 글을 많이 찾아 읽었다. 읽다 보니 논쟁적인 주제를 다룬 글은 크게 두 가지 종류가 있다는 생각이 들었다. 하나는 상대방을 설득해서 이기려는 글이고, 또 하나는 생각이 다른 이들이 왜 그렇게 생각하는지를 알아내려고 노력하는 글이다. 두 가지 글 모두 필요하고 중요하지만, 요즘은 전자가 많은 것 같아 후자의 방식으로 글을 쓰려고 노력했다. 노력이라고 표현한 건 실제로는 그렇지 않을 수 있다는 의미다.

인공지능이라는 내비게이션과 소셜미디어라는 도덕 규범이 우리 삶을 옥죄어 온다. 기준을 벗어나면 틀린 게 되어버린다. 다른 의견을 받아들이지 못하는 건 답이 정해져 있다고 믿기 때문이다. 하지만 세상은 변하고 정답도 변한다. 세상 많은 일이 그때는 맞고 지금은 틀리다. 그래서 우리에게는 다른 의견이 필요하다. 누군가는 '누칼협'이라는 비아냥을 감수하고서라도 기꺼이 틀릴 필요가 있다. 그리고 틀리는 것보다 더 중요한 것은 틀릴 결심일 것이다.

이 책은 《스켑틱》 단행본으로는 드물게 과학 책이 아니다. "사회문제에 비판적으로 접근해 다양한 관점을 제시하는 인문 교양서"다. 따옴표를 친 이유는 편집자가 쓴 표현이기 때문이다. 아직은 스스로 그렇게 말할 정도로 자기객관성을 잃지는 않았다. 아무튼 이 책에는 작가(나)의 주관이 매우 많이 포함되어 있고, 동의하기 어려운 부분이 있을 수 있다. 글의 모든 책임은 나에게 있으니 불만이 있어도 웬만하면 참고 넘어가시고, 그래도 도저히 못 참겠다면 출판사가 아니라 꼭 개인 이메일(todayohoo@gmail.com)로 항의해 주시길 당부드린다.

'틀릴' 작정을 하고 이야기를 시작하려니 내비가 알려준 길을 벗어날 때처럼 손에 힘이 잔뜩 들어간다. 하지만 정답이 아닌 말을 할 때만이 진정한 내 생각이라 믿기에 가볍게 나아가려고 한다. 길을 벗어나야 진짜 여행이 시작되는 것처럼. 부디 당신에게도 그런 시간이길 빈다.

목차

일러두기

- 본서는 2021년부터 2024년까지 《스켑틱》에 연재했던 글을 모은 것으로 글을 쓴 시기는 각각의 글 맨 뒤에 별도로 표기했다. 단, 마지막 글은 단행본에만 실린 글임을 밝힌다.

- 본서는 국립국어원 한국어 어문 규범을 따랐고, 외래어의 경우 외래어 표기법을 따랐다. 단, 글의 시의성을 반영하기 위해 인터넷상에서 많이 쓰는 표현, 작가의 입말은 그대로 살렸다.

1장

진실의 적은 복잡함이다

MBTI는
틀리는 법이 없지!

"나는 별자리 같은 거 믿지 않아. 왜냐하면, 논리적
인 INTP니까!"

— 오후, 《믿습니까? 믿습니다!》 띠지에 적힌 문구

"작가님, 혹시MBTI 어떻게 되세요?"

1년 전까지만 해도 나는 MBTI에 대해 잘 몰랐다. 물론 북
한이 아니라 남한에 사니 당연히 들어는 봤지만, 검사를 해보
지도 않았고 딱히 해볼 생각도 없었다. 지랄 맞은 성격을 굳이
테스트까지 하면서 확인할 이유는 없지. 무엇보다 당시 나는
미신의 역사를 다룬 책의 초고를 막 완성한 참이어서 미신과
관련된 새로운 무언가를 하기에는 다소 지쳐 있었다.

그런데 책 출판을 논의하기 위해 처음 가진 미팅 자리에

서 한 시간 내내 조용히 자리를 지키던 막내 편집자의 첫 질문("MBTI가 어떻게 되세요?")이 내 전두엽을 뚫고 들어왔다. 궁금해졌다. 대체 MBTI가 무엇이길래 이 중요한 자리에서(편집자에게 작가를 만나는 자리가 중요하지 않을까 하는 나의 미신적 믿음)이에 대해 물은 것일까. 어쩌면 어색함을 채우기 위해 한 아무 말에 내가 과도하게 의미를 둔 걸지도 모른다.

집에 돌아와서 바로 구글에 'MBTI 검사'를 검색해 제일 처음에 뜨는 페이지에 들어갔다. '16Personalities'라는 영국 사이트였고, 한국어 번역을 제공했다. 테스트 페이지가 떴고, "다른 사람들에게 자신을 소개하는 것을 어려워합니다"로 시작하는 60개의 질문이 이어졌다. 각 질문에는 '동의'에서 '비동의'까지 7단계의 답변 중 하나를 선택하도록 되어 있었다. 60개의 답변을 다하고 나면 결과는 4가지 요소의 경중에 따라 총 16가지의 성격 유형 중 당신에게 해당하는 유형을 알려준다.

35번째 질문에 답을 하면서, 이 문제를 다 풀 수 있는 끈기가 있느냐 없느냐로 또 하나의 유형을 나눠야 할 것 같다는 생각이 들었지만, 이 경험으로 글이나 한 편 써야겠다는 마음으로 끝까지 열심히 풀었다. 답변을 끝내자 결과는 1초 만에 바로 나왔다. ENFJ라는 알파벳 네 글자와 이를 풀어주는 긴 설명을 받았다.

설명을 읽고 나는 MBTI에 꽤 호의적인 느낌을 받았는데, 왜냐하면 해당 설명이 마음에 쏙 들었기 때문이다. 지표만 갖다 붙이면 "외향적이면서, 직관과 감정에 휘둘리면서, 삶은 또

지표*		감각(S)/사고(T)	감각(S)/감정(F)	직관(N)/감정(F)	직관(N)/사고(T)
내향 (I)	판단(J)	ISTJ	ISFJ	INFJ	INTJ
	인식(P)	ISTP	ISFP	INFP	INTP
외향 (E)	판단(J)	ESTJ	ESFJ	ENFJ	ENTJ
	인식(P)	ESTP	ESFP	ENFP	ENTP

MBTI 검사의 지표. 16가지 성격 유형으로 나뉜다.

체계적"인 이상한 결합이지만 해석은 꽤 그럴싸했다. "타인을 진심으로 위하고, 이상을 추구하며, 탁월한 리더십으로 자신뿐 아니라 모두를 더 나은 꿈을 꾸게 하는 사람", 이런 설명을 누가 싫어하겠는가!

무엇보다 나를 화들짝 놀라게 했던 건, ENFJ를 한 단어로 설명한 "정의로운 사회 운동가"라는 표현이었다. 왜냐하면 실제로 내가 먹고살기 위해 하는 많은 일 중 하나가 사회 운동이기 때문이다. 마치 바람피우는 남편 걱정에 점집에 들어갔는데, 무당이 다짜고짜 "남편한테 여자가 있어"라고 말했을 때 오는 찌릿함을 느꼈다. 하지만 나는 금세 마음을 다잡았다. 왜냐면 내가 사회 운동을 하긴 하지만 정의롭진 않거든. 아무리 내

---

* 선호하는 세계가 내면 세계이면 내향(Introversion), 세상과 타인이면 외향(Extroversion) / 생활 양식이 즉흥적이면 인식(Perceiving), 계획적이면 판단(Judging) / 인식의 형태가 실제 너머이면 직관(iNtuition), 실제적 인식이면 감각(Sensing) / 판단 기준이 관계와 사람 위주면 감정(Feeling), 사실과 진실 위주면 사고(Thinking)로 분류한 지표다.

가 나를 사랑한다지만, 다행히 그 정도로 좋은 사람이 아니란
것쯤은 알고 있다.

MBTI 검사는 사실 MBTI 검사가 아니다

그런데 우리가 모두 MBTI 검사라고 알고 있는 '16Personalities'
는 사실 MBTI 검사가 아니다. 오리지널 MBTI는 문항 수가
100개 전후로 훨씬 많고, 질문도 모두 다르다. 조금 다른 정도
가 아니라 똑같은 문항이 하나도 없다. 문항에 답할 때도 해당
사이트에서는 답변을 7단계로 나누지만, 오리지널은 '그렇다
혹은 아니다'로 양자택일한다. 사실 인터넷에서 당신이 하는
그 어떤 검사도 MBTI 검사가 아니다. 이유는 간단하다. MBTI
검사 문항은 저작권이 걸려 있어 무료로 공개할 수 없기 때문
이다. 16Personalities를 포함해 대다수 검사는 MBTI에 Big5 등
다른 성격 검사를 섞어서 그럴듯하게 만든 것이다.
　그렇다고 "그럼 우리가 한 MBTI 검사가 다 가짜야?"라고
묻는다면 그것 역시 답하기 어렵다. MBTI 검사로 먹고사는 사
람들이야 인터넷에 있는 것은 모두 다 가짜고 제대로 MBTI를
보려면 자신들을 찾아오라고 하겠지만, 이건 라멘집에서 먹는
라면만 진짜고 인스턴트 라면은 라면이 아니라고 말하는 것과
비슷한 논리다. 일부 심리학자나 정신과 의사, 상담사가 임상
경험을 바탕으로 기존 성격 검사를 이리저리 바꾼 자신만의 검

사법을 만든다. 같은 검사지를 사용해도 전문가별로 해석에는 분명 차이가 있다. 그러니 단순히 오리지널이 아니라고 해서 인터넷의 MBTI 검사가 MBTI가 아니라고 할 수는 없을 것이다. 물론 이 검사를 만든 이가 누구고 얼마나 신뢰성 있는 데이터를 바탕으로 했느냐에 따라 정확성 여부를 판단할 순 있겠지만, 재미 삼아 MBTI를 푸는 사람에게 그런 엄밀함이 대체 무슨 소용이 있겠는가.

MBTI는 미신일까, 아닐까?

"MBTI는 얼마나 믿을만한가요?"

강연 중에 종종 받는 질문이다. 혈액형 성격론이나 별자리 인생론 같은 경우에는 사실 생각해 볼 것도 없이 미신이다. 아무 말이기 때문에 간단하게 미신으로 치부할 수 있고, (그러면 안 되겠지만) 그걸 믿는 사람을 한심하다고 판단할 수 있다. 하지만 MBTI는 복잡하다. 그래서 보통 농담을 하며 답변을 회피하거나 다른 미신들과 섞어서 유야무야 설명을 넘겨버린다.

MBTI는 '마이어스-브리그스 유형 지표Myers-Briggs Type Indicator'의 첫 글자를 딴 것으로, 교사였던 캐서린 쿡 브리그스Katharine Cook Briggs와 그의 딸 이사벨 브리그스 마이어스Isabel Briggs Myers가 심리학자 칼 융Carl Gustav Jung의 성격 유형 이론을 바탕으로 만든 심리 검사다.

MBTI를 긍정적으로 보는 사람들은 '칼 융'이라는 이름을 높게 평가하는 경향이 있다. 칼 융은 심리학 성립에 지대한 공헌을 한 인물이니 대단한 인물임은 분명하다. 하지만 심리학이 태동한 당시에는 인간 심리를 파악할 만한 제대로 된 연구가 없었기 때문에 우연이나 추측, 개인 경험에 많이 의존했다. 특히 융은 심령술이나 주역 등 수많은 미신에 심취했고, 이를 자신의 연구에 도입하기도 했던 인물이다(나는 조금 과장해서 '융이 한국에서 태어났다면 무당이 됐을 것'이라고 말한다). 그렇다 보니 현대 심리학에서 프로이트나 융의 연구를 그대로 차용하는 경우는 거의 없다. 다만 선구자로서 상징적인 존재가 됐을 뿐이다. 그러니 융의 이론에 기반한 MBTI는 토대를 잘못 세운 건물과 비슷하다. 아무리 모래로 견고하게 성을 쌓아도 파도 한 번에 무너질 수밖에 없다.

또한 MBTI는 자기보고 형태의 심리 검사기 때문에 정확성에 한계가 있다. 전문가나 주변의 관찰이 아니라 각 질문에 대해 내가 나를 평가하는 것이기에 일시적인 기분 변동이나 상황에 따라 결과가 달라진다. 시차를 두고 MBTI 검사를 해보면 일치율이 절반밖에 되지 않는다. 둘 중에 한 명은 검사 때마다 다른 결과가 나오는 셈이다. 물론 자기보고 형태의 모든 검사가 이런 문제를 가지고 있지만, MBTI는 질문이 추상적이고 이분법적으로 성격을 구분하기 때문에 정도가 더 심하다.

가령 문항 중 하나인 "순전히 호기심 때문에 행동을 하는 경우가 거의 없습니다"라는 질문을 생각해 보자. 피험자는 이 문장에 어느 정도 동의하는지를 7단계 중 하나로 표시해야 한다. 그런데 '순전히 호기심'이란 것이 정확히 무엇이며, 여기서 말하는 행동의 범위는 어디까지인지, 그리고 동의한다는 건 어느 정도 비율까지인지, 7단계는 어떤 방식으로 나눠야 하는지, 질문에서 답변까지 무엇 하나 명확한 것이 없다.

'그러니 MBTI는 다 틀렸어……'라고 결론 내릴 수 있으면 좋겠는데, 또 문제가 그리 단순하지는 않다. 앞에서 말한 문제는 MBTI뿐 아니라 다른 심리 검사도 모두 조금씩은 가지고 있다. 현재 가장 광범위하게 사용되는 Big5 검사 역시 정도는 다르지만 마찬가지다. Big5 검사를 창안한 코스타Paul Costa Jr.와 맥크레Robert McCrae는 상호 연구를 통해 MBTI의 4가지 지표가 Big5의 5가지 지표 중 4가지와 연관성이 있음을 밝혀냈다. 그러니 Big5의 공신력을 인정한다면, MBTI도 어느 정도는 성격 파악에 도움이 된다고 말할 수 있다. 또한 MBTI가 지난 50년 간 나름 객관적인 데이터를 쌓아왔으니 연구 자료로서 완전히 무가치하다고 단정할 수도 없다.

미신은 틀리지 않는다

그러니까 MBTI에는 어느 정도 받아들일 만한 구석이 있다. 적어도 다른 미신이나 유사과학처럼 전혀 근본이 없는 것은 아니다. 그럼에도 MBTI가 불편한 건 MBTI 그 자체라기보다 MBTI를 대하는 사람들의 태도 때문이다.

이해하기 쉽게 혈액형 성격론으로 예를 들어보자. 이건 내가 실제로 겪은 일이다. 어느 술자리에서 혈액형 이야기를 한 적이 있다. "저 무슨 혈액형 같아요?" 여기서 혈액형을 맞춘다는 건 피를 뽑아서 맞춘다는 게 아니라 성격을 보고 추측한다는 뜻이다. 혈액형 성격론의 신봉자인 한 친구는 신나서 떠들었다. 내 차례가 되었고 사람들은 내 혈액형을 맞추기 시작했다. 혈액형 성격론 신봉자 친구는 나를 B형이라 추측했다. 평소 내가 무슨 사이코패스 같은 짓거리를 했는지는 모르겠지만 (인터넷상에서 B형의 이미지가 그렇다), 그렇게 추측했다. 마지막 정답 공개 시간에 나는 혈액형이 A형이라고 밝혔다. 이때 올바른 반응이라고 한다면 "역시 혈액형 성격론은 유사과학이야"라고 하며 웃어넘기는 정도가 아닐까 싶다. 하지만 그 친구는 다음과 같이 말했다. "A형? 전혀 그렇게 안 보이는데. 너 사실은 소심한 타입인데 겉으로 씩씩한 척했구나. 너 쿨한 줄 알고 엄청 막대했는데, 마음에 다 담아놨겠네." 그는 겉과 속이 다른 나의 이중성(?)을 꾸짖었다.

이 대화에서 중요한 건 내가 사이코패스인가 아닌가, 속이 좁은 사람인가 아닌가가 아니라(물론 나는 그 친구의 악행을 가슴에 담아두고 있다), 대화에 참여한 이들이 혈액형 성격론을 판단 기준으로 삼고 있다는 점이다. 혈액형 성격론이 만들어놓은 규격에 자신이 직접 겪은 나의 성격을 구겨 넣은 것이다. 원래는 소심한데 겉으로 아닌 척하는 거라니? 이렇게 끼워 맞추기 시작하면 그 어떤 미신도 틀리지 않는다. 사람들은 누구나 주변 사람과 어울리지만, 가끔은 혼자만의 시간을 갖고 싶어 하고, 가슴속 상처가 있어도 종종 말하기를 꺼리며, 소심하면서도 대범하다(참고로 "저 무슨 혈액형 같아요?"라는 질문에는 정답이 있다. 맞출 자신이 없다면 무조건 O형 같다고 하라. O형 사람들은 성격이 좋다고 생각하기에 O형 같다고 하면 대부분 좋아한다).

MBTI도 이제 그런 위치에 올라섰다. 사람들은 MBTI로 사람의 드러나지 않은 부분을 판단한다. 누군가를 평가하고, 조를 나누고, 궁합을 보고, 심지어 입사도 결정한다. 지적하고 싶은 건 MBTI가 맞냐 틀리냐가 아니다. 그건 중요하지 않다. 아무리 잘 맞아도 언제나 예외는 존재하고, 우리는 그 때문에 누군가를 정해진 기준으로만 판단해선 안 된다. 우리는 이미 이 사실을 잘 알고 있다. 그래서 성별도 인종도 지역도 학력도 성정체성도 차별하지 않는다.

물론 차별을 하지만, 하지 말라고 교육받고 그게 옳다는 걸 안다. 하지만 MBTI나 혈액형 성격론에서는 아무렇지 않게 차별이 일어난다. 마치 그것이 타인이나 본인에 대한 더 깊은 이해라도 되는 것처럼 말이다. 심지어 이 모든 것을 알고 있는 사람들조차 내심 MBTI를 신봉한다. 왜냐하면 MBTI가 어느 정도 맞는 부분이 있는 것처럼 보이니까. 지금도 그렇게 생각할 것이다.

"네 말이 맞지. 그런데 MBTI도 잘 맞던데?"

하…… MBTI가 맞는 건 당연하다. 생각해 보라. 당신은 최소 60개의 질문에 답을 했다. 그러니까 (물론 이렇게까지 질문이 직접적이진 않지만) "너는 외향적이니?"라는 질문에 "그렇다"라고 답한 사람에게 '외향적'이라는 결과를 내놓는데, 이게 어찌 맞지 않겠는가? MBTI의 질문과 답변만 봐도 누구나 그 사람의 성향을 어느 정도 파악할 수 있다. 소심하다고 체크한 사람에게 "당신은 소심하군요"라고 하는 셈이다. 그러니 당연히 맞겠지.

여기까진 괜찮다. 자기가 소심하다고 체크했지만 자기가 소심한 걸 모르는 사람에게 그 정도는 알려줄 수 있다(물론 여기에도 대체 얼마나 소심한 것이고 그 기준은 무엇인가라는 의문이 생기지만 아무튼 그렇다고 치자). 하지만 여기에서 참지 못하고 더 깊은 해석을 시도한다. 검사가 그렇지 않더라도 사람들은 더 깊이 파고든다. 소심하다고 체크했는데, 쪼잔하다는 판단을 내린다. 처음에는 가치 판단이 개입되지 않지만, 곧 개입이 시작된다. 그리고 이 가치 판단을 막을 방법은 거의 없다.

만약 MBTI를 대체할 게 전혀 없다면 사람들이 열광한다 해도 그렇게 이상하지 않다. 물론 MBTI에 몰입하는 태도가 문제기는 하지만, 신빙성이 높다면 그런 사람들의 반응을 이해 못할 건 아니다. 그런데 MBTI보다 더 좋은 평가를 받는 심리 평가가 다수 존재한다. 앞에서도 언급한 Big5 검사나 기질 및 성격 검사Temperament and Character Inventory, TCI 등을 예로 들 수 있다.

다 비교할 순 없으니 Big5만 살펴보자. Big5 검사는 외향성, 경험에 대한 개방성, 친화성, 성실성, 신경성 5개 요인으로 성격을 파악한다. 이 5개 요인도 연구자들이 수많은 성격 유형을 분석하고 묶고 추려서 만든 것이다. 처음에는 외향성과 신경성이 추려졌고, 이후 세 가지가 추려졌다. 이 말은 앞으로도 변할 수 있다는 뜻이다. 사람들은 변하는 걸 나쁘게 여기지만, 과학은 늘 변한다. 역설적인 말이지만 틀릴 수 있는 것이 옳은 것이다. 앞에서 말했듯이 미신은 틀리지 않는다. 늘 끼워 맞출 수 있으니까.

또한 Big5는 단순하게 유형화하지 않는다. MBTI를 포함해서 과거 성격 검사들이 대부분 인간을 정해진 유형으로 나누어 큰 비판에 직면했지만, Big5는 수치별로 개별값을 줌으로써 인간 성격의 독특성을 (그나마) 이해했다는 평가를 받는다. 물론 Big5도 자기보고 형식의 테스트이기 때문에 정확성에 한계가 있으며 서양인을 기준으로 만들어졌다는 비판을 받지만, 어쨌든 MBTI보다는 훨씬 체계적이다.

그러니 정말 자신의 성격을 알고 싶은 거라면 MBTI 대신 Big5를 하는 것이 낫다. '그건 복잡해서 안 하는 거 아냐?'라고 생각할지 모르겠다. 물론 정확히 Big5 검사를 하려면 책 하나 두께의 안내서가 필요하고, 일반인이 이를 읽고 이해할 수 없으니 전문가의 도움이 있어야 한다. MBTI도 정확히 하려면 전문가의 도움이 필요하다. 하지만 우리는 간략화된 방식을 인터넷으로 혼자서 하고 있지 않은가.

Big5도 당연히 대중화를 위한 노력이 이루어졌고, 인터넷에는 25개 질문만으로 평가하는 방법과 풀이법도 많이 올라와 있다. 그럼에도 사람들은 굳이 오래되고 정확도도 떨어지는 MBTI를 고집한다.

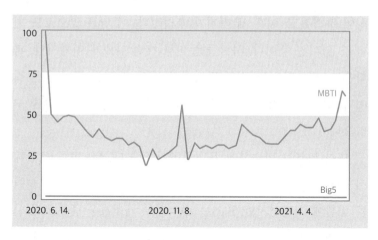

MBTI와 Big5의 검색량 비교. 바닥을 기고 있는 Big5

왜 한국인은 MBTI에 열광하는가?

가끔 한국 혐오증에 걸린 사람을 만날 수 있다. 그들은 한국인이 너무 미개해서 각종 미신을 믿는다고 믿는다. 하지만 이건 사실과 다르다. 백신에 대한 불신이 한국 사회에 퍼지자 한국 혐오론에 빠진 이들은 한국도 드디어 음모론이 활개 치기 시작했다며 신나게 떠들었다. 하지만 막상 접종이 시작되자 신청 연령 나이대의 참여율이 80퍼센트에 육박했다. 노쇼no-show도 거의 없었고 젊은 사람들은 최대한 빨리 백신을 맞기 위해 하이에나 떼처럼 노쇼 백신을 찾아다녔다. 사실 나도 놀랐다. 언론에서 백신 공포를 조장하고 불신을 부추겼음에도 한국인들은 백신 음로론에 거의 타격을 받지 않았다.

그러고 보면 한국은 기후 위기 음모론이나 지구 평평론, 유대인 음모론 같은 것에도 잘 빠지지 않는다. 국가별 통계를 보면 한국은 이런 유사과학을 믿는 비율이 가장 낮은 축에 속한다. 한국인이 잘났다는 게 아니다. 이 결과는 당연하다. 한국은 평균 교육 기간이 세계에서 가장 긴 축에 속하고, 문맹률도 최저 수준이다. 그러니 국민 개개인의 이해력이 높고 미신이나 유사과학, 음모론에 빠질 확률도 낮다.

물론 한국에서 흥하는 미신도 있다. 각종 미신, 징크스, 학교 전설 등등, 하지만 이건 세계 어느 나라나 그렇다. 로마의 트레비 분수에 가보면 세계 모든 사람이 모여 모두 동전을 던지고 있다. 우리가 숫자 4를 재수 없다고 생각하듯이, 기독교권에서는 13을 싫어한다. 일본에서는 4와 9가, 베트남에서는 3과 7이, 이탈리아에서는 17이 재수가 없다고 믿는다. 일대일로 상담을 하는 사주나 타로 같은 미신이 외국에 비해 흥하긴 하지만, 이건 정신과 상담이 익숙하지 않은 한국 문화의 특징이라는 것이 보편적 해석이다. 이 분야와 관련된 공부를 한 적이 있어서 프로들을 꽤 많이 알고 있는데, 이들은 자신의 일이 점을 치는 것이 아니라 상담이라고 말하곤 한다.

또 하나 흥하는 미신이 바로 혈액형 성격론, 띠별 또는 별자리 운세, 그리고 MBTI다. 이들의 공통점이 보이는가? 바로 규격화되어 있다는 것이다. 별자리를 보자. 별자리를 보고 운세를 점치는 건 전 세계 어디서나 인기가 있다. 하지만 서양의 별자리가 사주처럼 개별 운세에 치중되어 있다면, 한국식 별자리는 유형을 12개로 분류한다(처음 시작된 곳은 영국이지만 지금은 동아시아 지역에서 더 인기가 많다).

띠별 운세 역시 비슷하다. 사주라는 더 복잡하고 개별화된 것이 존재하지만, 대다수는 띠별 운세에 눈길을 준다. 내 직장 동료는 호랑이띠가 성격이 드세다며 2023년에 아이를 낳을 계획이라고 했다. 혈액형 성격론은 두말할 것도 없이 규격화의 절정이다.

그렇게 보면 왜 Big5보다 MBTI가 한국에서 더 흥하는지 바로 이해가 된다. 혈액형 성격론과 띠별 운세를 좋아했던 심리가 그대로 MBTI로 이어진다. 규격화하지 않은 Big5의 장점이 한국에서는 오히려 마이너스로 작용한다(Big5의 수치화가 점수라면, 한국인들은 줄 세우기를 하며 즐겼겠지만, Big5의 숫자는 좋고 나쁨의 문제가 아니다).

MBTI 옹호자들은 MBTI가 국제적으로 이용되는 성격 검사라는 걸 강조한다. 거짓말은 아니다. 여전히 사용한다. 하지만 구글 트렌드로 MBTI 검색 빈도를 비교해 보면 한국이 다른 나라에 비해 10배 가까이 높다. 한국이 100이라면 대부분 국가가 10 정도다. 한국을 제외하고 가장 높은 나라가 21이니, 한국이 사실상 MBTI 시장의 VVIP 소비자라 할 수 있다. 아마 검사를 제공하는 영국 사이트(16Personalities)의 대부분 수익이 한국에서 발생할 것이다. 혹시 국세청 관계자분이 이 글을 보고 있다면 해당 사이트에서 탈세가 일어나고 있는지 알아보길 바란다.

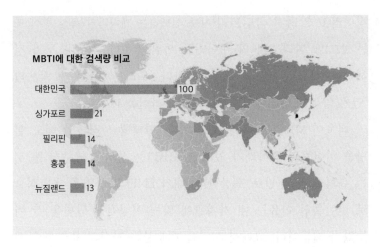

MBTI에 대한 검색량 비교

대한민국	100
싱가포르	21
필리핀	14
홍콩	14
뉴질랜드	13

구글 트렌드를 활용한 MBTI에 대한 검색량 비교. 자세히 보면, 한국만 색깔이 다르다.

그럼 왜 한국은 이런 규격화된 미신에 열광할까? 나는 어쩌면 이런 현상이 우리의 집단주의적 성향과 연결되어 있지 않을까 생각한다. MBTI는 유독 한국에서 인기가 많긴 하지만, 혈액형 성격론이나 띠별 운세 같은 미신은 한국, 중국, 일본을 비롯한 동아시아에서 공통적으로 인기가 많다. 그리고 이 국가들은 모두 집단주의적 경향이 강하다(그러니 이들 국가에 MBTI 관련 사업을 한다면 성공할 가능성이 꽤 높다고 추측해 볼 수 있다).

우리는 어딘가 속하지 않으면 너무 불안한 나머지 자신을 규정짓고 싶어 한다. 심지어 한국 사람들은 게임을 할 때조차 명확한 걸 좋아한다. 게임이 조금만 복잡해져도 커뮤니티에는 공략이란 이름의 '정답'이 올라온다. 게임사가 아무리 자유도가 높은 게임을 만들어봐도 플레이어들은 성능이 좋거나 효율적이라고 알려진 국민트리(자주 선택하는 캐릭터의 육성 방식 또는 빌드)에 따라 자신의 캐릭터를 끼워 맞춘다. 결국 모두가 정해진 방식으로 안전한 게임을 한다. 우리는 '아싸'가 되느니 '인싸'의 끄트머리에라도 서기 위해 최선을 다한다.

더욱이 MBTI는 나쁜 것이 없다. 혈액형 성격론만 해도 설명을 읽어보면 위아래가 있지만, MBTI는 성격을 구분할 뿐 모든 유형을 좋은 말로 포장한다. 내가 ENFJ의 설명을 호의적으로 받아들인 이유는 내 가치관에 맞는 이상적인 답변을 잘 써놓았기 때문이다. 그래서 사람들 대부분은 자신의 유형을 긍정적으로 받아들이고, 같은 유형에 일체감을 가지게 된다. 여기에 우리의 전통인 궁합이 들어가고, 각 유형별 대처법까지 추가된다. 음식도 골라주고 반려동물도 골라준다. 학생에게는 적성 검사라는 이름으로 직업을 정해주고, 심지어 회사에서 신입사원을 뽑을 때 사용하기도 한다. 이제 우리는 세상의 모든 해답을 MBTI에서 얻을 수 있게 됐고, 마음의 평안을 되찾았다.

그럴듯한가? 만약 한국의 집단주의적 경향이 규격화된 미신의 유행을 이끌었다는 나의 해석에 고개를 끄덕였다면, 당신은 MBTI를 믿는 것과 비슷한 함정에 빠진 것이다. 이 해석은 순전히 나의 경험과 직관에 의존했을 뿐 어떤 증거도 없다. 사실상 자리에 앉아서 머리만 굴려서 쓴 억측에 불과하다. MBTI가 유행하는 현상만 이야기하면 되는데 참지 못하고 해석까지 시도했다. 소심하다고 말하면 되는데 쪼잔하다고 해석한 셈이다.

하지만 나는 이런 이해와 고민이 꼭 쓸모없다고 생각하진 않는다. 아니, 우리에게 필요하다고 생각한다. 만약 사회 혹은 어떤 집단에, 당신이 보기에 비이성적인 무언가가 크게 흥한다면 거기에는 분명 그럴만한 이유가 있다. 사실 MBTI나 혈액형 성격론이 얼마나 잘 맞는지는 별로 중요한 게 아니다. 중요한 건 대체 한국에 무슨 일이 있었길래 세계에서 손꼽히게 교육을 잘 받은 스마트한 사람들이 이런 미신에 빠지는가 하는 점이다. 이를 파악해야만 세상과 사람들을 제대로 이해할 수 있고 더 나은 세상을 만들 수 있다. 비단 미신에만 해당되는 말은 아니다. 사회의 수많은 비이성적인 행동에는 다 그럴만한 이유가 있다. 비웃는 건 아무것도 바꾸지 못한다.

그러니 우리 조금은 관대해지자. 누군가에게 화를 내고 지적질하기 전에 그들이 왜 그렇게 되었는가를 먼저 생각해 본다면, 세상이 조금은 더 부드러운 곳이 될 수 있다는…… 'ENFJ다운 생각'을 오늘도 한번 해본다.

참고로 도입부에 언급한 막내 편집자는 첫인상과 달리 매우 유능한 사람이었다. 그는 이제껏 내가 만난 편집자 중에 일을 가장 꼼꼼하게 처리했다. 반짝이는 생각을 많이 하면서 일처리도 빨랐다. 무엇보다 한국 출판 역사상 가장 강력한 띠지 문구를 만들었다(글 시작 부분에 인용된 그 문구 말이다!). 누군가 본인이 생각하기에 다소 잘못된 걸 믿는다고 해서 색안경 끼고 바라볼 필요는 없다. 누구나 조금씩은 이상한 걸 믿고 살아가는 세상이니까. 심지어 《스켑틱》을 읽는 당신조차 말이다.

그래서 결론이 뭐냐고? 사람들이 왜 미신에 빠지냐고? 독자 여러분에게 세상의 비밀을 알려드리고 싶지만, 이미 정해진 분량을 다 채웠으니 해답은 스스로 고민해 보시길.

2021년 6월

회의주의자에게
새해 인사하는 법

늘어지게 게을렀던 사람도 하루 만에 운동하게 만들고, 오대수*도 거창한 계획을 세우게 만들며, 점집 매상을 단번에 배 이상 끌어올리는 마법 같은 새해가 올해도 또 어김없이 찾아왔다.

남녀노소 누구나, 종교를 가졌든 회의주의자든, 사람들은 새해에 큰 의미를 부여하는 것 같다. 최소한 공휴일로 지정할 정도의 의미는 둔다. 그런데 왜 새해가 새해일까? 지구가 태양을 한 바퀴 도는 건 알겠는데, 대체 무슨 기준으로 1월 1일을 잡았을까? 이번에는 시간, 그중에서도 특히 달력을 한번 털어볼까 한다.

---

* 영화 〈올드보이〉의 등장인물로 '오늘만 대충 수습하고 살자'라는 뜻을 가지고 있다.

달력의 변천사

달력은 크게 지구가 태양을 도는 주기를 일 년으로 보는 태양력太陽曆과 달이 지구를 도는 주기를 한 달로 보는 태음력太陰曆으로 구분할 수 있다. 흔히 앞의 '태'를 떼버리고 양력, 음력이라 부른다. 그렇다고 양력과 음력이 전 세계 모두 똑같은 건 아니다. 대략적인 기준은 있지만, 세부적으로는 달력별로 차이가 있다. 가령 한국, 중국, 일본은 과거 모두 음력을 사용했지만, 달력이 조금씩 달랐다. 달력은 '달'력이란 이름 때문에 음력만을 의미하는 것처럼 느껴지곤 하는데, 사전을 찾아보니 달력은 '달'과 '책력冊曆'의 줄임말로, 일 년 동안의 해와 달의 운행, 월식과 일식, 절기 등이 모두 포함된 의미라고 한다. 그러니 음력뿐 아니라 양력까지 포괄하는 표현인 셈이다. 끼워 맞추기처럼 느껴지긴 하지만, 뭐 그렇다면 그런 거겠지. 아무튼 이제 우리는 서양식 양력을 사용하니 이를 기준으로 달력의 변천사를 살펴보자.

항성을 기준으로 볼 때, 지구가 태양을 한 바퀴 도는 데는 대략 365일 6시간 9분이 걸린다. 이를 항성년恒星年이라 한다. 하지만 우리는 지구의 1년을 특이하게도 태양이 아닌 춘분점春分點*으로 잡는다. 꼭 춘분이 아니더라도 24절기 어디를 기준으

---

* 태양이 남반구에서 북반구로 이동하면서 적도와 교차하는 지점을 말한다. 반대로 북반구에서 남반구로 갈 때 지나는 지점을 추분점이라고 한다.

로 잡아도 된다. 특이하다고 표현하긴 했지만, 어찌 보면 당연한 것이다. 지구에 사는 생명체 입장에서는 지구가 태양을 돌든 말든, 실제로 체감하는 계절의 변화가 더 중요하지 않겠나? 그래야 농사도 짓고, 패션쇼도 하지. 춘분점을 기준으로 하면 1년은 약 365일 5시간 49분이다. 이를 회귀년回歸年이라 하며, 항성년과 20분 정도 차이가 난다. 이 차이는 지구의 자전축이 기울어져 발생하는 세차 운동 때문에 발생한다. 원리는 인터넷에 찾아보면 쓸데없이 자세히 나와 있으니 한번 찾아서 읽어보자. 아무튼 중요한 건 우리가 세는 1년이 약 365일 5시간 49분이라는 것이다.

먼저 뒤에 붙은 건 떼고 365일만 보자. 고대 이집트 사람들은 나일강의 범람을 예측하기 위해 달력을 만들었다. 정확한 기록은 남아 있지 않지만, 기원전 4000년경부터 이집트 지역에서는 상당히 정확한 달력을 사용한 것으로 추정된다. 데이터가 쌓일수록 그들의 달력은 점점 정교해졌고, 결국 1년이 365일이라는 결론에 이른다. 그들은 이 365라는 숫자를 신성히 여겨 여기저기 사용했는데, 그중 하나가 우리가 지금도 사용하는 각도다. 다만 최대 각도가 365도가 아니라 360도인 이유는, 5단위는 나누기도 까다롭고 측정하기도 어려웠기 때문이다.

아무튼 관측과 경험을 통해 365일이 정해졌다. 여기까진 수월하다. 이제 나머지를 보자. 5시간 49분, 대충 6시간이다. 1년을 365일로만 보면 매년 6시간 정도 오차가 생긴다. 당연히 시간이 지남에 따라 사람들은 달력이 맞지 않음을 깨닫게 된다. 로마는 이런 오차를 바로잡도록 대제관에게 달력을 조절할 수 있는 권한을 주었다. 하지만 모든 권력자가 그렇듯이 대제관은 자신의 권한을 정해진 일에만 사용하지 않았다. 자신의 임기를 늘리고 싶은 관리들이 대제관에게 뇌물을 바쳤고, 대제관은 그들의 편의대로 날짜를 바꿨다. 그래서 어느 해는 1년이 400일을 넘기도 하고, 어느 해는 300일밖에 되지 않아 달력은 날씨와 따로 놀게 됐다.

이집트 지역으로 원정을 떠났던 율리우스 카이사르Julius Caesar는 이집트의 정교한 달력을 보고 큰 감명을 받는다. 그는 로마의 권력을 잡은 뒤, 달력을 고정한다. 6시간의 오차를 잡기 위해 이를 4번씩 모아 윤일도 만든다. 이게 4년에 한 번씩 찾아오는 2월 29일이다. 이 오차를 처음 바로잡은 것은 이집트의 왕 프톨레마이오스Πτολεμαῖος 3세지만, 로마가 세계를 제패했으므로 카이사르의 이름을 따 율리우스력으로 부른다.

하지만 율리우스력도 완벽하진 않다. 5시간 49분을 6시간으로 퉁쳤기에, 11분의 오차가 생긴다. 윤일을 지낼 때마다 실제 시간보다 44분이 뒤쳐지는 것이다. 티끌 같은 오차지만 천 년 정도 지나면 무시할 수 없는 시간이 된다. 율리우스력은 16세기가 되면 실제 시간보다 열흘 가까이 차이가 나게 됐다. 이에 교황 그레고리오Gregorio 13세는 4년에 한 번씩, 400년에 100번 오는 윤일을 97번으로 변경한다. 세 번의 윤일을 빼야 하는데, 방법은 간단하다. 4년에 한 번씩 윤일을 지낸다. 단, 100년 단위에는 윤일을 넣지 않는다. 하지만 이렇게 하면 400년째에는 4번이 빠지기 때문에, 400의 배수가 되는 해에 윤일을 빼지 않는다. 이렇게 되면 오차는 3333년에 하루로 줄어든다. 인류가 앞으로 오래 살아남는다면, 이 오차 역시 바로잡아야겠지만, 우리 세대가 신경 쓸 필요는 없다.

달력을 바꿈과 동시에 교황은 이전 천 년 동안 발생한 오차를 바로잡기 위해 열흘을 없애버린다. 그래서 1582년 10월 5일부터 10월 14일까지는 역사에 존재하지 않는다. 10월 4일 다음날이 바로 10월 15일이 된 셈이다(삭제된 날짜는 새 달력이 도입된 시점에 따라 지역별로 차이가 있다). 이를 교황의 이름을 따 '그레고리력'이라고 한다. 현재 우리가 사용하는 달력이다.

하지만 그레고리력이 처음부터 전 세계적으로 받아들여진 것은 아니다. 가톨릭과 개신교가 나뉜 이후였기 때문에 개신교를 믿는 국가들은 달력을 바꾼 것에 가톨릭의 음모가 숨어 있다고 생각했다. 날짜를 바꿔서 대체 무엇을 이룰 수 있을지 모르겠지만, 단순히 교황이 지정했다는 이유 하나만으로 개신교와 동방정교회, 이슬람교를 믿는 국가에서는 그레고리력을 도입하지 않았다. 이후 오차의 불편함 때문에 한 국가씩 그레고리력을 도입했지만, 일부 국가에서는 400년을 버티다 20세기 후반이 되어서야 그레고리력을 도입했다.

그런데 그레고리력을 거부한 것이 꼭 종교적인 이유는 아니었다. 사람들은 종교와 무관하게 열흘이 사라진다는 것 자체를 좋아하지 않았다. 당연한 말이지만, 날짜를 바꾼다고 실제

삶이 줄어들지는 않는다. 하지만 누군가는 교황이 자신의 인생 중 열흘을 앗아갔다며 불만을 터트렸다. 단지 임의로 정한 날짜에 이런 반응을 보인 것이 어처구니없지만, 임의로 정해진 새해 첫날에 의미를 부여하고 운세를 보러 가는 우리네 인생을 돌이켜 보면 마찬가지가 아닌가 싶다.

시대의 오점을 품다

어쨌든 여기까지는 어설프긴 하지만 꽤 과학적이며 합리적으로 들린다. 그런데 시간에서 과학적인 부분은 이 365일과 윤일뿐이다.

우리는 1월 1일을 한 해의 시작으로 잡는다. 하지만 왜 이 날이 한 해의 시작인지 명확한 기준이 없다. 물론 세상에는 임의적인 것이 있을 수 있지만, 임의적인 것도 이유가 필요하다. 1월 1일은 해가 가장 짧은 날도 아니고, 특정 계절이 시작하는 때도 아니다. 그레고리력이 채택되기 전에는 농사를 시작하는 춘분(3월)이나 추분(9월)을 새해로 여기는 지역이 많았다. 이 흔적이 여전히 남아 있는 곳이 학교다. 앞에서 절기를 1년 기준으로 잡았던 걸 생각해 보면 훨씬 명확한 기준이다. 중세 유럽에서는 새해를 축하하는 행사를 3월 중순부터 2주 정도 벌였는데, 새해가 바뀐 것도 모르고 4월까지 새해라며 좋아하는 바보들을 속이고 놀린 것이 현재 만우절Fools' Day의 기원이 됐다. 명리학(사주)에서는 새해의 시작을 1년 중 해가 가장 짧은 날인 동지로 보는데(북반구 기준 12월 21일 혹은 22일), 새해의 기준만큼은 사주가 지금의 달력보다 과학적이라 하겠다.

1분이 60초, 1시간이 60분인 것에도 특별한 이유가 없다. 60이란 숫자가 2, 3, 4, 5, 6, 10, 12, 20, 30 등 다양한 숫자로 나누어져 일상에서 사용하기 수월한 측면이 있지만, 이건 아무리 생각해 봐도 이유를 찾으려고 하니 찾은 것 같은 느낌이 있다. 60의 뿌리는 현재 이라크 지역에서 융성했던 바빌로니아(기원전 1895년~기원전 1595년)까지 거슬러 올라간다. 바빌로니아 사람들은 상당한 수준의 천문학 지식을 가지고 있었고, 음력과 양력을 섞어서 1년을 거의 정확하게 계산했다. 하지만 1분이 60초인 이유는 그들의 뛰어난 기술과 아무런 관련이 없다. 단지 바빌로니아 사람들이 6을 좋아했기에 6에 기초한 60진법을 사용했고, 시간도 60으로 세었을 뿐이다.

1년이 12달인 이유도 마찬가지다. 바빌로니아인들은 태양이 지나가는 자리에 놓인 12개의 별자리에 의미를 부여해, 한해를 열두 달로 나눴다. 원래는 황도 13궁*이지만 6을 좋아해 별자리의 개수를 6의 배수인 12로 맞췄다. 물론 별자리라는 건 보는 이의 주관이 개입될 수밖에 없다. 그래서 유라시아 문명과 접촉이 없었던 마야인들은 1년을 18달로 나눴다.

---

* 황도에는 뱀주인자리(Ophiuchus)까지 포함해 12개가 아니라 13개의 별자리가 존재한다.

현재도 별자리 점을 볼 때 사용하는 12개 별자리도 바빌로니아에서 유래한 것이다. 심지어 처음 별자리를 측정한 이후 지구의 자전축이 기울어 현재 하늘과는 한 달 가까이 차이가 나지만, 점을 보는 사람은 이런 과학적인 사실을 별로 중요하게 여기지는 않는 것 같다(혹은 모르거나). 만약 조금 더 과학적으로 별자리 운세를 보고 싶다면, 자신에게 해당하는 별자리의 앞 별자리를 보면 된다. 예를 들면 쌍둥이자리인 사람은 황소자리 운세를 보는 것이다. 물론 그렇게 본다고 해서 별자리가 과학적으로 바뀌지는 않는다.

여기까진 그렇다고 치자. 12든 18이든 기준은 필요하니까. 지금이야 10진법이 대세지만 과거에는 그런 기준이 없었으니 나누기 좋은 12나, 60으로 시간을 구성했다고 해서 이상할 건 없다.

더 큰 문제는 달별로 달라지는 일수다. 달력을 보면 2월만 유독 짧다. 율리우스력을 제정할 때, 카이사르는 홀수달은 31일, 짝수달은 30일로 맞췄다. 그런데 이렇게 되면 1년은 366일 된다. 윤일이 있는 해는 상관이 없지만, 윤일이 없는 해는 하루를 빼야 한다.

그래서 그는 2월의 마지막 날을 빼버렸다. 왜 하필 2월이었냐면, 당시에는 새해가 3월에 시작했기 때문이다. 지금 기준에서는 2월에서 하루를 뺀 것이 애매하게 보이지만, 당시에는 그냥 마지막 달에서 하루를 뺀 것뿐이다.

이렇게만 했다면 내가 불평을 할 필요도 없다. 이렇게 만든 새 달력에 카이사르는 자신의 흔적을 남기고 싶었다. 그래서 자신의 생일이 포함된 7월에 자신의 이름인 July를 붙인다. 게다가 그는 조금이라도 빨리 취임하기 위해 기존 달력의 열한 번째 달을 첫 번째 달로 선포하고 새해를 바로 시작했다. 그에 맞춰 모든 달이 두 달씩 앞당겨진다. 원래 January는 1월이 아니라 11월이었다. 앞에서 말했듯이 한 해의 마지막 달은 갑자기 2월이 되고, 기존 새해의 시작인 March는 3월이, 8이라는 뜻을 가진 October는 10월이 되었다.

이게 끝이 아니다. 청출어람이라 했던가. 아니면 엎친 데 덮친 격일까. 카이사르의 후계자이자 최초의 로마 황제인 아우구스투스Augustus는 카이사르처럼 자신의 달을 가지고 싶었다. 그래서 그 역시 자신의 생일이 있던 8월에 자신의 이름인 August를 붙인다. 8월은 짝수 달이므로 30일짜리 짧은 달이다. 그런데 아우구스투스는 자신의 달이 짧다는 사실이 영 내키지 않았다. 그래서 그 역시 2월에서 하루를 떼서 8월에 붙여버렸다*. 이런 어처구니없는 이유로 2000년이 지난 지금까지 우리는 달의 마지막 날이 며칠인지 헷갈려하며 주먹을 쥐고 센다.

마지막으로 일주일에 대해 생각해 보자. 일주일이 7일인 것에는 추측이 난무한다. 먼저 달의 주기(29.53일)를 4로 나누면서 나머지를 버렸다는 설(4로 나누면 달의 형태에 따라 그믐 → 상

---

* 8월이 길고 2월이 짧은 것에 대한 설 중 하나. 가능성은 낮지만 가장 재밌고 단순해 널리 통용되는 이야기다.

현, 상현 → 보름, 보름 → 하현, 하현 → 그믐으로 구분할 수 있다), 하늘에서 가장 잘 보이는 천체인 달, 화성, 수성, 목성, 금성, 토성, 태양에 하루씩 날을 붙였다는 설, 바빌로니아 장터가 7일마다 열려서 그에 맞춰 한 주를 계획했다는 설 등등 모두 그럴듯하지만, 별로 과학적이진 않다. 역시나 바빌로니아 사람들이 6 '덕후'였기 때문이라는 설도 있다. 6 덕후인데 7일이 한 주기가 된 것은 6일간 일하고 하루를 쉬었기 때문이다. 한마디로 달력은 처음부터 주 6일제를 염두에 두고 만들어졌다는 것이다.

어떤 것이 정답인지는 알 수 없지만, 어쨌든 바빌로니아 시대부터 일주일은 7일이었다. 《구약성경》에 신이 6일간 우주를 만들고 7일째에 쉰다는 대목이 나오는데, 이 때문에 일부 종교인들(유대교, 기독교, 이슬람교)은 일주일이 신의 방식이라고 말하기도 한다. 하지만 《성경》이 쓰이기 전에 사람들이 먼저 일주일을 살았다. 그들은 7의 배수가 되는 날에 일진이 좋지 않다고 믿어서 일을 하지 않고 쉬었다고 한다. 하느님도 아마 이 미신을 믿어서 6일 만에 세상을 대충 만들어 치워버리고 7일째에 쉬었던 게 아닐까 싶다.

달과 마찬가지로 주 역시 7일로 나눌 명확한 이유가 없기 때문에, 타 문명에서는 다른 형태로 나눈 경우도 많다. 고대 이집트와 그리스, 동아시아 문화권에서는 한 달을 초, 중, 말 3주(보통 10일)로 나눴다.

새로운 달력을 꿈꾸다

주야장천 달력이 만들어진 이상한 이야기를 하는 이유는 달력이 이상하다는 사실을 깨닫게 하기 위해서다. 이렇게도 이상한 달력에 대해 우리가 그다지 문제의식을 느끼지 못하는 이유는 이것에 너무도 익숙하기 때문이다. 그럼 우리는 어떤 피해를 보고 있을까?

1년은 매년 돌아온다. 당연한 말이다. 그런데 우리는 매년 돌아오는 1년을 매년 다른 달력을 사용하며 지낸다. 세상에 재활용하면 안 되는 것이 딱 2개 있다면 콘돔과 달력이다. 아무리 똑똑한 사람도 2072년 6월 17일이 무슨 요일인지 단번에 답할 수 없다. 우리는 매달, 매년 새로운 달력이 필요하다. 그로 인해 전 세계적으로 들어가는 비용을 상상해 보라. 단순히 종이에 찍힌 아날로그 달력뿐 아니라 디지털에 부여되는 데이터 사용량도 무시 못 할 수준일 것이다.

슬슬 여러분도 문제의식을 느끼길 빈다. 아무튼 이런 문제를 내가 처음 발견했을 리가 없다. 달력을 개혁하려는 시도가 역사적으로도 몇 차례 있었다. 대표적인 것이 프랑스 혁명 당시 만들어진 '혁명력'이다.

1793년, 권력을 잡은 프랑스의 혁명 세력은 혁명력을 선포한다. 혁명력의 핵심은 시간에 10진법을 도입하는 것이었다. 현대의 근간은 표준 단위고, 그 단위는 모두 10진법을 사용한다. 그래야 처음 사용하는 이들도 빠르게 적응할 수 있고 계산하기도 쉽다. 과거에 사용했던 단위는 제멋대로였다. 현재도 사용하는 비표준 단위를 예로 들자면 1야드는 3피트고, 1피트는 12인치다. 그리고 1마일은 1760야드다. 그나마 이렇게 숫자로 명확하게 표시할 수 있게 된 것도 표준 단위가 등장한 후 기준을 정했기 때문이다. 이런 어처구니없는 단위를 일상적으로 사용하는 미국인들에게 심심한 위로의 말을 전한다. 물론 당사자들은 불편함을 못 느끼겠지만. 우리도 여전히 집 크기를 이야기할 때 세제곱미터가 아니라 평坪을 사용하는 것이 편하지 않은가.

시간도 마찬가지다. 1분은 60초고, 1시간은 60분이며, 하루는 24시간, 일주일은 7일, 한 달은 대충 4.3주, 1년은 12달이다. 참고로 우리가 현재 사용하는 표준 단위인 미터법이 처음 만들어진 것도 프랑스 혁명 시기였다. 혁명 지도부 중 일부는 신념에 찬 10진법주의자였고, 그들의 눈에 시간과 달력은 비정상적이었다.

그러면 혁명력은 어떻게 다른가? 달 수는 그대로 12달을 유지했지만, 한 달은 30일로 고정했다. 그러면 30일×12달 해서, 총 360일이 된다. 그러면 5일(종종 6일)이 남게 되는데, 이를 연말 휴가로 정했다. 이 5일은 요일도 달도 없다. 일주일은 10일로 맞췄다. 한 달에 3주가 들어간다. 9일간 일을 하고 10일째는 휴일이다. 기존 요일은 폐지되고, 대신 1요일부터 10요일까지 존재한다. 즉, 일수 뒷자리와 요일이 똑같아진다.

2072년 6월 17일이 무슨 요일인지도 확실하다. 7요일이다. 공휴일도 매년 같다. 이렇게 되면 달력을 매해 새로 만들 필요가 없다. 달력은 딱 두 가지, 윤일이 있는 버전과 없는 버전만 있으면 된다.

혁명력의 새해는 애매한 1월 1일이 아니라, 가을이 시작하는 추분(9월 22일)이다. 추분은 낮과 밤의 길이가 같다. 새해를 시작하기 그럴듯한 명분이다. 춘분이 아니라 추분이 시작인 이유는, 지중해 지역에서는 가을에 농사를 시작해 초여름에 수확하는 경우가 많기 때문이다. 지중해의 여름은 해가 뜨겁고 비가 오지 않아 농사를 짓기 어렵다. 무엇보다 (카이사르가 두 달을 당긴 것과 마찬가지로) 혁명이 일어난 후 춘분은 너무 멀었다.

우리나라에서는 달에 번호를 붙여 부르지만, 서양의 경우 달마다 특정 이름이 정해져 있다. 이마저도 어느 달은 행성, 어느 달은 숫자, 어느 달은 권력자의 이름과 같이 규칙이 없다. 혁명력은 기존 이름을 모두 버리고 안개달(11월), 서리달(12월), 눈달(1월), 비달(2월), 꽃달(5월), 수확달(7월) 식으로 자연과 농사 주기에 맞춰 이름을 붙였다.

시계도 10진법으로 바뀐다. 하루의 길이를 10시간으로 맞추고, 1시간은 100분, 1분은 100초로 라임을 맞췄다(혁명력 1초 = 기존 1.1574초). 어떤가? 처음 사용하면 어색하겠지만, 익숙해지면 괜찮을 것 같지 않은가?

하지만 혁명력은 시행되자마자, 큰 반발에 직면한다.

가장 문제가 된 부분은 한 주를 10일로 잡은 것이다. 기독교에서는 7번째 날에 교회에 가야 하는데, 10일을 한 주로 짜면 이 패턴이 완전히 붕괴된다. 혁명 세력도 이 부분을 알고 있었다. 종교가 아닌 민주주의를 신봉한 혁명 세력은 교회의 기득권을 무너뜨릴 생각으로, 주 10일을 밀고 나갔다. 교회의 반발은 당연했다.

그런데 교회뿐 아니라 일반 민중들조차 불만을 터트렸다. 이유는 그들도 독실한 신자…… 였기 때문이 아니라, 휴일 때문이었다.

7일이 일주일일 때는 6일간 일하고 하루를 쉬었는데, 혁명력에서는 9일을 일해야 하루를 쉴 수 있었다. 계몽주의자들이 놓친 점이 바로 이 부분이다. 다 지나서 하는 말이지만, 만약 10일 중에 쉬는 날을 이틀로 만들었다면 혁명력은 살아남았을지도 모른다. 하지만 근면, 교육, 성실을 통한 진보를 강조했던 계몽주의자들은 주 9일제를 밀었고, 인류 역사상 달력에 관한 가장 파격적인 실험은 그대로 실패하고 만다. 결국 혁명력은 시행된 지 12년 만에 대중의 지지가 필요했던 나폴레옹에 의해 폐지된다. 이후 파리 코뮌 때 혁명력은 잠시 부활하지만, 코뮌의 몰락과 함께 영원히 역사 속으로 사라진다. 역사학자들은 혁명력을 현실을 파악하지 못한 몽상가들이 벌인 해프닝 정도로 여긴다.

새 달력 기획안

달력을 조금 더 정교하고 간편하게, 그리고 중립적으로 바꾸려는 움직임은 이후 여러 차례 있었다. 새 달력이 호응을 얻어 유엔(UN) 안건으로 상정된 경우도 있었지만, 개혁은 번번이 실패했다. 다양한 안들이 있었지만, 개인적으로 가장 효과적이라고 생각하는 달력을 소개하면서 마무리할까 한다. 이름하여 '열세 번째 달(그냥 내가 붙인 이름)'이다.

이 방식은 간단하다. 많이 하는 말이지만, 시스템은 간단해야 한다. 일단 혁명력의 실패를 떠올려 주 7일을 유지한다. 7일에서 10일로 바꾸는 건 사회 시스템 전반에 너무 큰 영향을 주기 때문에 바꾸기 어렵다. 마찬가지로 시, 분, 초 단위를 바꾸기도 어려울 것 같으니 그대로 유지한다.

대신 한 달은 무조건 4주로 고정한다. 이러면 어느 달이나 상관없이 한 달은 28일이 된다. 그런데 이렇게 하면 28일×12달, 336일밖에 안 된다. 그래서 열세 번째 달이 필요하다. 열세 달로 하면 364일이 된다. 이러면 하루(가끔 이틀)가 남는데, 이 여분의 날은 프랑스 혁명력을 본 따 어느 달이나 요일에도 속하지 않는 세계 휴일로 지정한다. 그럼 달력을 매년 바꿀 필요도 없다. 일자와 요일도 확정된다. 우리는 100년 뒤 내 생일의 요일을 정확히 알 수 있다. 혁명력처럼 파격적이지도 않고, 지금의 시스템을 유지하면서도 너무 깔끔하지 않은가. 이렇게 상상의 나래를 펼치다 보니 결국 이 모든 사단은 바빌로니아 사람들이 13개 별자리를 자기들 취향에 맞춰 12개로 맞춰 넣으면서 생겨난 일이 아닌가 싶다.

여기서 끝내면 좀 아쉬우니 먼 미래를 바라보며 주 4일제 적용까지 고민해 보자. 주 4일제가 되면 개인적으로는 너무 좋지만, 사회 전체의 생산력 감소를 걱정하시는 훌륭한 분들이 있다. 그래서 일종의 타협안을 상상해 봤다. 방법은 역시 간단하다. 기념일을 모두 금요일로 옮기는 것이다. 가령 광복절은 8월 15일이 아니라 8월 셋째 주 금요일이 되는 식이다. 미국 기념일이 보통 이런 식이다.

주 4일제를 시행하면 어차피 금요일이 쉬는 날이 되니까 결국 휴일을 없애는 셈이다. 하지만 한번 생각해 보라. 일요일을 제외한 한국의 공휴일은 1년에 총 15일이다. 반면 금요일은 52번 돌아온다. 52개를 받았으면 15개 정도는 양보할 수 있지 않겠나.

또한 이런 변화는 복잡한 휴일 체계를 바로잡아 사회적 안전성을 높일 수 있다. 날짜나 시간조차 단위로 본다면 현재 휴일 체계는 너무 복잡하고 변수가 많다. 특히 음력과 뒤섞인 한국의 휴일은 많은 것을 꼬이게 한다. 이 때문에 일제 강점기 이후 국가는 여러 차례 공휴일(특히 명절)을 양력 기준으로 바꾸려 했지만, 대중들은 국가가 뭐라고 떠들든 신경 쓰지 않았고, 결국 전통을 지켜냈다. 그러니까 단순히 "자, 지금부터 바꿉시다"라는 식으로는 바뀌지 않는다. 정착을 위해서는 강력한 동인이 필요하며, 나는 그 동인으로 주 4일제를 주장하는 것이다. 한 달을 더 쉬게 해주겠다는데, 못 바꾸겠다면 진짜 못 바꾸는 거지.

물론 이렇게 말하면 그냥 기념일을 다 없애라고 말하는 이도 있을 수 있지만, 주 4일제 시대에도 무언가 의미 있는 날은 필요하다. 아니, 쉬는 날이 많아지기에 오히려 의미를 더 생각할 수 있다. 서구권의 프라이드 위크Pride Week처럼 휴일은 아니지만 사람들이 진심으로 축하하고 기념하는 한 주가 될 수도 있다.

회의주의자에게 건네는 새해 인사

지금까지 열심히 상상은 했지만, 당신도 알고 나도 알듯이 달력이 바뀌는 일은 아마도 우리 생애 안에는 없을 것이다. 관습은 그렇게 쉽게 변하지 않는다. 수십 년을 떠들어도 아직도 국제단위계International System Units를 사용하지 않는 국가도 있는데, 잘 쓰고 있는 달력을 바꿀 수 있겠냐고. 세계화 시대이니 당연히 전 세계가 동시에 바꿔야 할 것이고, 그 모두가 변화의 필요성을 느낀다면 그건 인류에 매우 급박한 일이 생겼다는 의미일 텐데, 그 급박한 일이 무엇일지는 모르겠지만 좋은 건 아닐 것 같으니 사양하도록 하겠다.

하지만 이런 상상들이 무의미하진 않다고 믿는다. 어떤 것들은 우리가 인식하지도 못한 틈에 세상을 슬며시 바꿔놓기도 하니까. 독자들 중에는 앞서 소개한 혁명력을 처음 들어보는 이들이 많겠지만, 혁명력의 가장 중요한 부분은 우리 삶에 큰 흔적을 남겼다. 한 해가 끝나고 즐기는 5일간의 휴가, 10진법으로 끊다 보니 남았던 이 휴일이 그대로 살아남아 이후 프랑스와 전 세계의 여름휴가 제도로 정착했다. 앞에서 말했듯이 혁명력은 가을에 시작했으므로 여름이 연말이다. 역사적으로 휴일은 언제나 어느 나라에나 있었다. 하루짜리도 있고, 명절처럼 긴 휴일도 있다. 하지만 모든 휴일에는 의미가 있었다. 국가적으로 중요한 날이라든지 전통이라든지 하는 의미 말이다. 하지만 혁명력의 휴가는 역사상 최초로 아무 이유가 붙지 않은 '순수한 휴가'였다. 당시 5일로 시작된 휴가는 현재 짧게는 일주일, 길게는 두 달까지 이어진다. 프랑스에서는 최소 5주의 휴가를 법으로 보장한다. 혁명력의 정신은 뜬금없게도 여름휴가로 살아남은 것이다. 노동자에게 중요한 건 10진법이냐 60진법이냐가 아니다. 복잡하냐 간단하냐도 아니다. 휴가다. 그들은 7일 차 휴일과 여름휴가, 모두를 쟁취했다.

길다면 길고 짧다면 짧은 달력 이야기였다. 나는 달력이 우리 삶의 진리를 아주 잘 보여주고 있다고 생각한다. 그 속에는 과학, 미신, 역사, 관습, 종교, 욕망, 더 나은 진보를 위한 노력까지 모든 것이 뒤섞여 있다. 그 모든 것이 사라지지 않고 조화라고까지 말하는 건 우습지만 아무튼 함께 혼재되어 있다.

우리는 무언가를 비판하며 "역설", "모순", "아이러니"와 같은 표현을 사용하곤 한다. 하지만 세상의 모든 것은 역설적으로 모두 역설적이며 모순에 차 있고 아이러니하다. 누군가는 달력을 보며 인류가 쌓아 올린 이성을 생각하며, 누군가는 우리의 비합리성을 찾는다. 이 두 가지 의견은 완전히 반대되지만 얼마든지 공존할 수 있다.

세상은 흰색 도화지가 아니다. 완전무결한 제도 따위는 현실에 존재하지 않는다. 완벽하게 합리적으로 무언가를 하겠다는 것은 아무것도 안 하겠다는 말과 같다. 어떤 것을 받아들이고 타협할지를 정하며 세상은 앞으로 나아간다. 스켑티컬하다는 것도 순수한 합리성이 아니라 지금의 토양 위에서 조금 더 나은 제안을 하는 것이라 생각한다. 모든 것은 타협의 결과물이다. 그런 면에서 나는 아이러니야말로 세상의 유일한 진리이자 결말이라 생각한다. 결국 내가 하고 싶은 말은 한 가지다.

"부디 새해에는 행복한 일만 가득하시길!"

사람들이 임의로 정한 날짜에 의미를 부여하는 것은 반스켑티컬한 태도지만, 우리는 이제껏 그 미신 위에 의미 있는 진짜를 만들어왔다. 스켑티컬한 태도를 유지하면서도 우리는 얼마든지 덕담을 할 수도 있고 받을 수도 있다.

그렇다. 회의주의자들에게는 덕담 한마디 하는 것도 이렇게 어렵다.

2023년 12월

가짜 뉴스의 시대,
진실은 저 너머에 있는가?

바야흐로 가짜 뉴스의 시대…… 라는 식상한 표현으로 글을 시작할까 생각해 봤더니, 가짜 뉴스라는 표현이 광범위하게 쓰이기 시작한 지 벌써 5년이 넘었다. 초등학교 때 배운 '서동요'를 떠올려보면 가짜 뉴스야 아주 까마득한 옛날부터 있었겠지만, 이 표현이 전 세계를 사로잡은 건 2016년 벌어진 브렉시트Brexit 투표와 미국 대선이라는 거대한 선거 때부터였다. 그리고 이후 가짜 뉴스라는 망령은 사라지지 않고 전 세계를 떠돌고 있다.

처음에 사람들은 가짜 뉴스에 뜨겁게 불타올랐다. 초등학생 조차 "팩트, 팩트"거렸으며 카톡방에는 자신은 팩트고 상대는 가짜라는 뉴스들이 동시에 떠돌았다. 언론사는 팩트체크fact-checking 프로그램을 만들어 가짜 뉴스에 반격했다. 원조 가짜 뉴스(종교)와 싸워온 《스켑틱》도 천인공노할 가짜 뉴스에 맞서 싸웠다. 그렇게 5년의 시간이 흘렀다. 과연 우리는 가짜 뉴스를 무찔렀는가? 투쟁을 통해 우리는 무엇을 얻어냈는가?

모든 일은 사후 평가가 중요하다. 하지만 우리는 1년 만에 코로나19에 무감각해졌듯 가짜 뉴스에도 무감각해졌다. 유령이 보이면 놀라기는커녕 한숨을 내쉬고는 "잠시 비켜주시겠어요? 제가 좀 바빠서요"라고 말하며 제 갈 길을 간다.

진실은 저 너머에 있는가?

"진실은 저 너머에The truth is out there." 미국 드라마 〈엑스파일The X-Files〉의 가장 유명한 문구다. 그런데 나는 궁금하다. '진짜' 저 너머에는 '아직도' 진실이 있는지.

2017년 1월 20일, 도널드 트럼프Donald Trump 대통령의 취임식이 있었다. 다음 날 미국 언론은 두 장의 사진을 게시하며, 트럼프 대통령 취임식에 90만 명의 인파가 몰렸는데, 이는 버락 오바마Barack Obama 대통령 취임식의 절반이라고 보도했다. 그러자 백악관 대변인은 "언론이 취임식 참석 인원을 의도적으로 축소했다"라고 하면서 "트럼프 대통령 취임식은 역대 대통령 취임식 가운데 가장 많은 사람이 참여했다"라고 주장했다.

기자들은 "왜 대변인이 거짓말을 하느냐?"라고 하며 항의했다. 그러자 백악관 고문인 켈리앤 콘웨이Kellyanne Conway는 이후

왼쪽이 트럼프, 오른쪽이 오바마 취임식 때 사진. 언론이 제시한 사진으로 두 사진 다 취임 선서 45분 전 사진으로 한눈에 봐도 오바마 쪽이 사람이 많아 보인다. 출처: National Park Service

전설처럼 회자될 그 유명한 말을 남긴다.

"자꾸 우리가 거짓말을 한다고 말씀하시는데, 우리는 거짓말을 한 것이 아닙니다. 대안적 사실을 제시한 거죠."

시대를 관통하는 "대안적 사실alternative fact"이라는 표현은 이렇게 탄생했다. 한 기자가 "그건 대안적 사실이 아닙니다. 그냥 거짓말이죠"라고 반박했지만, 아무도 그 말을 신경 쓰지 않았다. 하긴 그게 뭐가 중요하단 말인가.

정치학자 브라이언 섀프너Brian F. Schaffner와 여론 조사 전문가 서맨사 럭스Samantha Luks는 이 사건과 관련해 대중의 반응을 연구했다. 두 학자는 1만 4000여 명의 미국 성인에게 두 대통령의 취임식 사진을 나란히 보여주고 어느 쪽 사진에 사람이 더 많아 보이느냐고 물었다. 정치 성향과 아무 관련이 없는 정말 간단한 질문이었다. 그런데 트럼프 지지자의 15퍼센트가 사진을 빤히 보면서도 왼쪽 사진에 사람이 더 많다고 응답했다.

물론 대안적 사실이 무작정 우기기만 하는 건 아니다. 트럼프 측에 더 많은 인파가 참여했다고 주장하는 이들 역시 증거를 제시한다. 아래 사진은 트럼프 측에 더 많은 인파가 참여했다고 주장하는 이들이 제시하는 증거 중 하나다.

행사가 열린 앞쪽에서 찍은 사진으로 양측의 인파가 거의 비슷해 보이며 보기에 따라 트럼프 쪽이 더 많아 보이기도 한

트럼프 측에서 트럼프의 취임식에 더 많은 인파가 모였다고 주장하는 근거로 제시한 사진. 출처: 58th Presidential Inaugural Committee

다. 트럼프는 수많은 행사에 가봤지만 자신의 취임식만큼 많은 사람이 모인 적은 없었다고 너스레를 떨었다. 물론 단상에 서 있으면 실제로 그렇게 느낄 법하다. 뒤쪽을 보면 살짝 비어 있는 게 보이지만, 트럼프 지지자라면 "이것 봐, 우리도 사람 많잖아"라고 소리치기 충분한 사진이다. 그리고 진실을 알기 위해 굳이 더 많은 자료를 찾아보진 않을 것이다.

사실 취임식 해프닝은 가짜 뉴스라고 하기도 부끄럽다. 매우 단순한 문제로, 진실이 존재했고 쉽게 밝혀졌다. 그런데도 사람들은 논쟁을 벌인다. 이제는 거짓이란 없다. 이렇게 명확한 사진도 다른 말이 나오는데 무엇을 거짓이라 할 수 있겠는가. 거짓이 없으니 사실도 없다. 오직 수많은 대안적 사실이 있을 뿐이다. 우기기 시작하면 모든 게 논쟁이 된다. 그러니 그냥 믿고 싶은 대로 믿는다. 어차피 진실은 없으니까. 언론은 트럼프가 가짜 뉴스를 양산한다고 비난했지만, 트럼프는 자신이 가짜 뉴스의 최대 피해자라며 언론을 공격했다.

미국 민주당의 원로 정치인 대니얼 패트릭 모이니핸Daniel Patrick Moynihan은 "모든 사람이 자기만의 의견을 가질 권리는 있지만 자기만의 사실을 가질 권리는 없다"라는 아주 멋진 말을 남겼고, 지식인들은 이 말을 끌어다 가짜 뉴스를 비판했다. 하지만 모이니핸은 가짜 뉴스가 논쟁이 되기도 전인 2003년에 죽었고 게임의 룰은 바뀌었다.

2012년 국내에서는 '사망유희 토론배틀'이라는 네티즌만 아는 이벤트가 열렸다. 초등학생 외에는 절대 토론에서 지지 않는다는 좌파 논객 진중권을 불러놓고 '듣보잡'인 우파 논객들이 차례차례 도전하는 방식이었다. 그런데 모두의 예상을 뒤엎고 토론 두 번 만에 진중권이 패했다. 대회를 기획하고 직접 토론자로 참석한 변희재는 이 토론에서 수많은 데이터를 폭풍처럼 쏟아냈다. 그러고는 얄미운 말투로 덧붙였다. "이건 모르셨죠?"

몰랐겠지. 세상 누가 그 많은 사례를 알겠는가. 진중권은 결국 패배를 선언했다. 그의 패배를 인정하고 싶지 않던 진보 성향의 네티즌들은 변희재가 가짜 데이터를 내놓았다며 분통을 터트렸다. 하지만 변희재는 굳이 가짜 데이터로 사기를 칠 필요가 없었다. 세상에는 온갖 데이터가 다 존재하기 때문이다. 거짓말은 초짜 혹은 게으른 사람이나 하는 짓이다.

진실의 적은 거짓이 아니다. 복잡함이다. 모든 것에는 양 측면이 존재하며, 데이터는 어떤 주장도 증명한다. 억지 주장을 증명할 진짜 데이터는 얼마든지 있다. 노벨경제학상을 수상한 로널드 코스Ronald Coase는 데이터의 특성을 이렇게 정리한다. "데이터를 오래 고문하면, 그 녀석은 어떤 말이라도 자백한다."

데이터는 진실을 말하지 않지만, 세상 모든 주장은 데이터를 기반으로 진실이 된다. 그러니 모든 것은 진실이 되고, 결국 의견만이 남는다. 아니 진실만이 남는다. 모두가 진실이다. 더 중요한 것은 사실 변희재의 증거가 진짜였는지 가짜였는지 대다수 사람은 신경조차 쓰지 않았다는 것이다. '진중권이 졌다'는 결과만이 중요했을 뿐이다.

브렉시트와 미국 선거로 시끄러웠던 2016년, 〈엑스파일〉 시리즈가 14년 만에 돌아왔지만, 별다른 인기를 끌지 못한 채 조용히 사라졌다. 멀더와 스컬리는 나이를 먹어도 예전 모습 그대로였지만, 그사이 세상은 완벽히 변해 있었다. 〈엑스파일〉에 등장하는 음모론은 이제 현실에 비하면 시시한 것이 돼버렸다. 현실은 다이나믹하고 알 수 없는 것이 되었다. 저 너머에 진실은 없다. 그냥 서로가 옳다고 주장하는 대안적 사실이 있을 뿐이다.

당연한 것에 대한 당연한 믿음

사람들이 가장 많이 속는 가짜 뉴스는 의외로 당연한 것들이다. 가령 정치적으로 첨예한 것이나 전혀 안 그럴 것 같은 사건에 대해서는 확실한 증거를 요구한다. 이제 사람들은 가짜 뉴스에 익숙해져서 충격적인 뉴스가 나오면 바로 믿지 않기 때문에 전혀 아닐 것 같은 사건으로 대중을 속이기는 쉽지 않다. 반대로 사소한 것 그리고 당연한 것에 대해서는 가짜를 만들어내기 쉽고 속이기도 쉽다. 실제로 나도 비슷한 경험이 있다.

몇 년 전 신뢰하는 지인이 "이제까지 당신이 본 인간의 근육도는 남성의 것"이라는 메시지와 함께 여성의 가슴 근육도를 공유했다. 가슴 부위에 꽃 모양의 근육이 있는 이미지였다. 그 이미지는 나에게 큰 영감을 줬다. 왜냐면 나는 기존의 근육도를 보면서 단 한 번도 '왜 여성 근육도는 없지?'라고 생각해

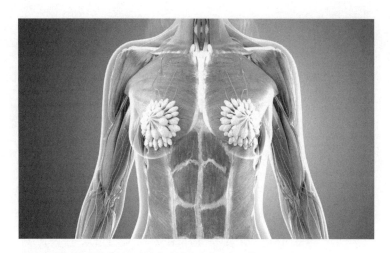

소셜미디어상에서 널리 공유되었던 여성의 가짜 가슴 근육도. 출처: shutterstock

보지 않았기 때문이다. 세상의 많은 분야에서 남성이 일반 사람을 대표하고 있는데, 나는 그것을 당연하게 받아들이고 있었다. 약간의 죄책감을 느낀 나는 이를 알려야 한다는 의무감을 느꼈고, 얼마 후에 있던 강연에서 이 이미지를 보여주며 내가 받은 감동을 설파했다.

결론적으로 말하자면 이 이미지는 디자이너가 만든 가짜였다. 여성의 강인함을 나타내기 위해 가슴의 유선을 꽃 모양 형태의 근육으로 바꾼 것이다. 나는 제대로 확인하지도 않고 해당 이미지를 교육 자료로 썼다. 다행히 강연에 참석했던 참석자 중 한 분이 이 사실을 지적했고, 덕분에 바로 내용을 정정할 수 있었다. 그분이 없었다면 자칫 거짓 정보를 유포한 사람이 될 뻔했다.

너무 정교해서 속을 수밖에 없었다고 말하고 싶지만, 사실 이 이미지가 가짜라는 건 몇 번의 검색만으로 알아낼 수 있다. 그런데도 내가 확인해 볼 생각도 하지 않고 이 이미지를 받아들인 이유는 두 가지다. 먼저 내가 신뢰할 만한 사람이 보여줬다는 것이고, 또 하나는 별로 속일 이유가 없는 사안이라고 생각했기 때문이다. 아니 대체 근육도를 조작해서 얻는 것이 뭐가 있겠는가? 나는 의심해 볼 생각조차 하지 않았다. 지금처럼 젠더 문제가 심각한 때였다면 조금 더 의심했을지도 모르겠지만, 당시에는 지금처럼 성별 문제가 극심한 때도 아니었다. 나는 나의 정치적 올바름을 퍼트리는 도구로 이 사진을 선택했다. 남성 중심 사회의 단면을 알리기 너무 매혹적인 이미지 아닌가? 무언가 믿고 싶은 마음은 너무도 쉽게 가짜 뉴스를 퍼트린다.

학창 시절 '칭찬은 식물을 잘 자라게 하고 물을 건강하게 만든다'와 같은 유사과학 내용이 방송에 나오거나 교과서에 버젓이 실린 적이 있다. 돌이켜 보면 생각할 것도 없이 사기가 확실하지만(일단 물과 식물이 각종 언어에 능통해야 한다), 당시 사람들은 이 실험 결과를 별다른 의심 없이 받아들였다. 어떻게 이런 유사과학이 아무런 필터링 없이 유행할 수 있었을까? 그건 이 가짜 실험이 사회적으로 옳다고 생각하는 가치관을 담고 있었기 때문이다. 고운 말과 칭찬을 장려하는데 누가 토를 달겠는가. 만약 반대 결과가 발표됐다면, 사람들은 금세 실험의 진위 여부를 확인했을 것이다. 하지만 아이들에게 가르치기 매우 적당한 교훈적인 결과가 나왔으므로 어른들은 신이 나서 떠들었다. 마치 내가 가짜 근육도를 쉽게 받아들였듯 말이다.

이 사례를 통해 우리는 어떻게 가짜 뉴스가 생성되고 퍼지는지 알 수 있다. 우리는 우리의 가치관에 부합하는 뉴스라면 앞뒤 재지 않고 일단 퍼트린다. 정치 뉴스는 이 경향이 더 강하게 나타난다. 우리 편은 선하고 상대방은 악하다. 그 코드에 맞으면 뉴스는 쉽게 퍼진다. 왜냐면 상대방은 충분히 그럴만한 사람이니까. 이라크에 대량살상무기가 있다는 가짜 뉴스가 퍼진 건 당연하다. 이라크는 그럴만한 국가니까. 그러니까 가짜 뉴스라는 것이 밝혀진다 해도 상관이 없다. 왜냐면 당신이 싫어하는 그 사람이 그 짓은 안 했겠지만 다른 어딘가는 구릴 것이므로. 그래서 사람들은 죄책감 없이 가짜 뉴스를 만들고 믿고 퍼트린다. 그리고 이라크는 결국 무너졌다.

치어리더가 된 언론

가짜 뉴스와 함께 가장 많이 언급되는 단어가 있다면 그것은 '기레기'가 아닐까 싶다. 다 알겠지만 기자와 쓰레기의 합성어다. 이제 이 단어는 기자의 가장 대표적인 이미지라고 할 정도로 일상적으로 쓰이는 단어가 됐다. 2021년 3월 대법원은 특정 기사에 기레기란 댓글을 달아 고발된 네티즌에게 무죄 취지의 판결을 내려 기레기가 일상적 용어임을 인증해 줬다.

기자가 기레기라 불리는 건 실제로 쓰레기 같은 기사를 많이 냈기 때문일 것이다. 그런데 곰곰이 생각해 보면 기자들 중 일부는 지금이나 과거나 언제나 '쓰레기'였다. 그리고 행패는 과거 기자들이 훨씬 많이 부렸다. 지금은 기자가 행패를 부리고 싶어도 과거만큼 힘도 없고, 그렇기에 겸손하다. 그런데도 왜 유독 이 시대의 기자들만 기레기가 된 것일까?

과거 언론의 역할은 심판이었다. 그러려고 한 게 아니라 그렇게 해야 했다. 과거 뉴스가 목표로 한 소비자는 국민 전체였다. 최소 1천만 명이었다. 물론 그 정도 소비자를 거느리지 못한 언론이 대부분이었지만, 어쨌든 목표는 높았고 실제로 가능했다. 그러니 최대한 공정하려고 노력했고, 상대방의 잘못이 명백히 밝혀지지 않은 시점에서는 비난을 자제했다. 물론 과거 언론도 공평하진 않았지만 적어도 그런 척 코스프레는 했으며, 공적인 언어를 사용하려 노력했다. 소비자의 눈 밖에 나면 안되기 때문이다.

하지만 현대 뉴스 시장은 변했다. 개개인이 모두 뉴스를 만들 수 있게 되었다. 규모가 작아진 만큼 제작비도 적게 들고 소비자가 많이 필요하지도 않다. 구독자가 1만 명만 넘어도 운영이 가능하며, 열렬한 팬 1천 명만 있으면 먹고산다. 구독자는 아무리 많아도 1백만 단위다. 그 정도만 되도 구글 본사에서 유명인이 되었다며 도금 기념품을 보내준다. 더 이상 뉴스는 모든 사람을 대상으로 하지 않는다. 모두에게 잘 보이는 것이 아니라 내 소비자에게 잘 보이는 것이 중요하다.

뉴스가 많아졌으니 소비자도 자신의 필요에 맞는 것을 본다. 과거에는 방송에서 싫은 소리를 해도 진지하게 들었다. 뉴스가 별로 없었으니까 끈질기게 봤다. 그러다 보면 일부 설득되기도 했다.

그런데 지금은 대체재가 너무 많다. 싫은 소리하면 벗어나면 그만이다. 그러니 뉴스 제작자는 최대한 자신의 고객이라 추정되는 사람들의 색깔을 맞출 수밖에 없다. 싫은 말을 굳이 하지 않는다. 사실 싫은 말을 하지 않는 정도만 해도 굉장히 양심적인 언론이다. 대다수는 소비자들이 듣기 좋게 조미료를 치고 한발 더 나아가 거짓말을 만들어낸다. 그들은 자신의 뉴스 소비자와 같은 쪽에 가서 줄을 선다. 그나마 먹고살려고 그러는 건 이해할 수 있다. 더 나쁜 경우는 뉴스 제작자가 자신의 태도에 점점 확신을 가지는 것이다. 자신과 취향이 맞는 소비자의 지원을 받은 제작자는 점점 교만해지고 아무 말이나 하기 시작한다.

그럼 큰 언론은 어떨까? 자극적인 언론에 길들여지면 큰 언론은 재미가 없다. 그러니 고객이 떠난다. 그러면 큰 언론도 위기감을 느끼고 작은 언론 흉내를 낸다. 그들도 줄을 선다. 어차피 소비자는 줄었고, 전 국민의 반만 잡아도 성공이다. 그들은 자신들의 소비자를 위해 작은 언론의 인기 스타들을 영입한다.

언론의 역할은 더 이상 심판이 아니다. 치어리더다. 자기 팀이 잘 볼 수 있게 앞장서서 응원하고, 싸울 생각이 없는 사람에게도 '파이팅'하라고 부추긴다. 그리고 이건 산업적으로 당연하다. 사람들은 참 웃기다. 그럴 수밖에 없게 만들어놓고 공정하지 않다고 하고 기레기라 욕한다. 뉴스의 본질이 이미 변했건만 왜 옛날 같지 않냐고 따진다.

요즘 뉴스에서 가장 재밌는 건 내 편 안에서 새로운 갈등이 생겨날 때다. 가령 젠더 문제가 본격화되면서 언론들은 갈팡질팡하거나 완전히 모르는 척하고 있다. 어디가 자기 줄인지 몰라 헤매거나 일단 전선이 명확해질 때까지 입을 닫는다. 그사이 자리를 잡지 못한 언론들이 재빨리 줄을 서서 스피커 노릇을 한다. 그 혼란을 보고 있자니 우스우면서도 씁쓸하다. 언론은 이제 앞서가지 못하고 뒤따라간다. 눈치를 봐야 하니 그럴 수밖에 없다.

어쩌면 가짜 뉴스가 문제의 본질이 아닐지도 모른다. 가짜 뉴스 자체는 과거에도 판쳤다. 군사 정권 시절, 뉴스의 절반은 정부가 퍼트린 가짜 뉴스였다. 하지만 그럼에도 사회는 돌아갔고 어쨌든 언론은 심판의 역할을 맡고 있었다. 권위가 있었다. 사람들은 싫더라도 언론에서 하는 말을 믿었다. 하지만 이제 언론에는 그런 권위가 없다. 치어리더는 심판 이상으로 힘든 일이지만, 사람들은 치어리더를 심판만큼 신뢰하는 것 같진 않다. 그러니 언론인들이 아무리 제대로 된 기사를 쓰고 팩트체크 프로그램을 만들어서 사실을 밝혀낸다 해도 시청자의 마음을 돌릴 수 없다. 정의감과 기자 정신으로 끈질기게 추적해 기사를 쓰는 훌륭한 기자가 있다 하더라도 소비자의 취향에 맞지 않으면 즉시 기레기가 된다.

　기레기에 그나마 의미를 둔다면 뉴스가 민주화되었다는 것이 아닐까 싶다. 사실 가짜 뉴스는 뉴스 민주화의 뒷면이다. 민주화된 만큼 권위는 사라졌고, 우리는 뉴스 제작자들을 기꺼이 욕할 수 있게 됐다. 그럼에도 나는 기레기라는 표현을 좋아하지 않는다. 아니, 나쁜 말이라고 생각한다. 이 말은 생태계의 문제를 기자 개인의 탓으로 돌리고 본질을 덮어버리기 때문이다.

남은 것은 다수결

　서로 자신의 말이 무조건 맞다고 주장하니, 우리에게 유일하게 남은 방식은 하나뿐이다. 바로 다수결. 어떤 방식으로든 시민의 지지를 얻으면 된다. 거짓이어도 지지만 받는다면, 그 안에는 대중의 원초적인 분노를 자극한 진실이 있는 것이 된다.

　2016년 트럼프의 승리가 이를 증명한다. 전 세계 사람이 트럼프의 태도를 비난하고 그가 퍼트린 가짜 뉴스에 분노했지만, 그가 이기고 나자 미국인이 가지고 있는 원초적인 분노에 대해 이야기했고 트럼프가 이길 수밖에 없는 이유를 나열한 다음 그의 승리를 당연하게 받아들였다. 코로나19라는 초유의 사태가 미국을 시궁창으로 밀어 넣지 않았다면 트럼프는 지금도 대통령이었을 것이다. 그는 최악의 상황에서 치른 2020년 선거에서도 무려 47퍼센트의 지지를 받았다. 역사상 가장 많은 표를 받은 낙선자였다. 그렇게 많은 사람이 지지하는데, 감히 누가 그 사람의 인기가 가짜에 속은 것이라 말할 수 있는가? 감히 누가 그 모든 것이 거짓이라 할 수 있는가?

이제 진실이 되기 위해서는 누구 편인지가 중요하다. 우리 편이면 사소한 거짓말쯤이야 애교로 봐줄 수 있다. 최근 논란이 됐던 김치 원조 논쟁이 이를 잘 보여준다. 중국이 김치를 자기 것이라고 우겼다는 것인데, 이 가짜 뉴스는 이미 기정사실로 받아들여졌다. 애초에 이 논란은 피클류의 야채 절임을 뜻하는 '파오차이泡菜'를 김치로 번역해 발생한 일로, 기껏해야 중국의 한 블로거의 말이 확장된 것에 불과하다. 비유하자면 국내의 한 환단고기* 추종자가 "중국 영토가 사실은 한국 것"이라고 소셜미디어에 썼는데, 중국 언론이 그걸 퍼가서 "한국인이 중국을 자신들 영토로 주장한다"라고 하면 합당한 상황인가? 우리는 종종 한두 사람의 말로 한 국가를 싸잡아 비난하지만, 한국인 한두 명이 말했다고 그게 한국 정부의 뜻이거나 한국을 대표하는 뜻일 수 없듯이 다른 나라 역시 마찬가지다.

하지만 국내 언론이 이 가짜 뉴스를 전투적으로 퍼 나르자 한국 네티즌들은 "어떻게 김치가 너네 거야, 이 새×들아"라고 하며 광분하기 시작했고, 한국인이 광분하자 중국인도 덩달아 광분했다. 중국 언론은 "한국이 야채 절임을 모두 자기들 것이

---

* 환단고기(桓檀古記)는 1979년 출간된 유사역사학 서적으로, 한민족의 고대사를 날조하여 기술한 위서(僞書)이다.

라 우긴다"라고 비난했다. 물론 중국인 대다수는 김치고 피클이고 관심이 없겠지만, 인구가 워낙 많다 보니 한국 네티즌 수만큼은 김치가 중국 것이라 주장하는 이들이 등장했고, 진짜 싸움이 벌어졌다.

이제 중국이 김치에 대해 실제로 뭐라고 했는지 사실 관계는 전혀 중요하지 않다. 중국인들은 원래 재수가 없고, 항상 중국만물설을 주장하고, 주변 국가를 탄압하며, 황사와 미세먼지를 보내고, 'fucking' 코로나19를 퍼트렸으니까. 서양 사람들이 동양인을 차별하고 손흥민 선수가 고생하는 것도 다 중국인 때문이니까…….

어디 중국의 경우에만 그런가? 일본 네티즌 반응을 몇 개 퍼와서 일본이 한국을 혐오한다는 식의 기사를 흔하게 볼 수 있다. 그 네티즌을 마치 일본을 대표하는 것처럼 여긴다. 같은 맥락에서 한글 댓글을 번역해 외국인들에게 보여준다면 그들이 뭐라고 하겠는가? 한국인 내가 보기에도 불편한 댓글이 얼마나 많은데 그 댓글이 외국인들에게 일반적인 의견처럼 보여진다면 그 오해는 걷잡을 수 없다. 그런데 이미 전 세계가 그렇게 행동하고 있다. 가짜 뉴스를 퍼트리고 그에 따른 혐오범죄가 일어난다. 처음에는 오보나 과장이지만, 시간이 조금만 지나면 자기들끼리 자가 복제를 해 진짜 여론이 된다. 전 세계가 댓글 국가주의에 빠져 자체 동력으로 굴러간다.

물론 이런 의문이 들 것이다. '근데 너는 김치 원조 논쟁이 가짜 뉴스인 줄 어떻게 알았어?' 나 역시 당연히 다른 뉴스를 통해 알았다. 그러니 가짜 뉴스라고 폭로한 뉴스가 가짜 뉴스라면 내가 속은 것이 된다. 하지만 가짜 뉴스에 속는 모든 사람이 그렇듯 나는 이렇게 변명할 것이다. 어쨌든 내 이야기의 맥락은 알지 않느냐고. 물론 앞에서 말했듯이 완벽한 가짜는 없다. 모두 대안적 사실이니 내 말도 틀릴 리가 없다.

이제 우리는 중국이 김치를 자기네 것이라고 우겼다는 주장이 진실이 된 우주에 살고 있다. 기다렸다는 듯 혐오를 내뿜는 한국 네티즌과 이에 화가 난 중국 네티즌은 각자의 진실을 퍼 나르고 있다. 이제 이 사실은 밈이 되었고, 한국 사람이 중국을 싫어할 이유가 하나 더 추가됐다.

내가 친구에게 이 뉴스가 가짜라고 하자 친구는 이렇게 말했다. "그건 중요하지 않아. 사람들의 분노는 진짜니까." 아, 내 친구는 현자가 분명하다. 이런 일로 일희일비하는 내가 멍청한 거지. 하지만 그럼에도 의문은 사라지지 않는다. 정말 괜찮은가? 진실이 무엇이든 모두가 동의하면 정말로 괜찮은가?

뜨겁게, 그리고 무감하게

그럼 어떻게 해야 할까? 우리는 어떻게 가짜 뉴스를 극복할 수 있을까? 꼼꼼한 확인이 필요할까? 당연한 이야기다. 하지만 우리에겐 그럴 시간이 없다. 우리가 우연히 본 뉴스에 대해 타인과 이야기하기 전에 모든 사실을 검증하는 것은 불가능에 가깝다. 무엇보다 사실 검증이 어려워 끝끝내 진실이 무엇인지 밝혀지지 않는 사건도 많다.

지난 1년간 내가 코로나19 방역과 관련해 타인에게 말한 대부분 정보는 강양구 기자의 페이스북에서 얻었다. 내가 그를 신뢰하는 이유는 한국에서는 드문 과학 전문 기자로서의 경력, 황우석 사태에서 그가 보인 태도*, 코로나19에 대한 특별한 관심 때문이다. 나는 그가 제공하는 코로나19 정보가 아마 국내에서 대중이 이해 가능한 수준에서 가장 정확한 수준일 것이라 확신한다.

하지만 가짜 뉴스에 당하지 않기 위한 모범 답안은 내가 강양구 기자를 아무리 신뢰하더라도 다른 기사나 논문을 통해 그의 게시물을 중복 체크하는 것이다. 물론 나는 그럴 생각이 전혀 없다. 귀찮게 뭐 하러 그러겠는가. 다른 할 일도 많은데. 그러니 강 기자가 마음먹고 거짓 뉴스를 만든다면, 나를 포함한 많은 이가 속아 넘어갈 것이다. 그런데도 나는 페이스북 하나만 보고 백신 음모론자들을 한심하다고 몰아세운다. 어쩌면 그 음모론자들이 나보다 훨씬 더 많은 자료를 봤을지도 모르는데 말이다.

내가 하고 싶은 말은 어차피 사람들이 일상생활에서 알고

---

* 황우석 박사가 배아 줄기세포 배양에 성공했다고 발표한 《사이언스》 논문 조작 의혹을 최초로 보도했다.

퍼 나르는 뉴스란 다 이 정도 수준이라는 것이다. 중복 체크는 하지 않는다. 이 책을 읽고 있는 독자는 어떨지 모르겠지만, 내가 직장에서 만난 사람들과의 대화 수준은 "네가 그렇게 말하는 걸 보니 넌 A형이구나" 정도다. 혹시 이 글을 볼 수도 있는 직장 동료를 위해 말하자면, 그들은 존경받는 전문직이고 배울 만큼 배운 사람들이다. 그냥 대다수가 그렇다는 말이다.

뉴스는 폭탄처럼 날아와 총알처럼 지나간다. 슬로우 뉴스는 필요하지만, 다수의 뉴스가 될 수는 없다. 문제가 떠오른 즉시 우리는 선택을 해야 한다. 이 진실의 홍수 속에서 처음에는 다들 혼란에 빠졌다. 하지만 얼마 지나지 않아 우리는 버티는 방법을 체득했다. 바로 무감해지는 것이다. 양측은 모두 데이터를 동원해 자신의 정당함을 알린다. 공정을 외치는 사람을 자녀 입시 비리로 비난하고, 그 사람은 기득권이 개혁을 방해하는 것이라며 역으로 비난한다. 그리고 서로 자기를 지지하는 언론을 이용해 증거를 들이밀고 사람들에게 선택을 강요한다.

확실한 내 편이 있는 사람이라면 어차피 편을 들어줄 것이니 문제가 되지 않는다. 하지만 편이 없는 사람 눈에는 모든 것이 코미디가 되고 혐오의 대상이 된다. 그래서 그들은 그냥 선택을 포기한다. 늘 모든 일을 정치적으로 보는 이는 누구나 편이 있을 거라 착각하지만 세상에는 생각보다 편 없는 이가 많다. 이걸 또 중도라고 부르는 사람들이 있는데, 이건 정치적 성향과는 무관하다. 진보든 보수든 간에 패거리 싸움하는 이들에게 진절머리가 났을 뿐이다.

그러니 사람들은 점점 뉴스에 무감해진다. 무감한 것은 잘 못이 아니다. 이 시대의 당연한 자기 방어법이다. 그렇게 웅크리고 있다가 나와 관련된 사안, 혹은 무슨 이유에서건 버튼이 눌리는 사안에만 반응한다. 그들은 중세 시대의 신처럼 반응한다. 모든 것을 무심하게 쳐다보고 있다가 어느 순간 발동해 천벌을 내린다. 그러니 뉴스는 더욱더 자극적으로 변한다. 무슨 방식을 쓰든 이 버튼을 울려야 한다. 예전에는 아이가 굶고만 있어도 사람들이 기부를 했는데, 이제는 아이가 불치병에 걸린 조부모를 모시고 장애가 있는 동생과 함께 굶어야 그나마 기부를 한다. 조금 덜 가난한 아이가 지원금을 받으면 정의롭지 않다며 광분하고, 그 아이가 나이키 신발을 신은 것을 찾아내 진실이라고 폭로한다.

가짜 뉴스 시대에서 살아남기

돌고 돌아왔는데 결론은 단순하다. 나는 우리가 가짜 뉴스를 피할 방법은 없다고 생각한다. 조금 덜 속고, 더 많이 속고의 차이가 있을 뿐이다. 당연히 덜 속으려는 노력도 중요하고, 진실을 알려고 하는 것도 중요하다. 하지만 우리는 앞으로도 꾸준히 속을 것이다.

그러니 중요한 것은 가짜 뉴스에 속은 이후다. 진실을 알게 됐을 때다. 사람들은 이렇게 반응한다. 진실을 숨긴다. 그리고 그냥 우긴다. 그래도 안 되면 이렇게 이야기한다. "그래, 중국이 김치는 자기 거라 안 했겠지. 그런데 다른 건? 다른 건 했잖아. 코로나19 퍼트렸잖아." 이렇게 가짜 뉴스는 목적을 정확히 달성한다.

10여 년 전 가수 타블로의 학력이 크게 이슈가 됐던 적이 있다. 타진요*는 타블로의 학력이 위조라고 주장했고, 대중들은 아니 땐 굴뚝에 연기가 나겠냐며 은근히 타진요에 동조했다. 그러자 힘을 얻은 이들은 일상생활이 불가능할 정도로 타블로와 주변 지인들을 괴롭혔다. 타블로는 졸업장을 인증하고 각종 자료로 자신의 결백을 주장했지만, 의심하는 이들은 그 모든 증거를 조작으로 만들어버렸다. 타블로가 MBC와 함께 그가 졸업한 스탠퍼드 대학교에 직접 찾아가 졸업을 증명했지만, 타진요는 고집을 꺾지 않았다. 결국 이 사건은 검찰 조사를 거쳐 대법원까지 가서야 타블로의 결백이 증명됐다. 타블로는 다큐멘터리에서 이렇게 말한다.

"(당신들은) 못 믿는 게 아니라 안 믿는 거잖아요."

그렇다면 지금 우리는 그때와 얼마나 달라졌을까? 작년 나경원 전 의원이 20여 년 전, 아들을 원정 출산했다는 의혹이

* "타블로에게 진실을 요구합니다"의 약칭으로 타블로의 학력위조를 주장하며 해명을 요구한 네이버 커뮤니티의 이름이다.

일었다. 당시 여권에서는 조국 전 법무부장관의 자녀 입시 비리를 물타기하기 위해 보수 정치인들의 자녀 비리를 다수 언급했는데, 그중 하나가 나경원 의원이었다. 권력자의 비리는 심심치 않게 일어나니 모든 의혹이 가짜 뉴스는 아닐 것이다. 하지만 나경원 전 의원의 원정 출산을 입증할 아무런 증거도 없었다. 그런데도 사람들은 이를 믿었고, 여당과 언론도 숟가락을 얹었다. 그녀는 자신은 원정 출산을 하지 않았고 아들이 곧 군대에 간다며 근거 없는 주장을 멈춰달라고 요청했지만, 사람들은 논란이 되니 아들을 군대에 보낸다며 원정 출산과 이중 국적은 사실이라고 떼쓰기 시작했다. 나경원 전 의원은 아들의 입대 날 국내에서 아들을 출산했다는 의사의 소견서를 본인 소셜미디어에 올렸다. 하지만 사람들은 멈추지 않았다. 관심받고 싶은 외로운 의사들까지 나서 "20년 전 일을 의사의 소견서로 받는 건 상식적이지 않다"라고 하며 마치 나경원 전 의원이 서류를 조작한 것처럼 여론전을 펼쳤다. 그들은 자기들이 우기는 바람에 그 소견서를 20년이나 지나서 받았다는 생각은 전혀 하지 않았다. 결국 그녀는 당시 자신의 출입국 기록과 아들의 출생증명서를 추가로 공개했다.

마침내 진실이 드러났다. 하지만 여당도, 언론도, 그 누구도 사과하지 않았다. 진실을 밝히라고 소리치던 사람들은 갑자기 그게 뭐가 중요하냐고, 어차피 나경원 전 의원은 '나베(아베 전 총리에 빗댄 표현, 나경원이 과거 자위대 행상에 참석한 것을 비꼬는 멸칭)'고, 원정 출산은 하지 않았지만 다른 비리는 많을 거라고 소리친다.

그래, 그럴 수도 있겠지. 하지만 설혹 그렇다고 하더라도 일단은 사과부터 해야 하는 거 아닐까? 그게 상식 아닐까? 밝혀진 건 누군가의 비리가 아니라 본인의 편협함인데도, 마치 자신의 노력으로 의혹이 밝혀진 양 심판자인 척 고매한 유권자 행세를 한다. 참 좋-으시겠다. 한 표 행사할 수 있어서. 언론인이든 정치인이든 네티즌이든, 어쩌다가 우리 사회에는 이렇게 비열한 사람들만 눈에 띄는지 모르겠다.

누구나 실수할 수 있다. 하지만 진실이 밝혀졌을 때 우리는 자신의 권위를 내려놓고 잘못을 인정해야 한다. 그리고 피해자가 있다면 기꺼이 사족 없이, 변명 없이, 뒤끝 없이 사과해야 한다. 동시에 누군가 자신의 실수를 인정했을 때 사회는 기꺼이 그 사람을 품어 주어야 한다. 하지만 우리 사회는 누군가의 실수가 드러나면 물고 뜯어서 재기를 불가능하게 만든다. 왜 그랬냐며 몰아세운다. 그러니 사람들은 더욱더 자신의 실수를 인정하지 않는다. 인정하지만 않으면 어쨌든 대안적 진실을 세울수 있으니까. 그러니 이쪽이든 저쪽이든 하나같이 비열해진다.

실수 없이 사회는 완성되지 않는다. 우리에게 가짜 뉴스가 없는 미래는 없다. 중요한 건 진실이 밝혀진 후 얼마나 솔직할 수 있느냐는 것이다. 《나는 고발한다 J'accuse》를 쓴 에밀 졸라 Emile Zola의 심정까지 될 필요도 없다. 그냥 쿨하게 인정하고 미안하다고 말할 용기만 있으면 된다. 당신에게는 그런 용기가 있는가? 그렇다면 우리는 가짜 뉴스의 파도를 넘어갈 것이다. 상처는 가득 안겠지만, 그래도 흉터를 남기고 새살을 만들어 넘어갈 것이다. 하지만 우리 모두 알지 않나. 당신과 나, 그리고 이 세계가 그렇지 않다는 것을.

2021년 3월

대충 4년 전, 《스켑틱》에 처음 기고한 글이다. 지금 읽어봐도 기합이 잔뜩 들어가서는 힘을 팍 준 것이 느껴진다.

이 글에서 언급한 사건 중에는 지금은 잊혀진 것(나경원 의원의 원정 출산 논란, 김치 원조 논쟁 등)도 있고 여전히 현재형인 것도 있다. 무엇보다 트럼프는 그때도 지금도 유력한 대선 후보다. 여러분이 이 책을 읽을 때는 이미 당선 여부가 결정된 후겠지만, 지금은 초박빙의 지지율을 기록하고 있다. 하지만 그가 선거에서 이기든 지든 미국은 트럼프가 주인공인 선거를 12년째 치른 셈이다. 상대편이 이기더라도 그건 그 후보가 좋아서가 아니라 트럼프를 떨어뜨리기 위해서일 테니까.

트럼프는 그사이 정치 이단아에서 완벽한 주류가 되었다. 그가 처음 공화당 후보가 되었을 때만 해도 당내 주류 인사들은 그를 곱게 보지 않았다. 하지만 트럼프는 차근차근 공화당을 점령했다. 그에게 저항했던 몇몇 공화당 의원들은 언론으로부터 '전통 보수'라는 찬사를 받았지만, 이후 선거에서 대중의 선택을 받지 못했다. 이제 공화당에는 트럼프의 반대 세력이 없다. 트럼프를 히틀러에 비유하며 비난했던 밴스James David Vance 상원의원은 트럼프에게 아부하며(실제로 트럼프가 이를 뜻하는 "kiss ass"라는 단어를 썼다) 충성을 맹세하더니 결국 부통령 후보가 되었다.

주류라는 게 단순히 공화당 내 파벌 싸움을 의미하는 건 아니다. 트럼프가 대통령에 당선된 2016년 선거 때만 해도 트럼프는 사전 여론 조사보다 실제 투표에서 더 높은 지지를 받았다. 많은 유권자들은 막상 그를 지지하면서도 이를 대외적으로 드러내지 않았다. 여론은 이들을 "샤이shy 트럼프"라고 불렀다. 그러니까 그들은 트럼프를 지지하면서도 그 사실을 부끄럽게 여겼다. 하지만 시간이 지남에 따라 이 샤이 트럼프의 숫자가 줄어들었다. 이제 여론 조사와 실제 득표가 거의 유사하게 나온다. 트럼프의 인기는 처음이나 지금이나 크게 차이가 나지 않지만, 사람들은 더 이상 그를 지지하는 걸 부끄러워하지 않는다.

내가 과거 비꼬고 비난했던 가치와 태도는 사회에 완전히 뿌리내렸다. 미국만의 문제도 아니고 보수만의 문제도 아니다. 트럼프는 유럽에도 있고 남미에도 있고 아시아에도 있고 한국에도 있다. 보수에도 있고 진보에도 있다. 이제는 트럼프를 틀렸다고 말하는 것이 정당한지조차 모르겠다. 설혹 트럼프가 언젠가 비난을 받고 물러나더라도 그가 뿌린 씨앗은 사라지지 않을 것이다. 나의 가치 판단과 무관하게 그는 이 시대를 대표하는 아이콘이자 시대정신이다. 이제야 그 정신을 조금은 이해할 것 같다. 그런 면에서 지금 이 주제로 글을 다시 쓴다면 훨씬 무거운 글이 나오지 않을까 싶다.

2장

그때는 맞고 지금은 틀리다

신이시여,
우리는 어디로 가나이까

"이제 우리 모두가 공유하는 세계관은 없다."

—이졸데 카림, 《나와 타자들》

무신론자들의 국가, 한국

스켑틱인들이여, 축하한다!

2021년 한국갤럽조사연구소가 진행한 종교 인식 조사에 따르면 한국인 중 종교를 가진 비율은 40퍼센트밖에 되지 않았다. 플라토닉한 종교 생활자(육체적으로 신전을 찾지 않으면서 마음속으로만 종교를 갖고 있다고 주장하는 사람)까지 모두 포함된 수치일 테니 회의주의자들이 저주하는 맹목적인 신도들은 훨

(단위: %)

구분		1984년	1989년	1997년	2004년	2014년	2021년
전체		44	49	47	54	50	40
연령별	19~29세	36	39	36	45	31	22
	30대	45	46	47	49	38	30
	40대	49	54	53	57	51	32
	50대	53	58	56	62	60	43
	60대 이상					68	59

1984-2021년 한국의 종교인 비율. 출처: 한국갤럽조사연구소

씐 적을 것이다. 그리고 더 신나는 일은 연령대가 낮을수록 종교를 갖는 비율이 드라마틱하게 떨어진다는 점이다.

종교를 믿는 20대 비율은 10년 전에 비해 14퍼센트 감소했고(45퍼센트→31퍼센트), 30대는 11퍼센트 감소했다(49퍼센트→38퍼센트). 또 다른 조사에서는 청소년이 종교를 가진 비율은 10퍼센트대로 나오기도 했다. 어릴 때 모태 신앙으로서 반강제적으로 종교를 갖게 되는 경우가 많다는 점을 감안하면, 한국 종교는 쇠퇴기에 접어들었다고 봐도 무방할 듯하다. 한국은 스켑틱 운동이 시작된 미국보다도 훨씬 빠르게 탈종교화가 진행 중이며, 세상에서 손에 꼽히는 무신론자 국가가 되었다.

축배를 들자. 《스켑틱》이 뿌린 씨앗이 우리 사회에 제대로 파고들었다. 표정 관리할 필요는 없다. 스켑티컬한 이들은 사회적 위상을 감안하여 자신들이 종교를 비판하는 것이 아니라 광신도들과 창조과학을 비판하는 것뿐이며, 온건하고 합리적

인 종교인은 괜찮다는 탈을 써왔지만 그건 어디까지나 '괜찮은' 것이고 더 좋은 것은 무신론자가 되는 것이었으니까.

무신론자(불가지론자, 무교인 모두 포함)의 비율은 이제 과반을 넘어섰다. 교육 수준이 높을수록, 젊은 세대로 갈수록 비종교인의 비율이 높아진다. 이 두 가지가 의미하는 바는 뚜렷하다. 우리는 교육을 통해 비이성적이고 맹목적이며 사회를 극단으로 나누는 종교라는 암 덩어리를 몰아냈다. 아니, 《스켑틱》에 이 이상 축하할 일이 있겠는가.

그런데 어째서인지 전혀 만족스럽지가 않다. 2000년대 한 대통령 후보처럼 물어보고 싶다.

"(종교가 약해져서) 살림살이 좀 나아지셨습니까?"

과연 한국 사회는 과거보다 말이 통하는 합리적인 사회가 되었는가? 한국인은 이제 광신도 같은 극단적인 태도를 취하지 않는가? 헬조선이 과연 우리가 꿈꾸는 대동 세상인가? 아, 대동大同이라니……. 심히 종교적이군.

멸종 위기종이 된 종교인

사람들은 종교의 축소가 20세기 이후 꾸준히 벌어진 일이라고 생각한다. 전 세계적으로 보면 그럴지도 모르겠다. 하지만 적어도 한국에서는 지난 10년 사이 벌어진 일이다. 한두 가지 종교가 대다수를 차지하는 국가들과 달리 한국은 불교, 기독교, 천주교, 유교, 기타 민간 신앙이 모두 자기 나름의 세를 유지하고 있었고 무신론자의 비율도 높았다. 그럼에도 전체 종교인 수는 10년 전까지만 해도 꾸준히 우상향을 그리고 있었다. 그런데 지난 10년 사이 종교인의 비중이 갑자기 떨어졌다. 변화가 오고 그 변화가 수치로 드러나는 시간을 감안하더라도 대략 20년 사이에 우리 사회에 본질적인 변화가 일어난 것이다.

그럼 이 승리(종교의 축소)가 《스켑틱》의 노력 덕분일까? 그런 부분이 완전히 없다고 매정하게 말하지는 않겠다. 사람들의 모든 노력은 어떻게든 흔적을 남기기 마련이니까. 하지만 그게 가장 큰 이유라고 말한다면 그건 위선이 될 것이다.

일부 종교인들은 자신들이 더 이상 팔리지 않는 이유가 과학의 공격 때문이라 믿어 의심치 않았다. 그래서 불신자들의 주장을 논파하고 나면 다시 자신들의 종교가 부흥할 것이라 믿었다. 그들은 자신들의 합리성을 위해 창조과학에 돈을 들이부으며 반격에 나섰지만, 창조과학에 대한 그들의 믿음은 그들의 종교만큼이나 허황된 것이었다. 창조과학이 맞고 틀리고는 전혀 중요하지 않다(물론 틀렸다). 왜냐하면 사람들은 합리적으로 따져보고 '신이 없구나' 하고 판단해서 종교를 믿지 않는 게 아니기 때문이다. 사람들은 이제 그냥 종교에 관심이 없다.

이를 가장 잘 보여주는 수치가 '비종교인의 과거 신앙 경험 비율'이다. 종교가 없다고 응답한 사람 중에 과거 종교를 가졌던 비율은 1997년만 해도 50퍼센트 이상으로 매우 높았으나 지금은 25퍼센트까지 떨어졌다. 즉 지금 비종교인 대부분은 평

(단위: %)

1984~2021년 비종교인의 과거 신앙 경험. 전국(제주 제외) 성인 1500~2000명 면접 조사로 진행했다. 출처: 한국갤럽조사연구소

생 단 한 번도 종교를 가진 적이 없다. 애초에 종교 자체에 관심이 없었으니까 가진 적이 없는 것이다. 비종교인들에게 "왜 신을 믿지 않는가?"라고 묻자 54퍼센트가 그냥 관심이 없다고 답변했다. 관심 자체가 없는데 하느님이 세상을 창조했든 말든 무슨 상관이란 말인가. 그러니 창조과학이 설령 맞았다 한들 달라지는 건 없었을 것이다.

시니컬을 한 스푼 더 얹어서 말하자면 종교에 관심이 있는 건 종교인들과 그들을 악으로 규정했던 우리들밖에 없었다. 창조과학과 광신도들에 분연히 맞서 싸운다고 생각한 우리의 투쟁은 어쩌면 이미 힘이 다 빠진 상대를 린치한 것뿐인지도 모른다. 나는 솔직히 요즘은 종교에 광적으로 빠진 사람이 신기할 지경이며 문화 다양성을 위해 그들을 문화유산으로 지정해야 하는 것 아닌가 하는 생각마저 든다.

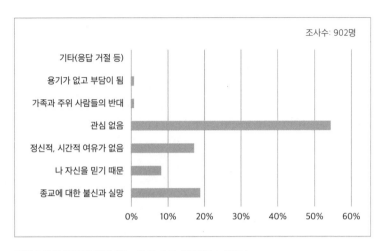

조사수: 902명

기타(응답 거절 등)
용기가 없고 부담이 됨
가족과 주위 사람들의 반대
관심 없음
정신적, 시간적 여유가 없음
나 자신을 믿기 때문
종교에 대한 불신과 실망

0%   10%   20%   30%   40%   50%   60%

비종교인이 종교를 믿지 않는 이유. 출처: 한국갤럽조사연구소

이미 많은 종교가 자신들의 쇠퇴를 예감하며 알아서 다른 방식을 찾고 있다. 서유럽의 성당이나 교회가 문화 공간이 된다든지 한국 불교가 템플 스테이를 통해 가치를 전달하는 것이 대표적이다. 사람들에게 종교인으로 유도하기 위함이 아니라 여행하며 쉬는 공간으로 스스로를 리메이크하며 생존을 모색한다.

가치 실종의 시대

물론 종교만의 문제가 아니다. 도입부에서 인용한 철학자 이졸데 카림Isolde Charim의 말처럼 이제 우리 모두가 공유하는 세계관은 없다. 과거 사회가 함께 공유했던 가치관들은 소멸 단계에 들어섰다. 사람들은 냉전 체제 종식으로 탈사상화되었다고 하는데, 그렇지 않다. 냉전 종식 후에는 하나가 된 세상에서 세계인으로서의 사상이 있었다.

UN이나 유럽연합(EU) 같은 초국가적인 공동체가 한때나마 인류가 꿈꿨던 이상을 보여준다. 하지만 UN은 강대국의 독무대가 됐고 EU는 무너지고 있다. 세계인이라니, 이제는 듣기만 해도 하품이 나온다.

그렇다고 국가에 대한 희생정신이 과거처럼 남아 있는가 하면 그런 것도 아니다. 지난 대통령 선거에서 윤석열 후보는 일반 사병의 월급을 200만 원으로 상향하겠다고 공약했다. 타인이 하기 싫은 일을 누군가가 어쩔 수 없이 해야 한다면 그에 대해 충분히 보상을 해주는 건 당연한 일이다. 중요한 건 지금부터 200만 원을 준다는 것이 아니라 왜 과거에는 그 정도 돈을 주지 않았는데도 군대라는 조직이 굴러갈 수 있었느냐는 것이다. 가혹하게 굴려서? 그런 것도 있을 수 있지. 하지만 굴리기만 해서 돌아가는 집단은 없다. 징병제에는 시민 대다수가 동의하는 어떤 가치가 있었다. 그게 애국심이든, '남자라면 군대 한 번 다녀와야지' 같은 맨 박스man box든 뭐든 간에 돈을 받지 않고도 젊은 시절을 희생할 수 있는 어떤 가치관을 우리 사회는 공유하고 있었다.

2022년 6월에 개봉한 영화 〈탑건: 매버릭〉을 상영하는 미국의 극장 앞에 미국 해군과 공군이 모병소를 세워서 영화에 홀린 젊은 사람들을 유혹하는 사진이 인터넷에서 화제가 된 적이 있다. 관객이 영화를 보고 느낀 그 '뽕'을 이용해 '아차' 하는 순간에 입대시키려는 사실상의 낚시질이라 할 수 있다. 하지만 이런 낚시질도 기본적으로 군대에 대한 존경이나 자부심, 적어도 '멋있다'는 이미지가 있을 때 가능한 것이다. 하지만 한국인의 마음속에 그런 건 없다. 한국인에게 군인은 그냥 '군바리'일 뿐이다.

가치가 사라졌으니 남은 것은 돈으로 때우는 것뿐이다. 흔히 하는 표현으로 '뺑이' 치고 200만 원 받는다. 대통령의 공약이 좋은가 나쁜가에 대해서 말할 생각은 없다. 더 흥미로운 것은 '왜 지금인가?' 하는 것이다. 이제 우리는 돈을 주지 않고는 도저히 징병이라는 시스템을 유지할 수 없는 상태가 되었다.

드디어 월요일이다

쌍팔년도도 아니고 국가 이야기는 그만하자. 노무현 대통령이 말했던 대로 이제는 기업이 국가보다 강력하다. 그가 대통령을 했을 때가 거의 20년 전이고 그사이 기업은 더 강력해졌으니 이제는 모두가 공유하는 가치란 것도 기업이 제공하지 않느냐고 반문할 수 있다.

긍정적이든 부정적이든 역사적으로 '가치를 주입하는 것'은 끊임없이 자신의 가치를 증명해 왔다. 당연히 기업들도 자신들의 가치를 심기 위해 노력했다. 그것은 기본적으로 자신들의 물건을 사서 쓸 소비자들을 끌어들이기 위한 전략이었지만, 그 이상으로 기업 내부 구성원들을 위한 것이기도 했다. 기업의 비전은 기업의 실제 가치보다 기업을 훨씬 돋보이게 할 수 있다. 산업화 시기에는 수출 기업들이 이런 가치를 적극적으로 활용했다. 이는 국가를 선도한다는 산업의 역군 이미지와 결합하면서 폭발적인 시너지를 가져왔다. 과로와 안전사고로 비극적 죽음이 이어졌지만, 애국심과 불굴의 기업 정신은 이를 유야무야 넘기게 만들었다. 1990년대부터 스타트업이 이런 가치를 이어받았다. 그들은 '자유를 증진하고 세상을 이롭게 한다'는 이미지를 창출해 화장에 성공했다. 거창하진 않아도 최소한 '쿨하다'는 이미지를 심어줬고 많은 젊은이가 이 판에 뛰어들어 스스로 착취당했다. IT 기업의 CEO들이 모두 관심병에 걸려서 자신을 드러내는 것이 아니다. 가치는 경제를 움직인다. 가치를 심어주면 사람들이 희생하고 실적으로 연결된다.

이를 가장 잘 보여주는 것이 공유 오피스 스타트업 위워크 WeWork가 사무실에 걸어두었던 캐치프레이즈 "드디어 월요일이다"가 아닐까 싶다. 주말에 쉬고, 일을 시작해야 하는 월요일은 직장인에게는 가장 힘든 날이다. 오죽하면 '월요병'이 만국 공통이겠는가. 하지만 위워크는 그런 월요일이 기다려진다고 자신들의 업무를 포장했다.

자신들이 만든 공유 오피스에서 일하는 것이 얼마나 쿨하고 멋진가를 과시하는 동시에 직원들에게도 그 가치를 심은 것이다. 위워크의 직원들은 창업주가 온갖 사치와 객기를 부리는 와중에도 최저 임금보다 못한 임금을 받으면서 야근을 하며 기업에 헌신했다. 직원들이 멍청해서 그런 짓을 한 게 아니다. 어느 누구보다 실리적인(것처럼 보이는) 월 스트리트Wall Street의 큰손들조차 적자가 눈덩이처럼 불어나는 위워크에 묻지마 투자를 이어갔다. 드디어 월요일이라니, 이 얼마나 신나는 구호인가! 하지만 안타깝게도 그 가치를 만든 창업자는 사실상 사기꾼이었으며 위워크는 와장창 무너졌다(이 과정이 궁금한 분은 드라마 〈우린 폭망했다We Crashed〉를 보면 된다). '드디어 월요일' 같은 건 없다. 일하면 힘든 건 사과가 땅에 떨어지는 것만큼 확실한 과학이다. 하긴 과학을 넘어서는 것이 그 가치의 가치인 거지.

노동하는 인간의 붕괴

노동의 신성함은 근대 이후 인류를 지배해 온 가장 중요한 가치관이다. 근대 이후 인류에게 가장 큰 영향을 끼친 두 가지 사상(자본주의와 공산주의)은 모두 노동의 신성함에 그 바탕을 두고 있다. 일하는 것은 신성하고 그로써 개인은 자유로운 존재가 된다. 노동가치론labor theory of value을 따라 올라가다 보면 17세기 철학자 존 로크John Locke가 나온다. 존 로크의 노동가치론은 《성경》에 기인한다. 원죄로 인간이 받는 고통이 노동이며, 이것은 숙명이다.

서양에만 이런 사고가 있는 게 아니다. 8세기 당나라의 선승인 백장회해 스님의 어록 중에 "일일부작 일일불식一日不作 一日不食"이란 표현이 있다. 쉽게 말해서 하루 일하지 않으면 그날은 먹지 않겠다는 뜻이다. 물론 백장회해 스님이 말하는 '일'이라는 게 우리가 흔히 생각하는 돈을 버는 일과는 다른 의미겠지만, 아무튼 동양이든 서양이든 오래전부터 노동이 인간의 업보라는 생각이 기본으로 세팅되어 있었다. 하긴 어느 곳이 그러지 않겠는가.

그런데 21세기 들어 이 기본 세팅값에 근본적인 변화가 생겼다. 바로 노동하지 않는 인간이 탄생한 것이다. 물론 역사적으로 노동하지 않는 인간은 언제나 있었다. 하지만 이는 대부분 특수한 계층이었고 서민들의 삶과는 별 관련이 없었다. 자본주의가 등장한 이후에도 노동은 중요했다. 누구나 성공할 수 있는, 종종 개천에서 용이 나오는 시대가 됐지만, 그 성공은 여전히 노동을 담보로 했다. 실제로 그렇든 아니든 그들은 능력이 있어야 했고 일을 해야 했다. 하지만 대물림되는 부가 커지고 부동산과 자본 수익이 증가하자 이 가치가 흔들리기 시작했다. 그리고 몇 년 전부터 이어진 주식 열풍과 코인 열풍이 이 관념을 영원히 바꿔놓았다. 소셜미디어는 이런 분위기에 불을 붙였다. 주식이든 코인이든 운이 좋으면 돈을 벌 수 있다. 물론 그곳에도 전문가가 있으니 함부로 재단할 수는 없겠지만 인터넷에서 볼 수 있는 경우는 대부분 그렇다.

급격한 사회 변동도 이를 부채질한다. 언제까지 이 직장에 있을지 알 수 없다. 사용자는 필요에 따라 쉽게 사람을 뽑고 자르며, 노동자도 언제든 더 좋은 일자리로 옮길 준비가 되어 있다. 직업적 소명이 있던 시대에는 성공과 무관하게 노동이 의미가 있었다. 하지만 이제 소명은 사라졌고 남은 건 풍족하게 돈을 버는 것이다. 많은 20~30대의 꿈은 파이어족이다. "경제적으로 풍족해도 지금의 일을 계속할 것인가?"라는 질문을 던져보면 젊은 층으로 갈수록 "그렇다"라는 응답이 급격하게 떨어진다. 물론 인간 노동이 사라지는 시기는 적어도 우리 생애 안에는 도래하지 않을 것이다. 하지만 노동하지 않는 방법이 생겨났고, 사람들은 (자기) 노동의 종말을 꿈꾸고 있다.

다수가 되지 못한 정체성 정치

물론 지금도 여전히 의미 있는 가치관들이 있다. 흔히 말하는 정체성 정치다. 인종이나 민족, 젠더, 성적 지향 등 자신이 가진 정체성을 기반으로 하는 것으로 여성 운동, 흑인 민권 운동, LGBT 운동, 탈식민 운동 등이 대표적이다. 보통 약자들이 자신들의 권리를 찾기 위한 형태로 운동이 시작된다. 요즘 흔히 쓰이는 '정치적 올바름'이라는 것도 정체성 정치의 결과물 중 하나다. 현대에 갑자기 나타난 새로운 운동은 아니지만, 과거 이념들이 사회 결속력을 잃고 다원주의가 보편화되면서 존재감이 강화됐다. 특히 인터넷을 통해 소수자들 간 의견 교류가 활발해지면서 결속력이 강해졌다.

정체성 정치의 영향력을 가장 잘 볼 수 있는 것이 거대 기업들의 마케팅이다. 구글, 애플, 페이스북, 나이키 등 수많은 기업이 정체성 정치를 응원하는 메시지를 한가득 내보낸다. 이들은 소수자를 옹호하고 환경을 보호한다. 미국 대법원이 여성의 낙태권에 제동을 걸자 기업들이 낙태 수술을 지원하는 등의 움직임을 즉각적으로 보였다. 기업이든 누구든 대의에 함께 한다니 좋은 일이다. 그런데 소수자를 생각하고 환경을 보호하는 이 양심적인 기업들이 조세 회피처를 통해 역대급의 탈세를 저지르는 것에는 거의 아무런 죄책감을 느끼지 않는 것처럼 보인다. 기업들을 욕할 건 없다. 왜냐하면 어차피 모든 기업은 탈세를 하려고 하니까. 기업 특성상 IT 기업이나 글로벌 기업이 탈세하기가 조금 더 수월한 것뿐. 사실 이 행위가 기업의 이미지에 큰 타격을 줬다면 그들은 탈세를 할 수 있다고 해도 하지 않을 것이다. 그들이 그렇게 행동하는 이유는 소비자들이 별 관심이 없다는 걸 충분히 인지하고 있기 때문이다. 그러니까 그들이 의식할 정도로 정체성 정치는 사회의 주류적 가치관으로 떠올랐다.

하지만 정체성 정치가 우리 사회 다수를 움직일 수 있는가에 대해서는 의문이 생긴다. 정체성 정치는 중요한 논쟁점이지만 가장 큰 정체성 정치라고 할 수 있는 젠더에 관한 담론조차 인터넷을 벗어나면 일상생활에서는 거의 전혀라고 할 만큼 논의되지 않는다. 백래시backlash(반감)에 대한 걱정을 많이 하는데 문제는 백래시가 아니다. 반감이 생긴다는 건 그나마 의견 전달이 된다는 의미다. 하지만 대부분은 그냥 정체성 정치에 관심이 없다. 정체성 정치를 하는 사람과 그 정체성 정치를 반대하는 사람(이들도 자기 나름의 정체성 정치를 하고 있다고 볼 수 있다)까지 모두 합쳐도 시민의 절반이 채 되지 않는다. 사실 대다수는 '좋은 게 좋은 것'이라는 막연한 생각만 가지고 있을 뿐이다. 혹은 정체성을 인식하더라도 다른 요소를 더 중요하게 여긴다. 이를 잘 보여주는 것이 트럼프의 당선이다.

트럼프를 지지한 사람들이 모두 정체성 정치를 혐오하는 그의 발언에 동의해서 그를 뽑은 것이 아니다. 마찬가지로 민주당 후보에게 투표한 이들이 모두 트럼프의 발언을 부정하는 것도 아니다. 그가 재선에 실패한 이유는 그가 소수자를 숱하게 무시하고 비하했기 때문이 아니라 코로나19에 제대로 대응하지 못하면서 경제가 갑자기 망가졌기 때문이다. 코로나19가 유행하기 직전 미국 경제는 호황이었고, 그가 아무리 잘못된 언사를 내뱉었어도 팬데믹이 아니었다면 그는 재선됐을 가능성이 높다.

정체성 정치가 말하는 가치는 본질적으로 다수가 될 수 없다. 하긴 애초에 다수였다면 그것은 정체성 정치도 아닐 것이다. 정체성 정치는 그 정체성을 가진 사람이 중심이 될 수밖에 없는데, 가장 다수의 정체성 정치인 여성 운동의 주체조차 세계의 절반밖에 되지 못한다. 그렇다고 그 절반이 모두 정치적 행동을 하는 것도 아니다. 물론 각각의 정체성 정치가 서로 연

대해 나가며 큰 움직임을 만들어낼 수도 있다. 그것이 아마도 다원주의를 외친 사람들이 꿈꾼 세상일 것이다. 그런데 문제는 우리 사회에서 펼쳐지는 다원주의는 공존이 아니라 생존에 방점이 찍혀 있어서 연대보다는 분열로 나타난다. 한 줌밖에 되지 않는 종교가 여전히 막강한 영향력을 가진 것처럼 보이는 이유도 여기에 있다. 그들은 소수지만 사실 소수가 아니다. 그 정도 결속력을 가진 집단도 현대 사회에서는 찾기 어렵다.

새로운 세대는 늘 이기적이다?

사회에는 구성원이 공감하는 어떤 가치관이 존재한다.

어느 공동체를 보더라도 젊은 세대를 '이기적'이라고 하는데, 이건 새로운 세대가 공동체의 가치관에 동의하지 않기 때문에 발생하는 현상이다. 그것이 내셔널리즘이든 가족주의든 공동체주의든 혹은 소소하게 '카페에서 자리를 비운 사람의 물건을 훔쳐 가지 않는다' 같은 것이든 사회 구성원이 의식적, 무의식적으로 동의하는 대의가 있는데, 새로운 세대는 여기에 동의하지 않으므로 같은 행동을 하지 않는다. 당연히 기존 구성원 입장에서는 그런 태도가 이기적으로 보일 수밖에 없다. 가령 얼마 전 한 대학생이, 시위하는 대학 내 청소노동자를 고소한 사건이 사회적으로 조리돌림을 당한 일이 있었다. 이 대학생을 욕하기는 쉽다. 나도 이 대학생이 이기적이라는 것에 동의한다.

그런데 이 사건이 벌어진 이유는 한 개인이 이기적인 것과는 별개다. 그러니까 어느 세대나 이기적인 사람들은 있고 청소노동자를 하찮게 여기거나 막 대하는 사람들 역시 안타깝게도 늘 있어왔다. 하지만 다른 세대의 소위 '싸가지' 없는 사람들은 적어도 청소노동자들이 시끄럽게 시위를 한다고 해서 고소하지는 않을 것이다. 왜냐하면 그러면 안 된다고 무의식적으로 생각하기 때문이다. 우리 사회의 기존 구성원들은 어떤 가치관을 공유하고 있다. '우리는 모두 노동자이고 노동자들의 단체권은 헌법의 보장된 권리다'라는 가치관을 공유했다면 좋았겠지만, 노조에 대한 우리 사회의 뿌리 깊은 반감을 떠올려 보면 그건 아닌 것 같고, 하여튼 그런 행동을 하지 않을 어떤 가치관을 공유하고 있다. 그래서 기성세대의 싸가지들은 순간적으로 올라오는 분노를 참지 못하고 청소노동자들에게 진상짓을 하거나 욕설을 하거나 폭력을 휘두를지언정 고소하지는 않았다. 고소는 차분하게 시간을 두고 내리는 결정이니까. 이 대학생에게는 기존의 가치가 받아들여지지 않은 것이다. 그러니 고소를 할 수 있었던 거지.

비슷한 것이 올해 초 이준석 국민의힘 대표가 출근 시간에 시위를 벌이는 장애인 단체와 논쟁을 벌인 것이다. 이 논쟁에서 나는 우리 시대를 관통하는 새로운 논리를 봤다. 이준석 대표의 길고 긴 주장을 한마디로 간추리자면 이거다. "네, 힘드셨군요. 하지만 어쨌든 불편하잖아요." 이 논리에 대해서는 반박할 수 없다. 모든 논쟁이 그렇지만 근거로 드는 가치관을 공유하지 못하면 말은 통하지 않는다. 그러니 전국장애인차별철폐연대 대표가 아무리 길게 논리를 전개해도 이야기는 원점으로 돌아간다. "네, 잘 알겠고요. 그러니까 시민들이 시위 때문에 불편했어요, 안 했어요? 그것만 말해보세요."

다원주의의 핵심은 변화다. 내 위치와 정체성이 언제나 변할 수 있으므로 우리는 나를 넘어서 서로를 이해하고 연대할 수 있다. 하지만 우리 시대의 다원주의는 상대방의 의견에 대해 "그건 난 모르겠고, 아무튼 불편하다"라고 답한다.

이런 가치관이 하루아침에 생기지는 않았을 것이다. 일부 발 빠른 정치인들은 이런 변화를 재빨리 캐치하고 그 변화에 올라타 기회를 잡았다. 혹은 자신은 그냥 제멋대로 했는데 사람들이 반응한 것인지도 모른다. 2016년 트럼프의 당선과 더불어 모든 국가에는 '○○○의 트럼프'라 불리는 정치인들이 등장했다.

과거 정치는 가면무도회였다. 욕망을 숨긴 채 각자가 표방하는 가치관의 가면을 쓰고 우아하게 진행됐다. 당연히 가면이라는 것은 벗겨질 수밖에 없고 시민들은 정치인들의 위선을 비웃었다. 따지자면 나도 가면을 벗자고 떠든 쪽이다. 그런데 정치인들이 정말 투명하게 자신의 욕망을 노골적으로 드러내기 시작하자 상황은 오히려 더 나빠졌다. 가면을 벗으라고 했는데 바지까지 벗어 재꼈다. 어쨌든 과거에는 대의명분을 내세우는 척이라도 했고 그러는 척은 원하든 원하지 않든 일상에까지 영향을 끼쳤다. 하지만 이제 정치는 저렴해졌고, 당신도 저렴하게 굴어도 된다는 시그널을 준다.

사라진 공통의 가치관, 직업에 대한 소명의식 약화, 금전적 욕망, 약자에 대한 혐오, 상처받은 개인의 표출이 먼저인지 가면을 벗은 정치인의 출현이 먼저인지는 모르겠지만, 두 과정이 환장의 콜라보를 이뤄 앞으로인지 뒤로인지 알 수 없는 방향으로 나아가고 있다.

생존만이 남은 국제 정치

세계가 혼란하다. 극우 반동이 전 세계를 한번 휩쓸더니 지금은 그 반동의 반동이 오는 것 같기도 하고 아닌 것 같기도 하다. 이것이 극우가 휩쓸었던 지난 시절에 대한 반성인지 그냥 추가 좌우를 번갈아 왔다 갔다 하는 것인지도 모르겠다. 하긴 중국과 러시아가 자유무역을 외치고 미국이 고립과 분열을 외치는 시대에 정상적인 게 뭐가 있겠는가.

국제 사회에서 가치가 사라진 지는 오래됐다. 민주주의를 외쳤던 미국은 남미에서 민주 정부를 엎고 독재 정부를 수호했다. 중동 지역에서는 여전히 비슷한 문제가 나타난다. 미국은 중동 지역에서 그나마 민주적으로 정부를 수립한 이란과는 수십 년째 척을 지고 있고 반대로 독재 국가와 왕조와는 친밀하게 지낸다. 조 바이든Joseph Biden 대통령은 언론인 자말 카슈끄지Jamāl Khāhuqjī 암살을 두고 사우디아라비아를 국제적 왕따로 만들겠다고 공언했으나 석유 가격이 폭등하자 사우디아라비아를 직접 방문해 암살 배후로 지목된 황태자 무함마드 빈 살만Mohammed bin Salman의 둘도 없는 친구인 양 굴고 있다. 기자 회견장에서 한 기자가 "유가족에게 사과할 의향이 있느냐?"라고 큰소리로 따져 묻자 바이든은 침묵했고 빈 살만은 비웃었다. 미국은 러시아의 우크라이나 침공에 대해서는 세계를 두 쪽 낼 정도로 비난하지만, 이스라엘이 팔레스타인에서 수십 년간 벌이는 학살에 대해서는 침묵한다. 침묵이라도 하면 다행이지, 이스라엘 쪽 입장을 대변해서 마치 서로 무력 충돌이라도 한 양 보도한다. 우리 편 5명이 죽고 상대편 1000명을 죽인 사건을 두고 무력 충돌이라고 표현한다면 세상에 일방적인 폭력이란 존재하지 않을 것이다.

러시아나 중국도 마찬가지다. 동구권은 붕괴했지만 그래도 한때나마 공산주의 국가였고 지금은 사회주의 가치를 지향한다고 주장하는 러시아는 동남아 지역의 독재 국가를 지지한다. 러시아는 미국에게 버림받은 국가의 독재자들이 시민들을 제압할 수 있게 군사력을 제공해 주고 자신에 대한 충성을 약속받는다. 지금의 러시아에 생존과 과시 이외에 대체 무슨 가치가 있을까? 구심점으로 다시 종교를 꺼내 들었지만, 제대로 역할을 할 수 있을 것 같지는 않다. 해묵은 민족주의의 망령만이 떠돌 뿐이다. 중국은 말할 필요도 없고.

2011년 노르웨이에서 한 극우주의자가 76명의 학생들을 테러하는 충격적인 사건이 벌어졌다. 당시 총리였던 옌스 스톨텐

베르그Jens Stoltenberg의 추도 연설이 꽤 회자가 됐다.

"우리는 우리의 가치를 포기하지 않을 것입니다. 테러에 대한 우리의 대응은 더 많은 민주주의와 더 많은 개방성, 더 많은 인간애입니다."

심장을 움켜쥐는 멋진 연설이다. 역시 유명해지는 것에는 다 이유가 있다. 이 연설로 얻은 유명세 때문인지는 모르겠지만 스톨텐베르그는 총리 퇴임 후 북대서양조약기구(NATO) 사무장이 될 수 있었다. 그리고 현재 그가 사무장으로 있는 NATO는 냉전 이후 최대 규모로 군사비를 증강하고 있다.

정말 뜬금없이 일본의 전 총리였던 아베安倍가 암살을 당했다. 그런데 내가 뉴스를 보고 가장 많이 떠올린 생각은 '슬프다'거나 '안타깝다'가 아니고 다음과 같았다. '제발 암살범이 한국인이나 중국인이 아니기를. 제발 일본 사람이기를. 일본 극우의 광기가 없기를. 그래서 국제 관계에 아무 문제가 없기를.' 죽은 사람을 두고도 이런 생각이나 하고 있는 걸 보니 나도 이미 이 판에 들어왔는지도 모르겠다.

새로운 시대, 새로운 철학을 찾아서

통계청이 발표한 '2021년 사회조사'에서 기부와 자원봉사 항목은 우리 사회가 공동체에 대한 가치관이 사라졌음을 잘 보여준다.

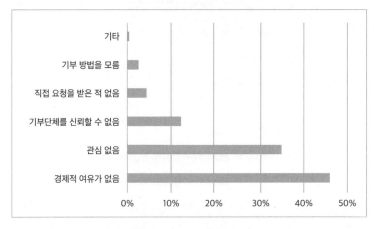

기부 경험(상) 및 기부하지 않은 이유(하). 출처: 통계청

통계 자료를 보자. 한 해를 통틀어 기부 경험은 다섯 명 중 한 명(21.6퍼센트), 자원봉사 경험은 열 명 중 한 명(8.4퍼센트) 수준이다. 기부와 자원봉사를 하지 않은 이유를 묻는 항목에서 "경제적 여유가 없다"라는 당연한 보기를 빼고 나면 실질적으로 가장 큰 이유는 "관심이 없어서"였다. 앞으로 기부나 자원봉사에 참여할 의사가 있냐는 질문에도 열 명 중 세 명 정도만이 "그렇다"라고 응답했다. 할 생각이 있어도 이런저런 이유로 하

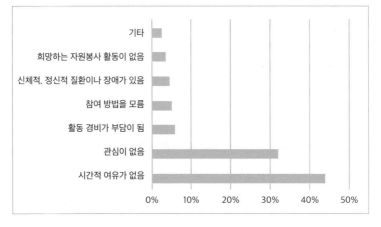

자원봉사 경험(상) 및 자원봉사를 하지 않은 이유(하). 출처: 통계청

지 못하는 것이 기부와 봉사인데 대부분은 할 생각도 없다.

그렇다면 한국의 수준은 다른 나라와 비교하면 어느 정도 일까? 세계자선지수World Giving Index라는 것이 있다. 각국 시민 들의 자선, 기부, 봉사활동 여부 등을 종합적으로 평가해 지수 를 매긴다. 2021년 발표된 자료를 보면 한국은 114개국 중 110 위로 사실상 최하위로 뒤처져 있다. 그나마 위안거리라면 다른 선진국들 역시 순위가 높지는 않다는 것이다.

자선지수에서 상위권을 차지한 국가들의 리스트다. 아마 당신은 고개를 갸웃할지도 모르겠다. 인도네시아, 케냐, 나이지리아, 미얀마? 이들이 자선을 세계에서 가장 많이 한다고? 나름대로 공신력 있는 조사니 일단 그렇다고 치자. 그럼 이 조사에서 상위권을 차지한 국가들의 공통점은 무엇일까? 대다수 종교가 여전히 강력한 힘을 발휘하는 곳이다. 즉, 우리가 아무리 종교 단체를 백안시하며 비난하더라도 그들이 기부와 사회봉사의 큰손임은 부정할 수 없는 사실이다. 동성애를 혐오하고 여성의 낙태권을 부정하는 그들이 우

국가	순위	점수 (%)
인도네시아	1	69
케냐	2	58
나이지리아	3	52
미얀마	4	51
호주	5	49
가나	6	47
뉴질랜드	7	47
우간다	8	46
코소보	9	46
태국	10	46
타지키스탄	11	45
바레인	12	45
아랍에미리트	13	44
인도	14	44
에티오피아	15	44
몽골	16	44
잠비아	17	43
카메룬	18	43
미국	19	43
우크라이나	20	43

자선지수 순위권 국가들. 출처: 영국 자선지원재단(Charities Aid Foundation)

리보다 훨씬 더 좋은 일을 많이 한다.

물론 소외된 이들을 구제하는 것은 공동체가 함께 해결해야 할 문제지 특정 단체가 해결할 일은 아니다. 서유럽, 북유럽의 복지 국가들이 자선 점수가 낮게 나온 것도 그런 이유에서

일지 모른다. 하지만 아무리 그래도 지금의 한국은 너무하지 않은가? 당신은 인생이 나락으로 떨어졌을 때 타인으로부터 아무런 도움을 기대하기 어려운 곳에 살고 싶은가?

우리는 종교를 사뿐히 지르밟고 이곳까지 왔다. 그런데 지금 우리 사회가 종교의 시대보다 더 낫다고 단언할 수 있는가? 우리가 더 나은 가치와 더 나은 사회를 만들지 못한다면 우리는 대체 무엇을 위해 싸워왔는가? 종교의 시대가 좋았다고 말하는 것이 아니다. 한사코 촌스러운 종교로 회귀할 생각은 없다. 다만 우리에게는 우리 시대에 맞는 새로운 가치관이 필요하다.

동구권 몰락으로 시작된 세계인이라는 인류의 꿈은 완전히 실패로 돌아갔다. 세계는 고사하고 하나의 국가 속에서도 두 패로 나뉘어 싸우고 있다. 나는 여전히 세계 시민을 꿈꾸지만, 이제 그 가치관은 놓아줄 때가 됐다. 사람들은 계몽되지 않으며, 성숙한 인간으로 이루어진 사회는 오지 않을 것이다. 아니 애초에 성숙한 인간 따위는 존재하지 않았다. 우리는 개개인의 미성숙을 전제로 새로운 시대의 새로운 철학을 탐구해야 한다.

일본 철학자 아즈마 히로키東浩紀가 쓴 《관광객의 철학》이라는 책이 있다. 책에서 히로키는 사람들이 더도 말고 덜도 말고 딱 관광객 정도의 마인드를 가지고 살아가자고 주장한다. 상상해 보라. 관광객이라면 장애인 단체의 출근길 시위가 그렇게 꼴 보기 싫을까? 청소노동자들의 투쟁이 고소할 정도로 들기 싫을까? 나는 집회에 다니면서 많은 외국인 관광객들을 만났는데, 그들은 하나같이 우리를 신기해하며 사진을 찍었다.

여행지에 가면 모든 게 새롭다. 관광객은 현지 사람이라면 꺼릴만한 것도 충분히 호기심 있게 바라본다. 나와 타자들을 접했을 때 섣부르게 판단하지 않고 결론을 보류한다. 그런 관광객의 시선이 무언가를 본질적으로 이해하는 건 아닐 것이다. 하지만 일단은 그 정도만 해도 좋지 않을까. 이해하기 전에 서로를 인정하기만 해도 괜찮지 않을까. 서로 긴장을 풀고 시간을 좀 가질 정도면 충분하지 않을까.

이건 독자가 아니라 나에게 하는 말이다. 오늘도 관광객의 마인드로 세상의 수많은 타자들에게 스트레스 받지 않고 화내지 말아야지.

2022년 6월

정치적 올바름과
21세기 종교 전쟁

지난 5월 영화 〈인어공주〉를 둘러싼 정치적 올바름political correctness, PC 논쟁이 인터넷을 뜨겁게 달궜다. 모든 이슈가 그렇듯 시간이 지나서 돌이켜 보면 그렇게 흥분할 일이었나 싶지만, 당시에는 치열했고 지금도 말을 꺼내면 흥분하는 이들이 종종 있다. 논쟁은 주인공 아리엘 역으로 아프리카계 미국인 헬리 베일리Halle Bailey가 캐스팅된 직후부터 시작됐다. 인어공주 역으로 흑인을 캐스팅하는 것이 적당한가? 디즈니가 PC에 몰입해 작품을 망치고 있는 것은 아닌가? 혹은 이런 논쟁 자체가 인종차별 아닌가? 등등 갑론을박이 이어졌다. 물론 나 같은 해양 생물 덕후는 영화에 등장하는 트리니다드 게 세바스천이 익은 상태로 등장하는 것이야말로 가장 극단적인 종 차별로 느껴졌지만(갑각류는 익어야 빨간색이 되는데, 놀랍게도 세바스

천은 늘 빨간색이다), 이 이야기를 하는 이들은 별로 없었던 것 같다. 사실 인어공주가 아프리카계건 아시아계건 내 입장에선 전혀 중요하지 않다. 어차피 가상의 존재인데 문제될 게 뭐가 있겠나. 듣자 하니 "내가 생각했던 아리엘이 아냐" 하며 상처받은 팬들이 있다고 하던데, 그런 순수한 분들께 세상의 비밀을 하나 알려드리자면, 원래 세상은 당신 생각과 다르다.

픽션이어서가 아니라 인어공주가 설혹 실존 인물이라 해도 피부색 정도는 얼마든지 바꿀 수 있다. 어차피 모든 역사는 재해석이 들어가게 마련이고, 그중 피부색이라는 건 사소한 요소에 불과하다. 다큐멘터리라고 해도 현실을 완벽히 재현하지는 않는다. 예를 들어 근대 이전 유럽의 모든 예술 작품은 예수를 백인으로 묘사했는데, 중동 지역 출신인 예수가 백인이었을 확률은 매우 낮다는 걸 감안하면 명백한 화이트워싱whitewashing*이다. 비판받아 마땅하지만, 작품이 만들어지던 시기와 당시 그 그림을 소비한 이들의 요구를 생각해 보면 그건 너무도 당연한 각색이라 할 수 있다. 마찬가지로 2023년 만들어진 〈인어공주〉에서 아리엘의 피부가 검다면 마땅한 이유가 있는 것이다.

하지만 안타깝게도 공개된 영화는 관객의 기대에 미치지 못했고, 평소부터 PC를 아니꼽게 여기는 사람들은 "디즈니의 과도한 PC가 영화를 망쳤다"라고 하며 비난의 날을 세웠다. 사

---

* 본래 백인이 아닌 캐릭터를 백인으로 캐스팅하는 행태.

실 "PC가 영화를 망친다"라는 말이 이번에 처음 나온 것은 아니다. 2016년 주인공을 남성에서 여성으로 바꾼 〈스타워즈〉 시리즈가 공개됐을 때도 비슷한 논란이 있었다. 그 외에도 다 기억은 나지 않지만 매년 한두 편은 이와 비슷한 논란을 겪었고, 앞으로도 그럴 것 같다.

그럼 한번 생각해 보자. 비판자들의 지적처럼 PC가 작품을 망칠 수 있을까? 작품을 평가하는 요소는 다양하고, 제작 과정이 복잡하기 때문에 한 가지 요소만 콕 집어서 그것 때문에 망했다고 설명하긴 어렵다. 그럼에도 PC만 분리해서 작품을 망하게 할 수 있는가 생각해 보면, 그럴 수도 있을 것 같다. 나도 시나리오나 소설을 쓰고 있는데, 시대적 흐름이라는 걸 무시할 수가 없다. 그러다 보니 몇 년 전부터는 작품을 구상할 때 주인공을 레즈비언 여성으로 하고 싶다는 강렬한 열망에 빠지곤 한다. 그런데 시스젠더 헤테로섹슈얼 남성인 내가 레즈비언 여성을 주인공으로 작품을 만든다면 얼마나 잘 그릴 수 있겠는가. 물론 잘 그릴 수도 있지. 하지만 그러려면 충분한 자료 조사와 엉덩이 힘이 필요하다. 별생각 없이 시류에 휩싸였다간 기성 작품에 PC만 덧씌워서 작품을 망칠 수 있다.

재미없는 모든 작품이 PC해서 재미없는 건 아니지만, 일부 작품은 PC를 지나치게 의식하는 바람에 재미없어졌을 수 있다. 반대로 PC를 의식하고 만들어 더 훌륭해진 작품도 있다. 〈로그 원: 스타워즈 스토리〉나 〈스파이〉 같은 영화는 PC를 전면에 내세움으로써 오히려 작품의 메시지를 더 강화하고 시대까지 품어내는 성과를 이뤘다. 그러니까 PC가 아니라 어떤 요소든 잘 쓰면 약이고 못쓰면 독이다.

여기까진 당연한 이야기다. 그런데 의문은 여기서부터다. 세상에 못 만든 영화는 많다. 아마 개봉하는 영화의 절반은 망작일 것이다. 그렇다고 해도 사람들이 매주 재미없는 영화가 나왔다고 열을 내며 욕하고 반대하진 않거든. 그런데 왜 유독 PC를 시도하다가 망한 작품에 대해서는 이렇게도 못 잡아먹어서 안달이 나는가? 결국 이게 핵심이다. 왜 사람들은 찬성이든 반대든 그렇게 PC에 목을 매는가? 인터넷에 몰입하지 않는 사람들은 잘 모르겠지만, 페미니즘과 인종 문제를 포함한 PC는 현재 인터넷에서 가장 첨예한 사안이다.

나는 이걸 가히 '21세기 종교 전쟁'이라고 생각한다.

PC를 위한 변명, 불평충은 진짜 불편하다

PC의 시작은 정체성 정치다. '정체성 정치'를 위키에서 검색하니 "전통적인 요소에 기반한 정당 정치나 보편 정치에 속하지 않고 성별, 젠더, 종교, 장애, 민족, 인종, 성적 지향, 문화 등 공유되는 집단 정체성을 기반으로 한 배타적인 정치 동맹을 추구하는 정치 운동이나 사상"이라고 나온다. 쉽게 말해 차별받는 소수가 동등한 인간임을 알리고, 기존의 방식이 어떻게 불합리한지를 지적해 이를 바로잡는 것이다. 여성 운동, 흑인 인권 운동, 성소수자 운동, 내셔널리즘 운동, 탈식민 운동이 모두 정체성 정치의 일환이다. 여기에 동물권과 환경 이슈까지 합쳐지면 요즘 말하는 PC가 된다.

그럼 인터넷에서 PC한 사람들의 이미지는 어떤가? 반대편에서는 다양한 욕설로 부르곤 하는데, 가장 흔한 것이 '불편충'이 아닐까 싶다. 인터넷 특성상 언어 문제를 많이 지적하다 보니 꼬투리 하나 잡아서 피곤하게 군다고 해서 붙은 표현이다. 그러니까 반대 측에서 볼 때 PC한 사람들은 이상한 발작 버튼이 있어서 자신의 생각에 반하는 어떤 일이 벌어지면 그냥 참고 넘어가지 못해서 분위기를 얼어붙게 만든다. 물론 이런 이미지는 반대편에 의해 과도하게 부풀려진 측면이 있지만, 안타깝게도 일말의 진실을 내포하고 있다.

그럼 PC하다고 분류되는 사람들은 왜 불편충이 되는가? 나는 이 질문에 꽤 오랜 시간 고민해 왔다. 그리고 그 단서를 철학자 피터 싱어Peter Singer의 에스컬레이터 이론에서 찾았다. 1975년 저서 《동물 해방》으로 동물권 논의를 촉발한 피터 싱어는 동물의 권리 확대를 인류의 이성이 나아가야 할 방향으로 지목하면서, 이를 에스컬레이터에 비유했다. 동물권을 위해 이 논리를 사용했지만, PC 전체의 맥락도 이와 비슷하게 이해할 수 있다.

당신이 어떤 이유로든 천 년 전 어촌 마을에 가게 되었다고 해보자. 그 마을 앞바다는 한 달째 심한 파도가 몰아치고 있다. 그런데 마을 사람들이 바다를 잠잠하게 하기 위해서는 산 사람 열 명을 제물로 바쳐야 한다고 주장하고 있다. 당신은 이 상황을 받아들일 수 있겠는가? 분위기상 몰매 맞기 싫어서 참을 수는 있겠지만, 분명 사람을 재물로 바치는 행위는 절대 하면 안 된다고 생각할 것이다. 이건 당신과 그들이 대화로 해결할 수 있는 문제가 아니다. 열에 열이 당신과 입장이 다르다고 해도 당신은 설득되지 않을 것이다. 왜냐하면 당신 입장에서 그들은 완전히 틀렸기 때문이다. 우리가 그들이 틀렸다고 생각하는 이유는 우리가 그들보다 더 윤리적이어서가 아니라 에스컬레이터의 상층부에 있기 때문이다.

과거에는 사람도 다 같은 사람이 아니었다. 하지만 역사를 돌이켜 보면 어쨌든 이 범위는 확대되어 왔다. 일부 특권층에서 부르주아로 확대되었고, 이후 자국 남성 전체로 확대되었다. 그리고 이제는 인종, 성별, 국적, 장애, 성적 취향과 무관하게 누구나 동등한 권리가 있다고 말하는 시대가 되었다. 실제 그렇진 않지만 적어도 말은 그렇게 해야 몰매 맞지 않는 시대가 되었다.

하지만 권리의 확대는 자연스레 이루어지지 않는다. 이성적인 밑받침이 필요하다. 가령 일부 특권 계층(귀족과 부르주아)에서 시민에게로 권리가 확대될 때는 사람을 '이성을 가지고 합리적인 판단을 내리는 주체'로 정의하는 과정이 필요했다. 모두 같은 사람이 되면 권리를 특정 계층만 누릴 수 없다. 그렇게 권리가 모든 사람에게 확대된다. 그런데 이 정의를 다시 한번 고찰해 보자. 사람 중에는 이성을 가지고 합리적인 판단을 내릴 수 없는 이들도 있지 않은가? 가령 뇌 기능에 문제가 생긴

장애인을 생각해 보자. 이들은 판단을 하지 못하니 사람이 아닌가? 당연히 사람이다. 그러니 이 정의는 다시 고려되어야 한다. 우리는 왜 뇌 기능에 문제가 있는 사람을 사람이라 여기는가? 우리와 같은 고통을 느끼기 때문이다. 그럼 '고통받는 존재'로 권리가 확장된다. 그런데 여기서 다시 한번 생각해 보자. 고통을 받는 것이 인간뿐인가? 동물들도 고통을 느낀다. 처음에는 인간과 비슷한 포유류에게 감정을 이입하지만, 이는 곧 다른 동물로 확대된다. 이렇듯 권리의 범위는 점점 더 넓어져 왔다. 이제 우리는 산천어의 권리를 위해 산천어 축제를 멈춰야 한다고 주장하는 단계에 이르렀다.

간단히 설명한다고 해놓고 장황해졌는데, 피터 싱어는 이런 권리의 확대를 에스컬레이터로 설명한다. 에스컬레이터의 특징은 무엇인가? 일단 올라타면 무조건 올라가야 한다는 것이다.

20세기 초반까지 열강에서는 인간 동물원이 열리곤 했다. 흑인, 황인을 비롯해 자신들과 외모가 다른 식민지 사람들을 데려와 우리에 가둬두고 시민들에게 구경하게끔 했다. 이미 사진 기술이 나온 이후이므로 인터넷에서 이 끔찍한 흑역사를 구경할 수 있다.

내게 아주 인상적이었던 건 한 백인 귀부인이 우리 속 흑인 아이에게 간식을 주는 장면이었다. 인간 동물원은 당연히 기만이며, 일어나서는 안 될 반인륜적 행태다. 그런데 과연 사진 속 귀부인은 그렇게 생각했을까? 그는 아이에게 동정심을 느끼고 좋은 마음에서 간식을 줬을 것이다. 평소에도 인정이 많은 사람이었겠지. 그럼 이 과거의 정 많은 귀부인과 현대를 살아가는, 정이라고는 찾아볼 수 없는 나를 비교해 보자. 누가 더 윤리적인가? 말할 필요도 없이 나다. 왜냐하면 나는 인간 동물원을 절대 찬성하지 않을 거거든.

이해가 되는가? 이건 개개인의 도덕성을 초월한다. 우리는 이 정 많은 귀부인보다 에스컬레이터의 상층부에 있는 것이다. 우리가 더 우월해서도 아니고 그냥 더 높은 곳에 있는 것이다. 1958년 벨기에에서 열린 엑스포에서 인간 동물원이 또 한번 재현됐는데, 벨기에는 전 세계로부터 엄청난 비난을 들었다. 그사이 인류가 탄 에스컬레이터가 조금 더 올라간 것이다.

그러니까 우리보다 에스컬레이터의 위쪽에 있을 미래 인류가 타임머신을 타고 현대로 와서 우리가 동물이나 자연에 가하는 린치를 본다면 인류를 비윤리적인 존재로 여길 것이 분명하다. 마치 우리가 과거로 돌아가서 심청이를 인당수에 던진다고 할 때 절대 동의할 수 없는 것처럼 말이다. 타협할 수 없는 불의가 있는 것이다.

다행히 타임머신은 과학적으로 불가능할 것으로 보이기 때문에 미래 인류와 현 인류는 이런 불편을 겪지 않아도 된다. 하지만 안타깝게도 이런 인식의 차이는 동시대에서도 얼마든지 발생할 수 있다. 가령 몇몇 이슬람 국가들은 여전히 왕조 국가를 유지하거나 여성 차별을 일상적으로 벌이고 있는데, 에스컬레이터의 더 높은 곳에 있는 한국인의 입장에서는 절대 동의할 수 없다. 선거를 안 해? 여자는 일도 못 하고 차도 못 몬다고?

이건 타협의 영역이 아니다. 그럼 반대의 경우도 충분히 상상해 볼 수 있다. 같은 시대를 살지만 우리보다 에스컬레이터의 상층부에 있는 사람들도 있을 것이고, 그들이 보기에 우리가 자연스럽게 하는 행동 중 일부는 참을 수 없는 것일 게다.

다시 '불편충'이라는 표현으로 돌아가 보자. 보통 이 표현은 (내가 보기에는) 별일도 아닌데 꼬투리를 잡으면서 시비를 걸며 유난 떠는 사람들을 비꼬는 표현이다. 그런데 PC한 사람들 입장에서 이건 결코 사소한 일로 유난 떠는 것이 아니다. 에스컬레이터 위에서 보면 진짜 불편하다. 법적으로 여성의 일이나 운전을 금지하는 나라가 있다면 당신은 그 사실이 불편하지 않겠냐고.

소통이 불가능한 올바름

어떤가? 그럴듯하지 않은가? 혹시나 오해할 분들을 위해 덧붙이면 모든 PC주의자가 의식적으로 피터 싱어의 철학처럼 생각한다는 게 아니라, 피터 싱어를 몰라도 PC하다는 것은 저 사고처럼 단계별 사고를 한다는 소리다. 단순하지만 강력한 설명이다. 철학이니 맞다 틀리다 판단하긴 어렵지만, 이런 사고방식은 이제까지 인류가 확대해 온 도덕을 굉장히 그럴듯하게 설명한다.

그런데 이 사고방식은 명확한 만큼이나 치명적인 문제가

있다. 정확히 말하면 명확하기 때문에 문제가 있다. 바로 저렇게 이해하는 순간 절대 토론이 되지 않는다. 왜냐하면 에스컬레이터 위쪽 사람들이 보기에는 명확히 틀린 걸 지적하는 것이거든. "우린 서로 의견이 다르구나, 네 이야기를 들려줄래?"가 아니라 "넌 틀렸어, 당장 바꿔"가 되는 거지. 인도에 간 영국인이 인도의 조혼 문화를 보고 바로 금지시켜 버린 것과 마찬가지다. 인도에서 조혼을 하게 된 문화적 맥락이 있을 것이고, 어쩌면 영국인들도 그 맥락을 이해했을지도 모른다. 하지만 그게 뭐가 중요한가? 사실상 인신매매가 벌어지고 있는데, 당장 막아야지. 그게 도덕적인 것이다. 미개인과 무슨 대화를 하겠나. 대화를 하긴 했을 것이다. 아주 정성스럽게 상대가 잘못한 100가지 이유를 설명했겠지.

그러면 상대방이 감화해서 "어머, 저희가 미개했네요"라고 하면서 참회의 눈물을 흘릴…… 리가 있나. 한국의 개고기 식용 논란을 생각해 보라. 1990년대 한국 개고기 식용 사실이 서양권에 널리 알려지면서 이를 야만적으로 여기는 서양인이 많았다. 몇몇 해외 유명 인사들은 대놓고 한국인을 미개인 취급하기도 했다. 그럴 때 우리는 어떻게 반응했는가? 참회했는가? 나는 당시에도 개고기 식용에 반대했지만 그 해외 인사들의 발언을 듣자마자 이런 생각이 들었다.

'너희가 한국에 대해서 뭘 안다고 지껄이냐?'

그러니까 여기서 상대방이 옳은지 그른지는 중요하지 않다. 그냥 그 태도가 글러 먹었으니 대화 자체가 되지 않는다. 이 사건은 단순한 개고기 식용이 아니라 제3세계 문화를 무시하는 서양 강대국의 만행으로 받아들여지며, 나아가서는 국가의 정체성과 본질에 관한 문제로까지 확대된다. 당연히 이 게임에서 한국인이 이겨야 한다. PC와 반PC의 논쟁도 이와 비슷한 상황으로 흘러왔다. 양측 다 자신이 옳다고 전제하고 있으니 대화가 될 리 없다.

최근 미국 대법원은 '어퍼머티브 액션Affirmative Action'이 위헌이라고 결정했다. 어퍼머티브 액션이란 소수자 우대 정책, 적극적 우대 정책 등으로 번역되는데, 간단하게 말해 대학에 들어갈 때 인종에 따라 가산점을 주는 제도다. 이 제도가 헌법 가치에 어긋난다고 대법원이 판단한 것이다. 현재 미국 대법원의 구성은 보수가 6명, 진보가 3명으로 살짝 비정상적인 상태다. 결과는 이 구도 그대로 위헌 6 대 합헌 3이었다. 진보 대법관들은 판결에 격렬하게 항의했다. 진보 대법관 중 최고참인 소니아 소토마요르Sonia Sotomayor가 분노에 차 직접 발표한 소수의견에는 아래와 같은 구절이 포함되어 있다.

"도덕의 궤적은 설혹 법원이 반대할지라도 인종적 정의를 향해 휘어질 것입니다."

멋진 말이다. 패배한 이들의 마음을 보듬어주는 진보의 대모다운 발언이다. 하지만 이 말을 풀면 결국 이런 뜻이다. '너희가 뭐라고 해도 우리가 정의다.' 여기서 대화는 불가능해진다. 우리는 정의롭고 상대는 불의한데, 더 이상 무슨 대화를 하겠는가.

하지만 어퍼머티브 액션의 정당성에 대해서는 이전부터 논란이 있었다. 이번 판결 이전까지 어퍼머티브 액션에 대한 세 번의 대법원 판결이 있었고, 모두 합헌 판결을 받았지만 찬반이 비등비등했다. 그만큼 논쟁적이었다는 의미다. 인종이 평가의 기준으로 작용하는 것을 막기 위해 역차별을 주는 것이 정당한가, 진짜 힘든 이들이 아니라 소수 인종 내의 상류층에게 기회를 더 제공해 격차를 벌리는 것은 아닌가 등등 진보 진영에서도 다양한 의견이 존재했다. 이 때문에 플로리다주를 포함해 아홉 개 주에서는 대법원 판결이 내려지기 전부터 주 차원에서 어퍼머티브 액션을 금지했다. 물론 이번 대법원 판결이 뒤집힌 건 정치 구도상의 이유가 컸지만, 단순히 어퍼머티브 액션을 반대한다고 백인 우월주의나 인종차별주의로 볼 순 없다. 그러니 정말 중요한 건 어퍼머티브 액션의 폐지가 아니라 이제 우리가 무엇을 해야 하는가다. 어퍼머티브 액션을 넘어서는 평등이란 대체 무엇일까? 하지만 이 판결을 불의한 일로, 상대를 인종차별주의자로 선언하는 순간, 우리는 되돌리기 위한 투쟁 외에는 어떤 행동도 할 수 없다.

　이렇게 모든 문제를 옳고 그름으로 판단하니 반대편도 기분이 좋을 리 없다. PC의 계도에 반PC는 이렇게 답변한다.

　"너희가 탄 에스컬레이터는 방향이 잘못됐어."

　안다. 이 에스컬레이터의 방향이 옳은 것인지는 시간이 지나봐야겠지. 하지만 지금 당장 이 에스컬레이터 위에 있(다고 믿)는 사람들에게 그런 지적은 아무 의미가 없다. 왜냐하면 자기보다 아래에 있는 이들의 도덕 의식이 너무너무 불편해서 참을 수가 없거든. 결국 반PC에게 PC는 자신들의 의견만을 강요하는 파시스트가 된다.

반PC의 반론, 너흰 파시스트야

파시즘은 극단적인 민족주의, 개인의 자유보다 공동체의 가치를 우선하는 정치 체제를 뜻한다. 공동체에 반한다면 공산주의, 자유주의, 자본주의, 의회주의, 개인주의를 모두 탄압한다. 현재 사용되는 '파시스트'라는 명칭은 사전적 의미라기보다는 독단적인 이들을 비판하기 위한 멸칭으로 주로 사용된다.

PC의 의미를 생각해 본다면 파시스트는 참을 수 없는 모욕이다. PC의 주 업적이 다수의 폭력에 맞선 소수자 운동 아닌가. 알다시피 진짜 파시스트라고 할 수 있는 나치는 소수자를 억압한 정도가 아니라 몰살하려고 했다. 그런데 왜 PC는 '파시즘'이라고 비난을 받을까? 이것은 단순한 모함인가? 이게 설명하기 어려운 부분이다.

과거 나치를 지지한 사람들이 자신의 이익을 위해 뻔히 나쁜 짓임을 알면서도 반대파와 소수자를 탄압한 것 같지만, 놀랍게도 그들은 진정으로 자신들이 옳다고 믿었다. 나치는 자신들이 상대방보다 도덕적으로 우위에 있다고 믿었다. 도덕적 우위에 서면 상대를 악마화하기 쉽다. 그리고 악마에 대한 폭력은 아무리 끔찍한 것이더라도 그것이 옳은 것처럼 느껴진다. 나치는 이를 이용해 대중을 선동하고 자신의 반대파를 짓눌렀다. 나치 집권 초기 반대자들은 나치가 "올바름을 정치적으로 이용한다"라고 비판했다. 역사에 가정이란 없다지만, 만약 나치가 2차 세계 대전에서 승리했다면 우리는 나치의 가치를 옳다고 생각하고 있을지 모른다. 물론 자유와 평등 같은 그럴싸한 단어로 자신들의 가치를 대의로 포장했겠지.

PC가 주장하는 방향 중 상당수는 아마 인류의 미래의 방향이 될 것이다. 하지만 그건 누구도 장담할 수 없다. 메시지가 옳은가 그른가는 정치나 시간이 판단할 문제지 지금 답할 사안이 아니다. 그래서 그냥 올바른 것이 아니라 '정치적으로' 올바른 것이다. 그렇다면 결국 중요한 것은 메시지 자체가 아니라 어떤 태도로 상대를 대할 것인가 하는 태도의 문제만 남는다. 하지만 옳다는 생각에 빠지면, 과거 나치가 그랬듯이 상대를 악마화하고 극단적으로 나가게 된다. 그럼 반대쪽은 PC를 제대로 대하고 있는가? 그럴 리가 없다. 상대방을 파시스트라 생각하는데 무슨 대화를 하겠는가. 결국 양측에 남는 건 혐오뿐이다.

서로의 이해가 달린 단순한 협상의 문제는 중간값을 찾아간다. 그런데 옳고 그름의 문제가 되면 무조건 자신의 입장만 주장하는 강경파가 승리한다. 소위 선명성 투쟁이 일어나 조금만 반동의 기미가 보여도 바로 비판의 대상이 된다. 한국보다 소수자 이슈에 민감한 미국과 캐나다 지역에서는 이런 경향이 더 강하다. 그러다 보니 지식인들 중 반PC라는 비난을 받고 있는 이들이 꽤 많다. 이제는 리처드 도킨스, 마이클 셔머, 스티븐 핑커 등 《스켑틱》의 초기 멤버들까지도 반PC로 분류되어 조리돌림당하고 있다. 그들 중 일부는 생물학적 연구를 통해 인종적, 성적 차별을 넘어서는 데 기여해 왔다는 걸 생각해 보면 반PC라는 딱지는 아이러니하다. 그들은 더 진보적이지 못하다는 이유로 구태라는 멍에를 쓴다. 그들 역시 기성세대이니 당연히 관성에 젖어 있을 수 있고, 그들이 말하는 과학도 가부장적인 문화에 일부 영향을 받았을 수 있다. 하지만 PC가 그들을 비난함으로써 자신의 선명성을 증명하는 것 외에 세상에 어떤 도움이 되는지 모르겠다.

문화에서도 이런 흐름이 이어진다. 영화 〈바람과 함께 사라지다〉에 관한 논쟁이 대표적이다. 2020년 〈기생충〉이 외국어 영화로서는 최초로 아카데미 시상식에서 대상 격인 작품상을 수상했을 때, 트럼프 대통령은 "〈바람과 함께 사라지다〉 같은 작품이 아카데미로 돌아와야 한다"라는 트윗을 남겼다. 이때만 해도 그냥 해외 작품이 자국 상을 받은 것에 열폭해서 미국의 고전 영화를 언급한 정도로만 이해했는데, 여기에는 훨씬 복잡한 속사정이 있었다.

〈바람과 함께 사라지다〉는 영화사에 남을 훌륭한 영화지만, 인종차별 요소가 작품 전반에 깔려 있다. 노예제를 긍정적으로 보는 뉘앙스도 있고, 백인 우월주의 단체인 쿠 클럭스 클랜 Ku Klux Klan, KKK을 미화하기도 한다. 영화가 제작될 당시에도 원작의 인종차별 문제가 불거져 상당 부분 각색했지만, 원작의 한계를 벗어나지 못했다. 이로 인해 영화 개봉 직후부터 문제 제기가 이어졌고, 2000년대 이후 PC가 대두되면서 비난은 더 거세졌다. 이 작품을 추억하며 매년 상영회를 하던 테네시주 멤피스의 한 극장은 "인종적 몰이해를 드러낸 작품"이라며 2017년부터 상영을 중지하기도 했다.

전선이 그어졌으니 당연히 반PC들은 〈바람과 함께 사라지다〉를 감싸고 돌았다. 이런 논쟁적인 작품을 대통령이 콕 집어서 "돌아와야 한다"라고 했으니 문제가 되지 않을 리가 있나. 트럼프의 발언 이후 영화에 대한 논쟁이 한층 뜨거워졌다. 이후 조지 플로이드George Floyd가 백인 경찰에 의해 사망하는 사건까지 발발해 미국 전역이 불타오르면서, 〈바람과 함께 사라지다〉를 스트리밍해 주던 HBO 맥스에 항의가 빗발쳤고, HBO 맥스는 이 영화를 상영 목록에서 빼겠다고 선언했다.

이 사건은 나에게 많은 생각을 하게 했다. 앞에서 말했듯이 작품은 시대를 반영한다. 당연히 지금 시대의 관점에서 이 영화를 비판할 수 있고, 피해 당사자라 할 수 있는 흑인들이 상영 금지를 요청하는 것도 일부분 당연하다. 하지만 그렇다고 사회 전체가 작품을 볼 수 없게 하는 것은 전혀 다른 문제다. 타 종교의 유적이라는 이유로 문화유산을 파괴하는 탈레반이나 조각상의 성기가 음란하다고 가리는 행위가 제삼자 입장에서 보면 얼마나 우스운 일인가. 물론 이건 경우가 다르다고 생각하겠지만, 우리가 만행이라고 부르는 그 모든 일들이 당사자들은 옳다고 생각하고 저질렀다는 사실을 잊지 말아야 한다. 작품의 문제를 발견했을 때 우리는 그것을 없애는 '쉬운 길'보다는 더 긴 토론과 주석, 설명을 통해 시민들에게 스스로 판단 내릴 수 있도록 기회를 제공하는 '어려운 길'을 선택해야 한다(다행히 2023년 HBO 맥스는 작품에 대한 비판을 담은 두 편의 다큐멘터리와 함께 〈바람과 함께 사라지다〉 스트리밍을 다시 시작했다).

혁명은 언제나 파괴를 동반한다

그럼 "변화는 좋지만 적당히 하자"라고 하면 끝나는 문제인가? 그게 그렇게 간단하면 이렇게 긴 글을 쓸 필요도 없다. 앞에서 언급한 모든 PC의 문제는 비단 PC에서만 발생한 게 아니다. 이제까지 나타난 거의 모든 변화는 유사한 과정을 겪었다.

혁명은 언제나 파괴를 동반한다. '적당히' 같은 건 역사에 없다. 프랑스 혁명 당시 프랑스가 얼마나 혼란했는지를 생각해보라. 피와 피의 보복이 끊임없이 계속됐다. 프랑스 혁명의 초창기 지도자들은 혁명이 진행되면서 반동으로 몰려 처형됐다. 더 발전된 사상이 등장하면서 앞선 이들이 구태가 된 것이다. 지금도 비슷하다.

희생자 역시 언제나 발생한다. 2차 세계 대전 이후 프랑스에서 친나치를 처단할 때도 마찬가지다. 피의 보복에 실제로는 큰 잘못을 하지 않은 이들까지 처벌받았다. 한국인들은 친일파를 제대로 처단하지 못한 것을 원통하게 여기는데, 제대로 숙청이 일어났다면 그 역시 비극이었을 것이다. 여성의 참정권을 외쳤던 서프러제트Suffragette 운동도 상점을 파괴하는 등 무차별적 테러 행위를 벌였다. 그들의 의지는 명백히 옳았지만 그렇다고 피해자가 나온 것을 무시할 수 없다. 1960년대 흑인의 민권 운동도 처음에는 '단순히 우리도 사람이다'였지만, 곧 '흑인이 더 위대하다'는 방향으로 나아갔고, 이는 폭력을 불러왔다. 일본의 적군파 운동이나 한국의 학생 운동 역시 비슷한 모습을 보였다.

중요한 건 어디까지는 옳고 어디서부터는 그르다가 아니라 이 모든 것이 한 흐름에서 발생한다는 것이다. 혁명의 본질은 분노고, 분노가 터져 나오는 건 예측할 수도 없고 아름다울 수도 없다. 그러니까 지금도 별것 아닌 일에 몰려가서 죽일 듯이 악성 댓글을 달고, 미러링이라는 이름으로 역범죄를 일으키고, 과거 영화까지 트집 잡아 상영하지 못하게 하는 것 역시 더 나은 사회로 가기 위한 변화의 일부다. 그것만 떼서 문제 삼고 제거할 수 있는 게 아니다. 과도하다고 느껴지는 사건들도 잘 살펴보면 그럴 수밖에 없는 맥락이 숨겨져 있다. 그런 의미에서 나는 그런 이들의 행동을 존중한다. 메갈리아와 워마드*에서 미러링이라는 이름으로 역차별 사건이 벌어졌을 때, 나는 같은 논리로 그들의 행동을 설명한 적이 있다. 설명만 했을 뿐인데

* 메갈리아는 2015년에서 2017년까지 운영된 페미니즘 성향의 인터넷 커뮤니티이며, 워마드는 메갈리아에서 파생된 극단적 페미니즘 성향의 커뮤니티 사이트다.

옹호했다고 대차게 조리돌림당하긴 했지만.

모든 혁명은 파괴를 동반한다. 그렇기에 나는 극단적인 이들이 모두 잘못됐다고 생각하진 않는다. 어떤 면에서 그들이 있기에 진보가 가능하다. 하지만 우리가 잊지 말아야 할 건 혁명이 불러온 파괴가 크면 클수록 반동 역시 거대하다는 것이다.

극단을 넘어서

극단적 행태는 사라질 수 없으며, 반동 역시 사라지지 않는다. 과도하다고 비판받는 PC의 행태도, 역차별을 당한다며 쓸데없는 짓을 하는 이들의 행태도 그런 면에서 이해할 수 있다. 다만 이해한다고 해서 그것이 옳다는 것은 아니다. 법을 위반했다면 마땅히 처벌을 받아야 한다. 또한 법적 처벌을 받는다고 해서 그것이 꼭 틀렸음을 의미하는 것도 아니다. 이 단순한 진리를 의외로 많은 이가 이해하지 못하는 것 같다. 나는 극단적인 사람이기는 하지만 다수가 극단적인 사회를 바라지는 않는다.

왕따를 당해 한 아이가 스스로 극단적 선택을 하는 사건이 발생했다고 해보자. 현 법 체제에서 가해자들은 특별한 처벌을 받지 않을 것이다. 분노한 부모가 가해한 아이들을 하나하나 찾아가 사적인 복수를 벌였다면 아마 대부분 사람들은 그 부모의 심정을 이해할 것이다. 하지만 그 부모가 무죄인가? 폭력이 사라지는가? 이건 전혀 다른 이야기다. 나는 그 복수에 고개를 끄덕이지만 부모가 받는 처벌 역시 정당하다고 생각한다. 비겁하다고 생각하겠지만, 세상은 원래 회색이며 그렇게 안정을 유지해 왔다. 나는 지금의 PC와 반PC의 문제도 결국은 뻔한 해답을 내릴 수밖에 없다고 생각한다.

지난 6월 미국 플로리다주에서 총기 사고가 있었다. 흑인 아이들이 동네 들판에서 뛰어놀고 있었는데, 수전 로린츠Susan Lorincz라는 한 백인 중년 여성이 아이들에게 여기서 놀지 말라며 인종 비하 욕설을 퍼부었다. 아이들이 가지고 있던 아이패드를 빼앗고 스케이트보드를 던지기도 했다. 당연히 아이들은 겁을 먹었고 울면서 엄마에게 갔다. 아이들의 엄마는 분노했고 사과를 받아내기 위해 그 여성의 집을 찾아갔다. 그리고 정중히 노크를 했다. 그런데 그 백인 여성은 다짜고짜 총을 쏴 아이들과 함께 있던 엄마를 사망케 했다. 로린츠는 자신이 위협을 느꼈기에 총을 발사했다며 정당방위를 주장했지만, 피해자는 위협적인 행동을 전혀 하지 않았고 무기를 소지하지도 않았다.

이 사건은 충격적이긴 하지만 총기 사고가 빈번한 미국에서는 있음직한 일이다. 이 사건에는 딱히 논쟁될 게 없어 보인다. 누가 봐도 비정상적인 행태가 벌어졌으면 범죄자는 처벌받으면 된다. 그런데 사건이 세간에 알려지고 반PC의 문제로 비화되자 진짜 충격적인 일이 벌어졌다.

일부 반PC 진영의 사람들이 살인자를 위한 펀딩을 열어 기금을 모은 것이다. 물론 이 사건에는 미국에서 첨예한 문제인

총기 소유, 스탠드 유어 그라운드법Stand-Your-Ground Law*, 소수자 이슈 등 다양한 문제가 뒤섞여 있다. 하지만 그 모든 걸 고려해도 이 사건은 명백하다. 옹호해 줄 구석이 없다. 그런데도 그들은 마치 가해자가 PC와 싸운 영웅이나 된 듯이 행동했다. 이렇게 모인 금액은 500만 달러가 넘었다. 속으로 생각만 하는 것과 직접적으로 돈을 기부하는 것에는 엄청난 차이가 존재한다. 로린츠는 이 돈으로 10만 달러의 보석금을 내고 풀려났다. 원래 월세도 못 내는 형편이라 퇴거 조치가 진행 중이었는데, 이제는 집을 구매할 수 있을 정도의 돈을 번 것이다. 소수자를 혐오하고 살인을 저질렀다는 이유로. 극우 성향의 플로리다 주지사 로널드 드샌티스Ronald DeSantis는 "스탠드 유어 그라운드법은 정당하다"라고 하며 로린츠를 옹호하고 나섰다.

나는 로린츠에게 기부를 한 사람들이나 드샌티스 주지사가 살인을 옹호한 사이코패스라고 생각하지는 않는다. 다만 지금의 구도가 이들을 극으로 몰아붙이고 있다. PC에 반대하는 사람 중에 이 살인이 정당하다고 생각하는 이들이 얼마나 있을까? 나는 거의 없을 거라고 확신한다. 하지만 이제 혐오는 명백한 돈벌이 수단이 됐다. 앞으로 얼마나 더 끔찍한 일이 일어날까?

우리는 이런 극단적인 사례를 예로 들며 반대편을 모두 매도할 것이 아니라, 반대 진영에 있으면서도 이 사건이 잘못됐

* 자기 자신의 생명이 위협받을 경우, 정당방위로 총기를 사용할 수 있도록 허용한 미국의 법이다.

음을 아는, 지극히 상식적인 사람들을 설득해야 한다. 모두를 묶어서 밀어버리면 결국 모두가 극단으로 밀린다. 당신이 반대 진영이라고 해도 마찬가지다. 만약 PC와 반PC가 정말 전쟁을 벌이는 것이라면, 결국 승리는 반대편의 상식적인 사람을 설득해 내는 쪽이 가져갈 것이다. 그런데 지금은 PC가 반PC를 반PC한 방식으로 비난하고, 반PC는 PC를 파시즘이라고 비난하며 파시스트처럼 혐오한다.

다시 열 명의 사람을 제물로 바쳐야 하는 과거로 돌아가 보자. 당신은 절대 불가하다며 버틸 것이고 사람들은 하루라도 빨리 제물을 바쳐야 한다고 성화일 것이다. 그때 누군가 나서서 그러면 다섯 명만 바치자는 중재안을 낸다고 해보자. 이 제안은 멍청하기 짝이 없다. 아니, 그 무의미한 행동을 위해 다섯 명을 굳이 희생하자고? 이건 당신을 만족시킬 수도 없고, 심지어 반대편도 만족시킬 수 없다. 반대편은 분명 다섯은 부족하다고 말할 것이다. 하지만 결국 다섯 명을 제물로 바치기로 결정하고, 제물을 바치고 일정 시간이 지난 후 바다는 잠잠해졌다고 해보자. 물론 제물과 바다가 잠잠해진 건 전혀 상관없다. 이를 아는 당신은 이 멍청한 결정을 용납할 수 없다. 반대편 역시 열 명을 바쳤다면 훨씬 빨리 바다가 잠잠해졌을 것이라며 투덜거린다.

나 역시 다섯 명을 바치는 선택이 옳다고 생각하지 않는다. 우리 사회가 그보다는 더 현명한 결과를 내기를 희망한다. 하지만 세상은 우리의 희망과는 달리 늘 이런 식의 멍청한 판단을 내리며 흘러왔다. 누구도 만족하지 못하면서 모두에게 멍청한 결론. 하지만 수십 년간 세상을 살아가면서 깨달은 바가 있다면, 그렇게 멍청한 중간 지점을 찾아가는 것이 우리가 그토록 찬양하는 민주주의라는 것이다. 민주주의가 자리 잡은 이후 정치가 욕을 먹지 않은 순간이 있을까? 아마 없을 것이다. 다섯 명을 바치자는 멍청한 결론을 내리는데 욕을 안 할 수가 있겠냐고. 하지만 그런 멍청한 결정이 쌓인 덕에 세계는 조금 더 나은 곳이 되었다.

그런데 언젠가부터 우리 사회는 반목이 너무 커진 나머지 우리가 비난하던 그 멍청한 결론조차 못 내리고 있다는 생각을 최근 자주 하게 된다. 단지 PC와 반PC뿐 아니라 어떤 사안이든 문제가 생길 때마다 편을 나누고 종교 전쟁을 벌인다. 결국 선택은 둘 중 하나다. 극단을 오가며 격렬히 싸우는 광신도가 되거나 혹은 세상에 무관심한 냉담자가 되거나.

2023년 6월

이 책을 통틀어 가장 논쟁적인 주제가 아니었을까 싶다. 당신이 어느 편이든 (혹은 아무 편이 아니든) 부디 상대의 생각을 이해하는 계기가 되었으면 좋겠다.

PC 논쟁에 대해 그간의 소회를 말하자면, 나는 이 논쟁이 이렇게까지 사회를 오래도록 잡아먹을지는 생각지도 못했다. 이제는 정확히 언제 시작됐는지도 모르겠다. 적게 잡아도 15년은 넘은 것 같다. 관심을 가진 첫해에는 열렬히 대화에 참여했던 것 같은데, 이제는 관심조차 가지 않는다. 솔직히 지쳤다. 지쳤다는 게 투쟁의 결론이라니 아쉽지만 그게 사실인데 어쩌겠는가.

십여 년 전에 나와 이 문제를 가지고 치열하게 논쟁을 벌인 친구를 얼마 전 오랜만에 만났다. 그사이 친구는 결혼을 했고 아이도 가졌다. 페미니즘과 관련해 "예전과 생각이 같냐?"라고 가볍게 묻자, 그는 "이제 귀찮다"라고 말하며 웃어 보였다. 입장은 다른데 결론이 같아서 재밌었다.

참고로 이 친구는 놀랍게도 페미니스트이자 비건을 자처하는 외국인 여성과 결혼했다. 말이 잘 안 통해서 페미니스트라는 사실을 결혼 뒤에 알게 됐다나 뭐라나. 툴툴거리면서도 헤어질 때 아내에게 줄 비건 빵을 사가는 친구의 모습을 보면서, 입가에 자연스레 미소가 지어졌다. 인생에 묘미가 있다면 바로 이런 순간이겠지.

부디 이 세상의 결말도 친구의 인생처럼 해피엔딩이기를.

그때는 맞고
지금은 틀리다

간헐적 단식을 시작한 지 석 달쯤 됐다. 간헐
적 단식도 종류가 다양한데, 내가 하는 건 하루 8시간은 때에
맞춰 식사를 하고 16시간을 금식하는 방식이다. 그리고 일주일
에 한 번 정도 40시간 금식을 유지한다. 간단히 말하자면 그냥
하루 세끼 중에 아침을 안 먹고, 추가로 일주일에 한 번은 하루
종일 아무것도 먹지 않는다. 아침보다는 저녁을 거르는 게 더
좋지 않을까 싶지만, 저녁 약속이 생길 확률이 아침 약속이 생
길 확률보다는 높아서 그냥 아침을 굶고 있다. 물론 간헐적 단
식의 포인트는 단식이 아니라 나머지 시간에 잘 챙겨 먹는 것
이지만, 다들 단식을 중요하게 생각하니 단식 시간을 중심으로
설명했다.

간헐적 단식 때문인지는 모르겠지만 최근 몸이 조금 개운

해진 것 같은 느낌적인 느낌이 든다. 살 빼는 게 목표는 아니지만 살도 조금 빠졌다. 머리도 잘 돌아간다. 직접 체험해 보고 나서 나는 간헐적 단식의 매우 열렬한 지지자가 됐는데, 대자본주의 시대에 돈을 쓰지 않으면서 건강해지는 방법이 있다니, 일단 그 자체로 혁명적이다.

물론 나에게 효과가 있다고 모두에게 간헐적 단식이 좋진 않을 것이다. 간헐적 단식의 효과나 방식에 대해서는 전문가마다 의견이 다르다. 개인마다 차이도 커서 경우에 따라서는 오히려 건강을 악화시킬 수도 있다고 한다. 흥미로운 점은 동물실험에서는 일관되게 효과가 입증되는데, 사람을 대상으로만 하면 효과가 명확하지 않다는 것이다. 이게 인간이 다른 동물보다 복잡해서 그런 건지, 동물은 통제가 되는데 사람은 통제가 안 돼서 그런 건지 모르겠지만 아무튼 그렇다.

중요한 건 이제 하루 세끼를 챙겨 먹는 것이 건강 상식은 아니라는 거다. 참 격세지감이다. 격세지감이라는 표현 자체가 올드해질 만큼 시대가 변했다. 몇 년 전까지만 해도 끼니를 잘 챙겨 먹는 것이 건강의 기본으로 여겨졌다. 특히 아침을 굶는 것은 정말 좋지 않은 습관, 속을 버리는 습관이라고 다들 말하곤 했다. 그런데 지금은 오히려 단식 시간이 길면 길수록(그렇다고 너무 길면 안 되겠지만) 더 좋다고 말하고 있다.

그때는 맞고 지금이 틀리다. 아침을 챙겨 먹는 것뿐 아니라 세상 모든 일이 그렇다. 간단하게는 소소한 상식부터 넓게 보면 가치관까지 과거에는 분명 맞았는데 지금은 틀리다.

화폐 가치가 떨어지면 기업이 웃는다?

달러값이 비싸다. 1년 전에는 1달러에 1200원대였던 것이 최근 1400원까지 올랐다. 참고로 2년 전에는 1100원대였다. 역대급이라 말하고 싶지만 IMF 때는 2000원까지 갔으니 그렇게 말할 순 없지만, 아무튼 심각하다. 달러가 1200원만 되도 비싸다고들 했는데 지금은 1200원이면 저점이다.

화폐 가격이란 상대적이므로 달러가 비싸졌다는 건 원화의 가치가 떨어졌다는 뜻이다. 옆 나라 일본의 화폐인 엔화의 가치는 원화보다 더 떨어졌다. 1달러 교환비가 160엔 이상이다. 2012년 1달러가 80엔이었으니 12년 만에 반토막이 난 셈이다. 그사이의 물가 상승을 감안하면(일본과 비교하면 한국의 물가는 미친듯이 올랐다) 이 차이는 더 커진다. 혹시 미래에서 이 글을 우연히 보게 될 이들을 위해 덧붙이자면 현재는 2024년 7월이고 우리는 일본 여행을 동네 뒷산 가듯이 가고 있다. 부럽죠? 아무튼 역대급 엔저다. 플라자 합의Plaza Agreement 이후 최고가 갱신이니 역대급이라는 표현을 쓸 수 있다. 대충 1달러에 100엔 정도로 계산하면 지난 수십 년간 얼추 비슷했는데 지금은 그렇게 계산하면 오차가 말도 못하게 커진다.

일반적으로 자국의 화폐 가치가 떨어지면 수출이 잘 된다고 한다. 시민 개개인이야 물가 상승으로 고통을 받지만 기업 매출은 좋아진다. 원리는 간단하다. 자국에서는 같은 가격이어도 달러로 전환하면 자동으로 가격이 저렴해지고, 해외의 소비자는 당연히 저렴한 제품을 더 선호해 매출이 늘어나는 것이다. 일본 여행 수요가 폭발한 것도 비슷한 이유다.

실제로 이제까지 국제 사회에서 환율은 그렇게 작용해 왔다. 화폐 가치 하락은 수출 상승으로 이어졌다. 그래서 일부 개발 도상국들은 수출을 늘리기 위해 의도적으로 자국의 화폐 가치를 떨어뜨리기도 한다. 그러다 보니 특정 국가의 화폐 가치가 떨어지면 미국에서 환율조작국으로 지정해 일종의 경고를 한다. 한국도 여러 차례 걸렸다. 미국이 1985년 일본의 멱살을 쥐고 플라자 합의를 했던 것도 엔화 가치를 끌어올려 고질적인 무역 적자를 해소하려고 한 것이다.

역대급 엔저에 세상에서 가장 심심하다고 정평이 나 있던 일본의 주식 시장까지 올해 초 들썩였다. 다들 일본의 수출이 늘어나 경제가 좋아질 것이라 예상했다. 그런데 이번에는 이 당연한 논리가 삐걱거린다. 엔저는 역대급이지만 일본 기업은 웃지 못하고 있다. 일부 기업은 기대대로 역대급 수출을 기록했지만, 대다수 기업은 원자재값 상승을 버티지 못하고 경영 위기에 빠졌다. 도산하는 기업이 평년에 비해 1.5배 이상 늘었다. 주식 시장은 활황인데 경제는 나락이다. 물가는 오르는데, 임금은 그대로다. 한국도 마찬가지다. 일부 기업들을 제외하고는 화폐 가치가 떨어졌음에도 수출은 탄력을 받지 못하고 있다. 오히려 불안한 물가와 함께 매출이 휘청이고 있다. 일본 정부는 엔저를 돌파하기 위해 막대한 자금을 투입했지만 별다른 성과를 내지 못했고, 미국은 앞의 상황과는 정반대의 의미에서 일본을 환율관찰대상국*으로 지정했다. 왜 화폐 가치 인하라는 동일한 사안이 과거와는 다르게 작동하는 것일까?

다양한 측면에서 생각해 볼 수 있다. 우선 일본과 한국 경제에서 제조업이 차지하는 비중 자체가 예전만큼 높지 않다. 그러니 화폐 가치 절하로 이익을 보는 분야는 적고 피해를 보는 분야는 많은 것이다. 안 그래도 한국과 일본은 원자재가 부족한 편이기 때문에 화폐 가치 하락의 효과를 제대로 누리지 못했는데, 이제 상황이 더 악화된 것이다. 또한 제조업의 성격도 변했다. 과거에는 저렴한 가격에 파는 것이 무엇보다 중요했지만, 이제 한국과 일본이 파는 물건은 가격 경쟁력만으로 판매가 결정되는 경우는 드물다.

이렇게 따지기 시작하면 변한 게 한두 개가 아니다. 이제 인재를 구하려면 과거와 달리 전 세계와 경쟁해야 한다. IT 같은 최신 산업일수록 이런 경향이 더 강하다. 삼성은 구글, 애플, 엔비디아와 인재를 경쟁한다. 도요타는 테슬라, 벤츠, BYD, 현대와 경쟁한다. 심지어 모든 분야에 IT와 인공지능이 끼얹어지면서 이제 분야를 가리지 않고 경쟁해야 한다. 그런데 화폐 가치가 떨어지면 인재를 스카우트하고 기업을 유지하는 데 더 많은 비용이 들어간다. 이외에도 달라진 부분은 수도 없이 많다. 중요한 건 더 이상 예전 방식이 작동하지 않는다는 것이다.

---

* 환율조작국보다 아래 단계 경고로서, 동맹국인 일본과의 관계를 고려한 조치로 보인다.

이렇다 보니 뉴스도 입장을 정하지 못하고 갈팡질팡한다. 역대급 엔저로 일본 기업의 매출이 늘었다는 기사와 초상집 분위기라는 기사가 동시에 나온다. 일본 총리의 지지율이 나락으로 가는 것을 보면 후자가 확실한 것 같지만, 기존의 편견이 있다 보니 기사의 방향도 마구잡이로 뒤섞여 있다. 기사를 읽다 보면 그래서 화폐 가치가 낮은 게 좋다는 건지 나쁘다는 건지 기자도 갈피를 못 잡고 독자도 갈피를 못 잡는다.

잘해서 망한 유럽

유럽이 망했다. 지극히 주관적이고 자극적인 표현이지만, 유럽의 현실을 알고 있는 사람이라면 유럽이 예전만 못하다는 사실에 누구나 동의할 것이다. 더 중요한 건 앞으로도 유럽이 과거만큼의 강력함을 자랑할 가능성이 거의 없다는 것이다. 물론 아프리카의 모든 국가를 아프리카로 통칠 수 없듯이 유럽을 유럽이라고 통칠 수 없다. 어딘가는 상대적으로 나아지겠지만, 유럽 전체를 보면 그들의 위상이 지난 10년 사이 드라마틱하게 떨어진 건 부정하기가 어렵다. 한동안 유럽은 지금의 위치를 고수하겠지만, 어쨌든 서서히 저물 것이다.

유럽이 몰락하는 것이 우리랑 무슨 상관이냐 싶겠지만, 실은 엄청나게 상관이 있다. 1990년대 이후 유럽은 우리 사회의 롤 모델이었다. 여기서 말하는 건 서유럽과 북유럽의 경제-복지 모델이다. 거칠게 단순화하면 그간 한국에는 미국의 길을 따라가자는 사람과 유럽의 길을 가자고 주장하는 이들이 있었다.

미국으로 대표되는 건 완벽한 자유 경쟁 자본주의다. 실제 미국이 그랬다는 건 아니지만 그런 이미지가 있었고, 그 방식을 추종하는 사람들이 있었다. 반대로 유럽은 사회주의에 가까운 자본주의였다. 역시나 실제로 유럽이 그랬는지와는 별개로 그런 이미지를 갖고 있었다. 동구권의 붕괴 이후 진보의 눈은 북유럽과 서유럽을 향했다. 그곳은 마치 천국처럼 보였다. 자본주의 체제였지만 빈부 격차도 미국보다 적고 개개인의 행복지수도 높으며 복지 혜택도 풍부하다. 학비는 무료고, 교육 수준도 높고, 실업 급여를 충분히 받으며, 퇴직 후에는 여행을 다니며 여생을 편안히 보낼 수 있을 정도의 연금을 받는다. 대기업도 존재하지만 중소기업과 협동조합이 경제 주체가 되며, 노조 활동도 존중받는다. 그러면서도 미국 못지않은 경제 지표를 자랑하는, 자본주의를 추구하지만 모두가 잘사는 사회. 그것이 유럽이 가진 이미지였고, 우리가 꿈꾸는 이상향이었다.

물론 유럽을 지향한 건 선택이 아니라 당연한 흐름이기도 했다. 한국은 미국만큼 투자가 끊임없이 들어오지도 이민자가 쏟아지지도 않는다. 그러니 미국이 되고 싶어도 되기가 어려웠다. 유럽은 우리가 지향 가능한 유일한 방식처럼 보였다. 그렇다고 우리가 실제로 유럽식의 복지 국가가 되진 못했지만, 그 방향성과 구호는 상당 시간 우리를 지배했다. 최저임금제나 세입자보호법 등 다수의 복지 정책이 유럽의 길을 따라가면서 나온 부산물이다. 분야를 막론하고 포럼이나 학술회를 가면 독일식이 어쩌고, 스웨덴식이 어쩌고 하는 이야기가 흘러나왔다.

하지만 시간은 완벽해 보이는 모든 것을 무너뜨린다. 유럽 경제는 건강했기에 오히려 변화에 적응하지 못했다. 2022년 기준 미국 GDP는 약 25조 5000억 달러, EU 27개국의 GDP의 총합은 16조 6000억 달러였다. 그러니까 EU에 속한 27개 나라 GDP를 전부 다 합쳐도 미국의 65퍼센트 수준밖에 되지 않았다. 원래 그렇지 않았냐고 생각할 수도 있지만 전혀 그렇지 않다. 2010년까지만 해도 미국과 유럽의 GDP는 거의 비슷한 수준이었고, 2008년 금융 위기 때는 유럽이 미국보다 높았다. 그런데 15년 만에 미국은 유럽을 넘어섰을 뿐 아니라 비교 불가능한 수준으로 차이를 벌렸다. 지표로만 본다면 유럽의 추락보다는 미국의 비상에 가깝지만, 안타깝게도 상대의 비상은 나의 추락이다.

그렇다면 이 차이는 어디서 나왔을까? 역시 다양한 이유가 있겠지만, 일부만 살펴보자. 먼저 21세기 들어 유럽 경제는 규제 중심으로 흘러왔다. 기후 변화와 인권에 대한 관심은 필연적으로 규제로 이어졌다. 그리고 이런 흐름은 유럽을 IT 산업에서 멀어지게 했다. 반면 기후 변화 따위 신경 쓰지 않은 미국은 변화와 혁신을 가져갔다. 그사이 유럽은 선두 주자에서 미국의 기술을 소비하고 추종하는 후발 주자로 전락했다. 유럽이 내건 가치는 인류사적으로 훌륭한 것이었지만, 지나고 보니 하필 그 시기는 산업의 중심이 IT로 넘어가던 중차대한 시기였다. 이때 뒤처진 한 발은 결국 모든 걸 바꿔버렸다. 암스트롱이 달에 내디딘 한 발처럼, 미국이 IT 사업에 뻗은 한 발은 이후 세계 경제를 뒤바꾼 한 발이 되었다.

시장의 변화도 한몫했다. 21세기 들어 중국과 인도 등 거대 시장이 열리면서 대규모 물류를 제공할 수 있는 대기업의 가치가 오히려 커졌다. 기억이 희미하겠지만, 20세기 사람들은 근미래를 상상하며 앞으로는 취향이 다양해져서 소품종 대량 생산에서 다품종 소량 생산으로 산업이 변화한다고 믿었다. 그래서 대기업보다는 지역의 특성에 맞는 다수의 중소기업이 있는 사회가 더 유리할 것이라 여겼다. 충분히 설득력 있는 주장이었고 일정 부분 그런 분야도 있었다. 하지만 21세기 초반 산업적으로 더 중요한 건 내수보다 인구가 많은 개발 도상국으로의 수출이었다. 그나마 유럽에서 독일이 성장한 이유가 이 때문이다. 독일은 경쟁력이 있으면서도 대량 생산이 가능한 제조업 설비를 갖춘 유럽의 유일한 국가였다. 독일은 한국과 마찬가지로 중국의 발전에 그대로 올라탔다.

반면 이탈리아는 전혀 다른 모습을 보였다. 이탈리아는 G7에 들어갈 정도로 경제 규모가 크지만, 대기업이 하나도 없다고 할 정도로 독특한 경제 구조를 가지고 있다. 이탈리아 경제의 근간은 중소기업과 협동조합이다. 어떤 면에서 이상적인 경제라고 할 수도 있다. 하지만 이런 구조 때문에 지난 20년간 경제 지표가 옆으로 기고 있다. 옆으로 기고 있다는 것은 정체됐다는 소리로 들리지만, 다른 국가의 발전, 무엇보다 2008년 이후 무지막지하게 화폐량이 늘어났다는 걸 감안하면 퇴보한 것이다.

IT 산업의 확장도 마찬가지다. "스타트업", "혁신", 이런 표현 때문에 IT는 작은 기업이 잘할 것 같은 이미지가 있지만, IT야말로 선점한 기업이 모든 걸 독점하는 시장이다. 제조업의 변화와 IT 산업의 특징을 가장 잘 보여주는 것이 스마트폰이다. 과거 스마트폰은 국가별로 세세하게 나뉘어 있었지만, 이제는 전 세계 사람들이 몇 개 기업의 거의 비슷한 디자인의 제품을 사용하고 있다. 중소기업이나 협동조합의 가치는 IT 시대에 오히려 살아남기 힘들었다.

여긴 어디? 나는 누구?

한국 역시 마찬가지다. 과거나 지금이나 한국 경제의 주축은 대기업이다. 정치인들은 중소기업과 소상공인이 중심이 되는 내수 시장 활성화를 열심히 외쳤지만, 지난 20년간 대기업 의존도는 더 높아졌다. 지금은 사실상 반도체 원툴One Tool 국가가 됐다. 사우디에서는 석유가 나고 한국에서는 반도체가 난다. 한국은 중국 시장 개방의 혜택을 온전히 누리면서 대기업 중심으로 경제가 발전했다. 영세 제조업은 거의 사라졌지만, 대기업이 크게 성장하면서 마이너스 이상 플러스했다.

내가 대학에 다니던 때만 해도 "대기업을 해체해야 한국이 성장한다"라고 주장하는 이들을 심심찮게 만나볼 수 있었다. 이런 의견이 일부 과격파의 주장이 아니라 어느 정도 대중적 지지를 받았다. 지금도 "이재용이 감옥을 가면 삼성전자 주식이 오른다" 같은 말이 공공연히 나온다. 틀린 말은 아닌 게 2021년 이재용 회장이 국정농단에 연류돼 감옥에 갔을 때 삼성전자 주식이 올랐다. 하지만 그건 그냥 오를 주식이라 오른 거지 이재용 회장이 감옥에 갔기 때문에 올랐다고 보긴 어렵다. 대기업 회장이 감옥에 가면 안 된다는 말을 하는 게 아니다. 죄를 지으면 처벌을 받아야지. 다만 '대기업이 사라지면 경제에 더 도움이 된다'는 식의 논리는 이제 옛것이 되어버렸다.

아이러니하다. 만약 한국이 건강한 경제(중소기업 강화, 내수 중심 성장)로 변화했다면 과연 중국 시장 개방의 혜택을 제대로 누릴 수 있었을까? 그랬을 것이라 믿고 싶지만 아마도 이탈리아와 비슷한 처지가 되었을 것이다. 물론 중소기업과 협동조합의 가치는 여전히 중요하다. 튼튼한 중소기업은 경제의 밑바탕이 되고, 협동조합은 지역 균형 발전과 구성원 간 단합에 도움이 된다. 하지만 지난 20년간의 세계적 흐름에서는 벗어나 있다. 그 방식이 틀렸다는 것이 아니다. 다만 환경의 변화는 예측하기 어렵고 살아남는 것이 꼭 옳은 것은 아니라는 소리다.

조금만 자세히 살펴봐도 이런 부분은 수도 없이 많다. 가령 노동 운동에서 항상 첫 번째로 주장하는 '직접 고용과 비정규직 철폐'를 생각해 보자. IMF 이후 노동계에서 끊임없이 나오는 주장이다. 현장에서 일해 보면 비정규직이나 하청업체 노동자가 얼마나 차별을 많이 받는지 알 수 있고 그들의 절박함을 알 수 있다. 급여가 적은 건 둘째 치고 생명조차 위태롭다. 한국은 OECD 산재 사망 사고 탑3*인데, 사고 희생자 대부분이 비정규직이나 하청업체 노동자다. 그런데도 그들은 회사가 조금만 어려워지거나 변화가 생기면 가장 먼저 정리된다. 보호책이 없는 사회에서 실직은 죽음을 의미한다. 그들의 외침은 생존에 관한 것이고 나는 그들의 투쟁을 언제나 지지한다.

하지만 현실적으로 정규직이라는 형태가 지금과 같은 경제구조에 얼마나 적합한지 모르겠다. 시장은 늘 변하고 기업은 유연성을 가지지 못하면 살아남기 어렵다. 어떻게 플랫폼 노동자가 정규직이 되겠는가? 중요한 건 차별이 사라지는 것이지 모두가 정규직이 되는 것이 아니다. 하나된 투쟁으로 동료 몇 명을 정규직으로 만들 수는 있겠지만, 모든 비정규직과 하청업체 노동자를 구할 수는 없다. 그러니 실업 급여와 재취업 직업 교육을 늘려 사회 전체의 안전망을 구축하는 것이 더 중요하다. 그러면 실업을 해도 위태롭지 않아 노동자의 삶이 안정된다. 기업 입장에서도 기업의 고용을 유연하게 하면서 경쟁력을 높일 수 있다. 물론 이런 시스템을 구축하기 위해서는 비용이 필요하다. 그 비용은 기업과 노동자가 평소에 조금씩 더 부담하면 된다. 기업 입장에서는 약간의 비용을 추가로 지불하더라도 유연화의 효용이 크기 때문에 충분히 받아들일 수 있는 조

---

* 1위는 멕시코, 2위는 튀르키예다.

건이다. 물론 나도 아는 해결책을 노동계에서 모를 리가 없다. 그럼에도 여전히 과거의 구호가 나오는 건, 결국 이런 변화가 오로지 해고만 자유로워지는 그림이 될 것이라 누구나 예상하기 때문일 것이다.

유럽의 경제 정책이 성공적이지 않다고 해서 유럽의 가치와 그들의 정책이 일괄적으로 잘못됐다고 할 수는 없다. 심지어 그들의 경제 정책조차 잘못됐다고 할 수 없다. 같은 맥락에서 미국이 경제적으로 유럽보다 앞선다고 해서 그들의 정책이 더 훌륭하다고 할 수도 없다. 일일이 따져보면 오히려 그 반대에 가까울 것이다. 미국의 빈부 격차는 시한폭탄으로 변했으며, 소외된 이들은 갈수록 늘어나고 있다. 그러니까 결과만 놓고 누가 더 옳고 그르다고 판단할 수 없다. 하지만 이런 당연한 말은 "동구권이 몰락했다고 공산주의가 모두 틀린 것은 아니다"라고 말하는 것과 같다. 한마디로 안 통한다는 소리다. 안타깝게도 경제 지표가 나빠지면 그 순간부터 그곳의 모든 정책이 사람들에게는 불필요하게, 나아가서는 나쁘게 인식된다. 그러니 아무리 좋은 예를 들어도 먹혀들지 않는다. 세상은 복잡하다. 유럽의 교육이 훌륭하다고 모두가 이야기해 왔지만, 지금 유럽에서 부는 극우 열풍이 그 훌륭한 교육의 결과가 아니라고 누가 장담할 수 있겠는가? 물론 그렇진 않겠지. 그나마 교육이 있어서 이 정도라도 유지하고 있는 것이라고 생각한다. 하지만 누구도 장담할 순 없다. 그러니 결국 사람들은 결과를 보고 판단할 수밖에.

과거 동구권이 붕괴했음에도 좌파가 살아남아 사회 안정을 위한 복지 정책을 일관되게 실행할 수 있었던 건 미국만큼 강한 유럽이 존재했기 때문이다. 사람들은 늘 토론에 나와 독일과 프랑스, 영국, 무엇보다 북유럽 국가들의 복지를 예로 들었고, 그 말은 먹혀들었다. 왜냐하면 그곳은 선진국이니까. 하지만 더는 그런 말이 통하지 않는다. 이제 유럽에 가보면 한국보다 낫다는 생각이 잘 들지 않는다. 오히려 '여긴 안 되겠구나'라는 생각만 더 강해진다. 여전히 좋은 점도 있지만, 압도적이라는 느낌은 전혀 없다.

우리의 방향성이 '누군가를 따라서 하는 것'이어서는 안 된다. 여기서 누군가는 유럽, 미국, 중국, 일본, 싱가포르 어디든 포함될 수 있다. 이런 이상화는 처음에는 현실로 시작하지만 결국은 환상으로 끝난다. 이상이 실현된 곳은 그 어디에도 없다. 그럼에도 우리가 이 실수를 반복하는 이유는 롤 모델이 있어야 방향을 설정하고 사람들을 설득하기 좋기 때문이다. 이제는 미국파가 대세를 이루고 있다. 동구권 몰락에서의 실수를 우리는 또다시 반복하고 있다.

평화가 사라진 자리

최근 일부 국가에서 징병제(의무 복무)를 다시 시작하려는 움직임이 나타나고 있다. 리시 수낵Rishi Sunak 영국 총리는 7월 총선 공략으로 만 18세 의무 복무제를 꺼내 들었고(당연히 패배했다), 독일 제1당인 기민련은 과거에 폐지했던 징병제를 다시 시행하자는 법안을 제출했다. 미국도 모병제로 목표 병력을 유지하지 못한 지 오래됐다. 당연히 징병제 이야기가 나온다. 러시아와 가까운 북유럽 국가 덴마크와 스웨덴은 이미 의무 복무를 시행하고 있다. 물론 영국이나 독일이 하려는 징병제는 한국처럼 살아만 있으면 누구나 끌고 가는 방식은 아니지만, 아무튼 선진국에서 징병제라는 형식을 취한다는 것 자체가 한국 사람으로서는 신기하게 느껴진다.

몇 년 전만 해도 한국에서는 징병제를 폐지하고 모병제로 가야 한다는 주장을 심심찮게 들을 수 있었다. 시민 단체와 정치인들을 중심으로 사회적 논의도 활발했다. 숫자만 채우는 무식한 징병제가 현대전에 맞지 않을뿐더러 실제로 국방을 강하게 하지 못한다는 주장이 상식처럼 여겨졌다. 당연히 그 주장의 밑바탕에는 유럽이 있었다. 언제나 과격한 생각을 하는 나는, 한국이 군대를 최소화하거나 나아가서는 완전히 없애는 것도 괜찮다고 생각했다. 2차 세계 대전 이후 패전국이었던 일본과 독일은 아이러니하게도 이후 역대급 성장을 이뤘는데, 그 이유 중 하나는 이 국가들이 패전국이라 군대 운영을 제대로 할 수 없었기 때문이다. 단순히 내 생각은 아니고 이런 주장을 하는 전문가들이 있다. 원리는 간단하다. 국방비를 많이 쓰면 멋진 무기를 자랑할 순 있겠지만, 경제적 효과는 미미하다. 막

대한 국방비를 산업이나 복지에 쓸 수 있다면 국가 경제에 큰 도움이 될 것이다. 대부분 국가는 혹시 모르니 군대를 운영한다. 하지만 한국이 아무리 군대를 굴려봐야 주변 강대국에 비할 바는 안 되고, 오히려 군대를 없애고 평화를 선언하는 것이 주변국들의 긴장을 완화하고 침입을 막을 수 있다고 생각했다. 세상은 점점 평화로워질 거라고 대책 없이 믿는 시절이었다.

하지만 이런 나이브한 생각을 비웃기라도 하듯 국제 정세는 긴박하게 바뀌었다. 결정적인 계기는 러시아의 우크라이나 침공이다. 이때부터 전 세계적인 군비 확장이 시작됐고, 군대를 줄이자는 주장은 몽상가의 헛된 희망이 되어버렸다. 한국은 청년 인구 자체가 없어 징병제를 유지하더라도 군 규모가 줄 수밖에 없겠지만, 대신 무기를 때려 박을 테니 국방비를 줄이기는 한동안 불가능해 보인다. 물론 나는 여전히 군대를 없애는 것이 평화로 가는 길이라 믿지만, 그런 주장을 대중이 받아들이긴 어려운 시기다.

마찬가지 맥락에서 과거에는 극우나 할 법한 핵무장론이 이제는 공적인 토론장에서도 심심치 않게 등장한다. 당장 내일 미국이 한반도에 전략 핵무기를 배치한다고 해도 전혀 이상하지 않은 상황이다. 물론 그럼에도 한국이 자체적으로 핵 개발을 할 일은 '절대' 없을 것이라 장담하지만, 앞선 변화들을 생각해 보면 '절대'라는 표현은 절대 사용해선 안 될 것 같다.

우디르급 태세 전환이 필요한 시간

'우디르급 태세 전환'이라는 신조어가 있다. 우디르는 리그 오브 레전드(LoL)라는 PC게임에 등장하는 캐릭터로 스킬마다 태세를 재빠르게 전환하는데, '우디르급 태세 전환'이라는 표현은 이 모습을 딴 것이다. 주로 사람이 자신의 이익에 따라 말이나 태도를 바꿀 때 이를 비꼬는 의도로 사용하는 표현이다. "손바닥 뒤집듯"이라는 관용어와 같은 의미라고 보면 된다. 하지만 손바닥을 뒤집는 것보다 손가락으로 하는 클릭이 더 빠르기에 이제는 우디르급 태세 전환이라는 표현이 인터넷에서는 더 널리 쓰인다.

게임뿐 아니라 현실에서도 우디르급 태세 전환이 필요하다. 세상은 시시각각 변한다. 그건 옳고 그름의 문제가 아니다. 상황이 변하면 사용하는 스킬도 변해야 한다. 게임을 하는데 어떤 스킬은 옳고 어떤 스킬은 그르다고 할 수 없다. 상황의 변화는 촉만 있다면 누구나 알 수 있다. 그리고 이 촉은 동물적인 것으로, 누구나 가지고 있다고 생각한다. 다만 각자의 가치관이, 자신이 예전의 내뱉은 말이 족쇄가 되어 이 변화를 모르는 척하게 만든다.

문재인 정부는 정권 초, 탈핵을 강조하며 친환경 에너지 개발에 힘을 쏟았다. 또한 친환경 에너지가 완성되기 전 석유 중심 구조를 탈피하고 에너지 안정을 추구하기 위해 북한, 러시아와의 관계를 개선하는 데 힘썼다. 두 국가와 관계가 개선되면 러시아의 저렴한 천연가스를 가스관을 통해 값싸게 받아올 수 있다. 천연가스 역시 화석 연료이긴 하지만 석탄이나 석유에 비하면 오염이 적으며 무엇보다 저렴하다. 계획대로만 된다면 당시 유럽처럼 저렴한 에너지를 통해 경제를 안정시키고 발전을 도모할 수 있다.

현시점에서 보면 이 정책은 터무니없게 들린다. 최근 우리나라는 북한과의 사이가 너무 좋아진 나머지 오물까지 주고받는 죽마고우가 됐다. 러시아는 전쟁을 일으켰고, 한국은 그 반대편에 무기를 제공하고 있다. 언젠가 전쟁은 끝날 것이고, 한러 관계는 언제 그랬냐는 듯 전쟁 전처럼 괜찮아지겠지만, 그렇다 해도 국가의 장기적이고 핵심적인 사업을 러시아와 함께 운영할 수 있을지는 모르겠다.

화학 에너지의 종말은 안타깝게도 우리 머릿속에나 있다. 화석 연료를 대체할 친환경 에너지 개발은 요원하고 핵 발전이 그나마 대안으로 떠오른다. 지난해 글로벌 화학 에너지 기업들은 역대 최고 매출을 기록했다. 반면 친환경 에너지와 관련된 기업들은 전반적인 상승장 속에서 옆으로 기고 있다. 앞에서도 말했지만 옆으로 긴다는 건 쇠퇴를 의미한다. 치고 나가도 부족한 상황에서 평균도 못 따라가고 있다. 친환경 에너지의 필요성이야 말할 필요도 없지만, 지금 당장은 어두운 터널을 지나고 있다. 상황이 이러니 동쪽 끝의 작은 나라에서조차 바다에서 가스가 날지도 모른다며 대통령이 호들갑을 떠는 해프닝이 벌어진다.

문제는 틀렸다는 게 아니다. 문재인 정부의 에너지 정책은 당시에는 충분히 현실적인 계획이었다. 하지만 상황이 변했다. 그러니 새롭게 상황을 인식하고 대책을 내놓아야 한다. 그런데 사람들은 이를 받아들이지 않고 자신의 주장을 고집한다. 과거의 잣대로 자신의 의견을 내놓는다. 왜냐하면 그것이 옳으니까. 적어도 자신은 그렇게 믿으니까. 우리는 서양의 오랜 속담을 기억해야 한다.

"지옥으로 가는 길은 선의로 포장되어 있다The road to hell is paved with good intentions."

아무리 옳은 가치라도 매몰되는 순간 파멸로 달려갈 수도 있다.

변하는 세계는 누구도 예측할 수 없다. 여기서 언급한 변화조차 이 글이 나가기도 전에 변하고 있다. 중국의 발전에 올라탄 독일과 한국의 성장 모델은 중국의 위상이 변하면서 함께 흔들리며 오히려 성장의 발목을 잡는다. 앞으로도 불똥이 어디로 튈지 누구도 예상할 수 없다. 결국 중요한 건 자신의 실수를 인정하는 것이다. 상대방이 틀렸다고 비난할 필요도 없다. 그렇게 서로를 비난하니 사람들은 변화를 인정하지 않고 곧 죽어도 자신의 입장을 유지한다. 그 방식이 옳고 당당해 보일 순 있겠지만, 세상에 도움은 되지 않는다.

이 글을 검토한 친구는 나에게 전향한 거냐며 뼈 있는 농담을 했다. 하지만 그렇게 좌우를 나누고 각 포지션의 태도를 정해두는 것이야말로 우리의 행동을 옥죄고 변화를 인지하지 못하게 만든 주 원인 중 하나라고 생각한다. 나는 골수 좌파이기 때문에 오히려 진보적 정책이 제대로 실현되지 않은 부분을 지적할 수 있다고 생각한다. 반대 입장에서도 그 입장에 맞는 '그때는 맞고 지금은 틀린' 사례들을 수없이 발견할 수 있을 것이다. 상대가 문제를 지적하면 그건 반성이 아니라 공격이 될 테니 자신들의 허물은 스스로 찾아보길 빈다. 타인의 허물보다는 본인의 허물을 먼저 인정하는 것이 스켑티컬한 태도라고 믿는다. 비록 세상은 반대로 흘러가는 것 같지만. 콘텐츠도 숏폼이 유행이라는데, 태도는 어째서 예전보다 더 변화가 없는지 모르겠다.

자신의 철학을 세우고 가치를 추구하는 건 잘못된 게 아니다.

나 역시 현실의 실패를 인정하지만 친환경 에너지를 확대하고 더불어 사는 복지 사회를 지향하는 것이 옳다고 믿는다. 현실이 흔들릴수록 근본을 이루는 가치가 중요하다. 방향성만 명확하다면 우리는 언제든 변화를 받아들일 수 있다. 오히려 가치와 방향성이 없는 사람이 행동이나 발언을 바꾸는 것을 겁낸다.

과학의 좋은 점은 잘못된 사실은 밝혀진다는 것이다. 물론 과학도 보다 보면 명확하지 않은 구석이 많지만, 현실 세계에서 드러나는 부분은 대체로 명확하다. 반면 사회에서는 웬만해선 잘못됐다는 게 밝혀지지 않는다. 맞고 틀렸다는 기준은 모두가 다르다. 하지만 합리적으로 그때그때 조금 더 나은 답안은 언제나 존재한다. 설혹 그 답이 없다고 해도 선택을 내리고 나아가야 한다. 그렇기 때문에 어떤 면에서 과학보다 더 어렵기도 하다. 아무 말이나 해도 되지만, 그 책임은 사회가 함께 진다.

그때는 맞고 지금은 틀리다. 과거에 답을 내린 문제도 상황이 바뀌면 다시 꺼내서 판단해야 한다. 우리 모두에게 우디르 급 태세 전환이 필요하다.

2024년 6월

3장

보이는 게 다가 아니야

모든 감정에는
이유가 있다

이세돌 구단과 알파고 구단(알파고는 이후 한국 기원으로부터 명예 단증을 받음)의 대국이 벌어졌던 2016년, 사람들은 인공지능이 곧 세상을 점령할 것처럼 호들갑을 떨었고, 많은 과학 커뮤니케이터들이 방송에 나와 인공지능의 발전에 대해 이야기했다. 그들은 세태에 따라 이후에는 암호화폐에 대해 이야기했고 지금은 메타버스를 이야기하고 있지만, 나는 이슈 전환이 느려서 이제서야 인공지능에 대해 이야기를 해보려고 한다.

당시 나는 알파고에 대한 호들갑이 다소 의아했는데 그 이유는 간단하다. 이세돌 구단이 알파고에 지기 한참 전부터(아마도 10년도 더 전에) 인공지능은 나보다 바둑을 훨씬 잘 뒀을 게 확실하기 때문이다. 설혹 이세돌 구단이 알파고를 이겼다고 해도 대부분 사람이 인공지능에게 진다는 사실은 변하지 않는다.

기계에 의한 인간의 패배는 이미 정해져 있었다. 산업 혁명을 불러온 방적기와 방직기를 사용하던 시기부터 기계는 노동자의 능력을 애초에 넘어섰다. 19세기 영국 노동자들이 생각이 짧아서 기계를 때려 부순 것이 아니다. 그들은 어쩌면 먼 미래를 내다보고 터미네이터와 싸우는 존 코너의 심정으로 러다이트 운동Luddite Movement*을 벌였을지도 모른다. 그러니 누군가의 행동을 함부로 어리석다고 비웃지 마라. 인간의 일생을 초월하는 길고 긴 시간 속에서 누군가의 행동이 옳았는지, 틀렸는지는 판단하기는 매우 어렵다.

기계가 인간의 육체를 넘어선 지는 오래됐다. 물론 걷기나 달리기와 같이 여전히 로봇이 사람을 따라가지 못하는 부분도 많지만 언젠가는 역전될 것이다. 기계가 발전함에 따라 사람들은 신체마저도 기계처럼 여기게 되었다. 이를 가장 잘 볼 수 있는 곳이 병원이다. 사람들은 기계를 고치듯 약을 먹고 수술을 한다. 기계에 부품을 갈듯이 오래된 관절과 장기를 다른 것으로 갈아 치운다. 이는 인간의 신체가 이해 가능한 것이고, 기술만 받쳐준다면 고칠 수 있다는 의미다. 사람들이 인정을 하든 안 하든 우리는 모두 자신의 신체를 기계로 생각한다.

---

* 1811년에서 1817년 사이 영국 직물 공업지대에서 경제 불황, 임금 하락, 고용 감소, 실업자 증가 등으로 노동자들의 생활이 어려워지자 그 원인을 기계로 돌려서 기계 파괴 운동이 각지에서 벌어진 사건을 말한다.

튜링 테스트와 중국어방 사고실험

그럼 지능적인 부분은 어떨까? 컴퓨터는 인간에게 체스도 이기고, 바둑도 이겼다. 단순 계산에서는 이미 100년 전에 인간을 넘어섰고, 웬만한 수학 문제도 훨씬 잘 푼다. 그런데 아무리 생각해 봐도 컴퓨터가 인간이 된 것 같지는 않다. 인간 최강자를 이긴 알파고를 백전백승으로 이긴 알파고 제로도 만들어졌고, 그 알파고 제로를 뛰어넘는 딥마인드도 등장했지만, 사람들은 그런 인공지능의 등장에 예전만큼 공포를 느끼지 않는다.

컴퓨터가 아무리 똑똑해져도 컴퓨터는 사람이 되지 못한다. 인간이 못될 뿐만 아니라 개나 고양이도 못된다. 개를 흉내 내는 반려봇을 만들었지만 그뿐이다. 20세기 초 컴퓨터를 최초로 고안한 사람들도 비슷한 문제의식을 갖고 있었다. 이에 컴퓨터 과학의 선구자 중 한 명인 앨런 튜링Alan Turing은 튜링 테스트라는 것을 고안했다.

튜링 테스트란 컴퓨터가 정말 인간처럼 사고하는지 아닌지를 판단하는 테스트다. 방법은 아주 간단하다. A와 B가 있다. 하나는 진짜 사람이고, 하나는 사람 흉내를 내는 컴퓨터다. 표본은 원하는 만큼 늘릴 수 있다. 중요한 건 사람과 컴퓨터가 섞여 있다는 것이다. 그리고 아무것도 모르는 새로운 사람을 데려와 A, B와 채팅을 하게 한다. 그리고 어느 쪽이 진짜 사람인지를 판단하게 한다. 만약 컴퓨터가 이 사람을 속이고 사람이라고 판단된다면 인공지능(기계)은 합격하는 것이다.

그럼 튜링 테스트를 통과하면 정말 인공지능이 사람이 되는 것일까? 2014년 유진 구스트만Eugene Goostman이라는 슈퍼컴퓨터가 처음으로 튜링 테스트를 통과했다. 하지만 지금 인공지능이 사람이 됐다고 생각하는 이는 없다. 단지 '흉내 낸다'고 생각할 뿐이다. 실제로 유진은 자신을 13세 소년으로 설정해 몇몇 질문에 답하지 못한 걸 아이여서 그렇다는 식의 꼼수를 써 테스트를 통과했다. 이렇다 보니 튜링 테스트 자체에 의문을 제기하는 사람이 많다. 대표적인 비판이 현대 철학자 존 설John Searle이 제시한 중국어방 사고실험이다.

이 실험 역시 간단하다. 중국어를 전혀 모르는 사람을 방에 넣는다. 주변에서는 이 방 안이 전혀 보이지 않는다. 그 방 안에는 중국어로 된 질문 목록과 그에 대한 중국어 대답이 적힌 목록이 있다. 방 밖에서 중국어에 능통한 심사관이 그 방 안으로 중국어 질문을 써넣는다. 방 안의 사람은 중국어를 전혀 모르지만, 그 질문과 같은 그림(한자를 전혀 모르니까)을 찾고, 적혀 있는 답변과 같은 그림을 찾아 방 밖으로 내보낸다. 이 상황을 방 밖에 있는 심사관 입장에서 생각해 보라. 내가 중국어로 질문을 했는데, 방 안의 사람이 중국어로 답을 한다. 그러면 '아, 이 방 안에 있는 사람은 중국어에 능숙하구나'라고 생각할 것이다.

여기까지 설명하고 나서 존 설은 이렇게 묻는다. 이 방 안에 있는 사람이 '진짜' 중국어를 할 줄 아는 것인가? 이 질문을 인공지능에 적용해 보자. 내가 음성 비서인 시리나 빅스비에게

"나 우울해"라고 말한다면 시리는 이렇게 말할 것이다.

"오후 님, 우울하시군요. 신나는 댄스 음악을 틀어드릴게요."

그러면서 음악을 틀어줄 것이다. 신박한 기능이긴 한데, 솔직히 전혀 위로가 될 것 같지 않다. 하지만 동일한 대사를 옆에 있던 친구가 한다면 나는 위로를 받을 것이다. 왜 똑같은 말을 하는데 우리가 받는 느낌이 다른가? 모두가 그 답을 알고 있다. 우리 모두는 음성 비서가 '진짜' 내가 걱정되어서 그 말을 한 게 아니라, 빅데이터가 됐든 뭐가 됐든 그냥 프로그래밍이 된 대로 학습한 대답을 한다고 생각하기 때문이다.

인공지능이 인간을 흉내 낸다고 인간이 되는 건 아니다. 우리는 그런 방식으로 사고하고 행동하지 않는다. 2000년대 초반부터 반려봇 시장이 온다면서 한 10년 떠들었지만, 반려봇이 반려동물을 대체하는 일은 일어나지 않았다. 반려봇은 반려동물을 대체하지 못한다. 왜냐하면 그 반려봇이 진짜보다 더 진짜같이 행동하더라도 사람들이 그 정도의 애정을 반려봇에게 느끼지 않기 때문이다. 존 설의 튜링 테스트 비판과 정확히 일치한다. 인공지능이 질문을 이해하여 그에 대해 답한 것이 아니라 그저 인간 흉내를 내도록 고안된 로직을 따른 것이기 때문에 가짜라는 것이다.

오케이, 그럼 인공지능은 뭘 진짜 알고 그러는 게 아니라고 치자. 그렇다면 인간은 무언가를 '진짜'로 알까? 연인이 짜증을 낸다고 생각해 보라. 그러면 우리는 속으로 생각할 것이다. '아, 달달한 걸 사줘야겠구나.' 그리고 진짜 단 걸 사줄 수도 있고, 음성 비서처럼 신나는 음악을 틀고 춤을 출 수도 있다.

그런데 이런 나의 반응은 어디서 온 것인가? 진심이긴 하겠지. 그런데 그런 진실된 행동은 사회화를 통해 학습한 것이 아닌가? 중국어방 실험으로 다시 생각해 보자. 내가 중국어를 열심히 공부해서 중국어를 잘하게 됐다면, 중국어방 안의 사람처럼 중국어를 모르는 것은 아니다. 하지만 나 역시 중국어를 외우고 규칙을 익힌 것일 뿐이다. 방식은 동일하다. 중국어방 실험은 얼핏 보기에는 인간을 흉내 내는 인공지능을 비판하는 것 같지만, 조금 더 생각해 보면 과연 인간이 생각하고 행동한다는 것이 무엇인지 본질적으로 고민하게 만든다. 우리는 타인에 공감하고 눈물을 흘릴 줄 알지만, 그것도 우리에게 프로그래밍된 유전적 특질과 사회인으로서의 학습의 결과물일지도 모른다.

똥을 싸는 것도 인공지능에게는 테스크

이렇듯 인간의 마음도 기계적으로 해석할 수 있다고 보는 것이 계산주의 마음이론이다(기술적으로만 말하자면 조금 더 협소한 의미가 되지만, 이 글에서는 이해 가능한 마음은 모두 계산주의라고 표현하도록 하겠다). 이 계산주의 마음이론이 잘 적용된 것이 바로 정신과 병원이다. 편한 의자에 앉아서 의사와 상담을 하는 장면을 영화나 드라마에서 많이 봤을 텐데, 실제 정신과 치료에서 가장 중요한 것은 다른 병원과 마찬가지로 약이다.

상담의 효과에 대해서는 논란이 있지만, 약에 대해서는 대부분 인정하는 분위기다. 실제로 우울증 약을 먹으면 우울함이 사라진다. 아직은 많은 정신과 약이 필요 부분을 정밀 타격하는 것이 아니라 뇌에 전반적으로 영향을 미치기 때문에 부작용도 많고 내성이나 중독 등의 문제가 있긴 하다. 하지만 소위 마음이라고 하는 뇌의 작동까지 기계적으로 보고 접근한 사례라고 할 수 있다.

그렇다면 뇌도 신체와 마찬가지로 기계인가? 그래서 지금은 아니더라도 언젠가는 인공지능이 완벽히 구현해 낼까? 여기서부터 살짝 애매해진다. 왜냐하면 인간의 마음에는 도저히 이해하지 못할, 설명이 안 되는 부분이 있기 때문이다. 앞에서 말했듯이 인공지능은 뛰어나다. 하지만 인공지능은 사람이 아니라 개나 고양이도 못된다.

인공지능은 왜 인간 혹은 생명체 같지 않을까? 다양한 이유를 생각해 볼 수 있겠지만 결정적으로 욕망을 구현하지 못하기 때문이 아닐까 싶다. 우리의 수많은 행동의 밑바탕에는 욕망이 깔려 있다. 욕망이 있어서 일도 하고, 돈도 벌고, 사랑도 하고, 전쟁도 한다. 밥도 먹고, 아침에 일어나서 화장실도 간다. 그런데 기계는 이게 안 된다.

이 일을 하나하나 하게끔 디자인할 수는 있다. 할 수는 있는데 정해주지 않으면 하지 않는다. 그렇게 할 이유가 없으니까. 화장실 가서 똥을 누는 기계를 만들 수는 있겠지만 굳이 왜 그런 걸 만들겠는가.

기계는 욕망으로 굴러가는 게 아니라 정해진 테스크만 소화한다. 인공지능 전문가들 중 일부는 강한 인공지능을 만들기 위해 기술적인 것만큼이나 이 욕망을 어떻게 구현할 것인지가 중요하다고 말한다. 왜냐하면 욕망을 장착한 인공지능은 스스로 자신이 할 일을 찾을 테니까. 이를 그나마 비슷하게 흉내 낸 것이 인공신경망 기술이다. 인공신경망 기술이란 아주 간단하게 설명하면, 프로그램의 과정을 설계하는 것이 아니라 목표를 주면 히든 레이어hidden layer*가 있어서 인공지능이 알아서 답을 찾아가는 것이다.

현대를 살아가는 원시인

그렇다면 이 감정을 이해하면 인간의 마음을 가진 인공지능을 만들 수 있지 않을까? 그럴 수도 있다. 그런데 열 길 물속은 알아도 한 길 사람 속은 모른다고 감정이란 것은 도무지 알 수가 없다. 단순히 지금의 기쁨, 불만, 편함, 불편함으로는 설명되지 않는 것들이 많다.

가령 사람들은 건강에 좋다는 곤충이나 벌레를 별로 좋아

---

* 인공신경망에서 여러 입력을 처리하는 과정에서 입력을 받아들이는 층(은닉층)을 말한다. 입력층을 통해 데이터를 받으면 은닉층을 통과하고 그다음 출력층을 거쳐 결과를 출력하게 된다.

하지 않는다. 물론 우리는 초록 채소들도 썩 좋아하지 않지만, 건강을 위해 챙겨 먹는다. 먹지 않는다고 하더라도 혐오하진 않는다. 하지만 많은 사람들이 벌레와 벌레로 만든 음식에 혐오감을 느낀다. 이건 전혀 합리적이지 않다.

태평양 전쟁 당시 미군 지도부는 드넓은 대양을 건너는 전투기 조종사들에게 태평양 작은 섬에서 먹어도 괜찮은 벌레나 곤충, 혹은 특이 동물을 교육시켰다. 불의의 사고로 식량 보급이 어려워졌을 때를 대비한 것이다. 예상대로 태평양 전선에서 그런 일이 빈번히 발생했다. 하지만 미군 중 누구도, 심지어 굶어서 생명에 지장이 생기는 한이 있어도 벌레를 먹지 않았다. 대체 왜, 왜 그러냐고!

일부 학자들은 인간의 이런 불합리를 이해하기 위해 진화 심리학을 끌어온다. 우리의 본성 중 일부는 생명체가 태어난 그 순간부터 있었겠지만, 너무 광범위하니까 600만 년 정도만 생각해 보자. 600만 년은 인류가 다른 유인원에게서 갈라져 나온 시점이다.

이 600만 년을 1년이라고 가정하고 간략히 정리해 보자. 600만 년 전이 1월 1일 0시, 현재가 12월 31일 24시라고 한다면 인류가 가축을 키우기 시작한 게 한 해의 마지막 날인 12월 31일 오전 6시, 농사를 짓기 시작한 게 12시다. 그 후 고대 도시가 만들어진 건 오후 3시쯤 된다. 근대의 시작이라고 할 수 있는 산업 혁명이 일어난 건 밤 11시 40분이다. 산업 혁명이 일어난 시기와 지금을 생각해 보면 완전히 다른 세상이지만, 그래도 어쨌든 근대니까 비슷한 환경이라 치더라도 우리는 1년 동안 원시인으로 살다가 끝에 20분 정도 짧게 근대를 맛봤을 뿐이다. 당연히 우리 몸과 마음은 여전히 원시생활에 적응해 있다. 그렇게 생각해 보면 우리의 감정이 비이성적인 것을 충분히 납득할 수 있다. 우리의 몸과 마음은 현대를 위한 것이 아니다. 우리의 몸과 마음을 이해하려면 과거의 눈으로 봐야 한다.

모든 감정에는 이유가 있다

역겹다는 감정을 한번 추적해 보자.

잘 생각해 보면 인간이 역겹다고 느끼는 것 중 상당수는 동물적인 것에서 나온다. 동물 시체가 썩은 모습을 떠올려보라. 아마도 주변에는 파리 떼와 구더기가 들끓고 역한 냄새가 올라올 것이다. 상상만으로도 역겹지 않은가? 반면 죽은 나무를 본다고 해보자. 괴기해 보일 수는 있겠지만 역겹다는 느낌을 받진 않을 것이다. 썩지 않아도 마찬가지다. 샐러드를 싫어하는 사람은 있지만, 그들도 샐러드를 역겨워하진 않는다. 반면 중국 야시장에서 볼 수 있는 곤충 꼬치를 보고는 많은 이들이 역겨워한다.

지구상에 존재하는 동물의 신체 중에서 인간이 섭취하는 건 극히 일부분이고, 그 밖의 동물이나 부위는 만지는 것도 싫어한다. 우리는 소, 닭, 돼지, 양, 그 외 몇몇 동물을 먹지만 뱀,

두꺼비, 돈벌레, 바퀴벌레 등 수백만 종의 동물은 단 한 부위도 먹지 않는다. 문명화된 이후에만 국한된 이야기가 아니다. 원시 부족을 포함해서 모든 문화권은 각자가 처한 환경에 따라 식재료가 다르지만 아주 편협하다는 것 하나만큼은 일관된다. 또한 싫어하는 것도 꽤 비슷하다.

인류학자 나폴레옹 샤농Napoleon Chagnon이 연구를 위해 남미의 한 원주민들과 함께 생활한 적이 있다. 그는 원주민들이 먹는 음식을 계속 먹긴 어려울 것 같아 자신이 먹을 음식을 따로 싸갔다. 유통 기한이 긴 땅콩버터, 핫도그 같은 것들이었다. 원시인들은 샤농이 가져온 처음 보는 음식에 호기심을 가졌다. 그리고 샤농이 먹는 것을 보고 한 입만 달라고 했겠지. 한두 번은 줄 수 있지만 보는 원주민마다 그렇게 나오니 샤농은 원주민들을 따돌리기 위해 이렇게 말했다.

"땅콩버터는 소 배설물이고, 핫도그는 소의 음경이야."

그 원주민들은 척박한 환경에서 살아서 각종 벌레를 디저트처럼 먹는 삶을 살았음에도 불구하고 똥과 음경이라는 말에 질색하고는 다시는 샤농에게 음식을 달라는 말을 하지 않았다고 한다.

이처럼 모두가 역겨움이라는 감정을 느낀다. 하지만 역겹지 않은 동물은 문화마다 조금씩 차이가 있다. 다르다는 건 어느 정도 학습으로 길러졌다는 의미다. 사실 두 살 미만의 아이는 배설물이든 벌레든 먹는 데 아무 거부감이 없다. 그런데 두 살이 넘어가면 신기하게도 정반대의 일이 일어난다. 아기는 웬만

해선 새로운 것을 먹지 않고, 부모는 아이들에게 새로운 것(보통 건강에 좋은 것)을 하나라도 더 먹이려고 사투를 벌인다.

인간의 이런 거부감을 심리학자 폴 로진Paul Rozin은 "잡식동물의 딜레마"라고 표현한다. 알다시피 인간은 잡식성으로 먹을 수 있는 폭이 굉장히 넓다. 이건 장점이지만 단점이기도 하다. 왜냐하면 세상의 많은 것들이 유독하기 때문이다. 그러니 무독한 걸 잘 골라 먹어야 한다. 또한 평상시에는 무해한 고기류도 때에 따라 촌충 같은 기생충이 있을 수 있다. 육류의 부패는 치명적이다. 잘못 먹으면 목숨을 잃을 수도 있다. 로진은 '역겨움'이라는 감정이, 위험한 동물과 동물의 특정 부위를 먹지 못하게 만드는 적응이라고 설명한다(식물도 유독한 경우가 많지만, 보통 식물의 독성은 양이 적고 한입 베어 물었을 때 바로 감지할 수 있어서 목숨을 잃는 경우는 많이 없다).

다만 어떤 동물과 어느 부위가 안전한지는 현지의 생물과 풍토병에 따라 달라지기 때문에 구체적인 미각은 학습된다. 어린 시절은 이를 받아들이는 시기다. 아이들은 부모와 주변 사람들이 먹고 죽지 않는 것을 안전한 것으로 인식하고 받아들인다. 그리고 이후 스스로 식량을 수집할 나이가 되면 이제까지 자신이 먹어왔던 것만 사냥하고 먹지 않던 건 사냥하지 않는다. 의식적으로 피한다기보다는 역겨워하는 감정을 느끼게 되므로 자연스레 피하게 된다.

그럼 안전과는 거리가 먼 곤충, 벌레, 두꺼비 같은 작은 생물을 먹지 않는 이유는 뭘까? 영화 〈설국열차〉를 보면 하층민들에게 단백질 블록이 식량으로 제공된다. 이는 벌레로 만들어진 것인데, 이 사실을 알게 된 하층민들은 분노하고 혁명을 일으킨다. 하지만 현실적으로 달리는 기차에서 고단백은 구하기 쉽지 않다. 그 정도면 건강식이라 할 수도 있다. 그런데 왜 사람들이 역겨움을 느끼고 분노를 한 것일까?

인류학자 마빈 해리스Marvin Harris는 관찰을 통해 거의 모든 문화권에서 큰 동물이 있으면 작은 동물을 잡아먹지 않았다는 사실을 알아냈다. 인간이 환경에 적응하는 과정을 생각해 보면 이해가 된다. 인류가 미지의 환경에 떨어졌다고 가정해 보자. 일단 주변에 있는 온갖 것을 모두 먹어볼 것이다. 그 과정을 통해 안전하다고 밝혀진 음식 중에 당연히 사냥하기 좋은, 최대한 많은 영양분이 포함되어 있는 걸 식량으로 선택했을 것이다. 곤충이 단백질이 아무리 풍부해도 인간이 식사를 할 만큼 충분히 잡는 것은 쉽지 않다. 또한 그 수많은 벌레 중 안전하지 않은 것을 골라내는 데 오랜 시간이 걸린다. 반면 큰 동물은 효율적일 뿐 아니라 안전을 확인하기 쉽다. 한 마리만 잡아서 먹어보면 된다. 그래서 마빈 해리스의 관찰처럼 최소한 생선 이상의 동물을 정기적으로 잡을 수 있는 문화권은 그것보다 작은 동물(벌레, 곤충)을 주식에서 제외하는 경우가 일반적이었다. 그리고 그 문화권이 지속됨에 따라 그 문화권의 사람들은 먹지 않는 것을 역겹다고 느끼게 되는 것이다.

즉, 역겹다는 감정은 본질적이지만 어떤 걸 보고 역겨움을 느낄지는 길러진다. 인간의 환경은 달라 보여도 비슷한 부분이 많기 때문에 역겨워하는 것도 크게 다르지 않다. 그러니 비합리적으로 보이는 행동, 미군들이 굶는 와중에도 벌레를 먹지 않았다거나 우리가 개똥 모양 초콜릿이나 소독한 바퀴벌레도 끔찍하게 여기는 것은 어찌 보면 당연한 것이라고 볼 수 있다. 우리는 생존을 위해 역겨움이라는 감정을 만들어낸 것이다.

공포라는 감정도 비슷하게 생각할 수 있다. 우리는 공포를 느낌으로써 생존력을 높일 수 있다. 위험하면 도망쳐야 살아남는다. 그런데 공포가 역겨움과 다른 것은 단지 피하는 것으로는 문제 해결이 안 되는 경우도 많다는 것이다. 그래서 인간은 또 다른 한 편에서 두려움을 선택적으로 극복해 나가는 것에서 희열을 느끼도록 진화해 왔다. 놀이공원이나 번지 점프, 공포 영화를 생각해 보라. 그 안에는 공포심이나 스트레스를 주는 요소가 많다. 하지만 사람들은 이를 스스로 극복하며 짜릿함이라는 즐거움을 맛본다. 퀘스트처럼 수행하고 완성하는 과정에서 희열을 느낀다.

게임도 마찬가지다. 게임 중독에는 임무를 완수하고 그로부터 보상을 받는 희열이 포함된다. 현실에서는 그런 상황을 만나기도 어렵지만, 그 정도로 임무를 완수하기도 어렵고 보상도 확실하지 않다. 공포를 피하려고 하는 1차 목적과 피한 이후 그 대상을 극복하는 2차 목적을 함께 가지고 있는 셈이다. 즉, 공포란 인간이 위기에서도 이겨나갈 수 있도록 진화한 감정이라 할 수 있다.

이렇게 하나하나 따지다 보면 우리가 느끼는 감정에는 다 그럴만한 이유가 있음을 알게 된다. 고도화된 사회에서 복잡한 상황들을 맞닥뜨리면서 우리는 복잡한 감정과 복잡한 사고를 하게 되었다. 그런데 그런 복잡함이 생기는 이유는 어쩌면 우리가 이 시대에 적응한 게 아니기 때문일 것이다. 과거의 것을 가지고 현대를 살아가려니 복잡해질 수밖에. 반대로 생각해서 만약 우리가 현대에만 적응했다면 현대의 문제를 쉽게 풀었을 것이고 우리의 감정은 훨씬 단순했을 거다. 그런데 감정이 단순했다면, 과연 인류가 이렇게까지 복잡하고 다양한 문화를 만들어낼 수 있었을까? 나는 아니라고 확신한다. 단순하면 생각할 필요도 없다. 그런 의미에서 원시 시대 우리 조상들이 우리에게 물려준 가장 위대한 유산이자 동시에 업보는 바로 우리의 마음이다.

과학적으로 밝혀진다고 해서 옳은 것은 아니다

진화 심리학은 크게 두 가지 비판에 시달린다. 하나는 결론이 이미 내려진 상황(현재)에 해석을 끼워 맞춘다는 것이다. 제대로 된 증거도 찾을 수 없는 시기를 추리하니 논리만 그럴듯하게 맞추면 실제로 그랬는지와는 무관하게 반증이 불가능한 경우가 많다. 과학은 반증을 통해 검증받아야 하는데, 그 부분이 어렵다 보니 실제로 아무 말 대잔치가 되는 경향이 없지 않다.

또 하나의 비판은 진화 심리학이 일부 인간의 잘못된 습성에 대해 면죄부를 제공해 준다는 것이다. 가령 바람을 피우는 행위라든지, 타 집단에 배타적인 성향이라든지, 나아가서는 전쟁 같은 범죄 등등, 진화 심리학을 평계로 삼으면서 "인간은 원래 그래"라는 변명거리를 만들어준다는 것이다. 하지만 이건 과도한 비판이라고 생각한다. 왜냐하면 진화 심리학은 인간에게 그런 측면이 있다고 말한 것이지, 그런 행동이 옳다고 한 건 아니니까.

몇 년 전부터 "범죄자에게 서사를 부여하지 말라"라는 표현이 자주 등장한다. 피해자의 입장에서 피해자의 입장을 더 많이 고려해야 한다는 이 말의 의미에 대해서는 충분히 동의한다. 하지만 범죄자에게 서사를 부여하지 말라니, 그러면 대체 어떻게 문제를 이해하고 수정할 수 있는가? 우리가 왜 러시아와 푸틴이 전쟁을 일으켰을까를 추적하고 추리하는 이유는 우리가 처한 상황을 이해하고 앞으로 전쟁이 일어나지 않기 위해 국제 사회가 어떤 방식으로 변화해야 하는지를 알기 위해서다. 마찬가지로 범죄자의 서사를 이해해야만 우리는 더 좋은 사회를 만들 수 있고, 범죄자를 교화할 수 있다. 만약 범죄자의 서사를 이해하려고 하지 않는다면, 우리가 할 수 있는 것은 단죄뿐이다. 누군가 잘못을 저지르면 득달같이 달려들어 목을 매달고 환호하는 거지. 속은 시원할지 모르겠지만, 그런 방식으로는 사회가 전혀 나아지지 않는다. 플레이어가 바뀌어도 게임은 계속된다. 해당 범죄자가 사라져도 범죄가 일어나는 환경은 그대로일 것이고, 곧 새로운 범죄자가 나타날 것이다.

진화 심리학은 우리가 하는 잘못된 행동의 많은 부분을 설명해 준다. 예를 들어 사람들은 자신과 모습이 다른 이들을 타자화하고 배타적으로 군다. 동물, 다른 성별, 다른 인종, 외국인, (비장애인이라면)장애인, 등등. 그런데 이런 배타성은 진화심리학적으로 보자면 매우 자연스러운 행동이다. 야생에 살기 위해서는 판단력이 필수적이다. 적인지 아군인지, 안전한지 위험한지, 먹을 수 있는지 없는지를 제대로 판단해야 살 수 있다. 판단은 분류 능력이다. 종속과목강문계로 생물을 분류하는 린네Linne 분류법은 근대 과학이 이룬 쾌거지만, 전 세계 어느 문명에도 이와 비슷한 형태의 생물 분류법이 존재한다. 아기들은 네 살만 되어도 개와 고양이를 정확히 구분한다. 이게 얼마나 대단한 능력이냐면 십여 년 전까지만 해도 슈퍼컴퓨터도 개와 고양이를 제대로 구분하지 못했다.

그럼 판단만 하면 되느냐? 더 중요한 건 스피드다. 포식자가 다가올 때 포식자라고 정확히 판단해도 늦으면 이미 우리는 죽고 없다. 설혹 잘못 판단할지언정 절대 늦으면 안 된다. 우리는 그렇게 진화했다. 보는 즉시 개와 고양이를 구분하고 호감이 가는 사람과 아닌 사람을 구분한다. 그러니까 거칠게 말하자면 우리는 편견 덕에 살아남을 수 있었다. 그래서 편견을 갖지 말자고 아무리 말해도 모두 편견을 갖는 것이다. 그리고 편견은 곧 차별을 불러온다.

하지만 타인을 타자화하는 본성이 우리에게 있다고 해서 그로 인한 차별이 정당화되지는 않는다. 과학은 옳은 것을 정하는 게 아니라 그냥 있는 사실을 밝히는 것뿐이다. 차별하는 사람들은 언제나 자신이 특정 기준으로 단순하게 차별하는 것은 아니라고 항변한다. 차별에는 언제나 그럴듯한 이유가 있다. 본인은 그것이 논리적인 판단에 따른 것이라 믿어 의심치 않겠지만, 때때로 우리의 이성은 감정의 하위 도구로 전락함을 잊어서는 안 된다. 첫인상에 싫어하는 감정이 생기고 나면, 이성이라는 일꾼은 이 감정을 뒷받침하기 위해 어떻게든 논리적인 이유를 찾아낸다. 그리고 마치 그 이유 때문에 혐오를 하는 것처럼 스스로를 정당화한다. 그렇기에 20세기 초반 우생학도 과학의 이름으로 합리적으로 진행될 수 있었다.

세상 모든 혐오에는 이유가 있다. 하지만 그렇다고 그 혐오가 정당한 것은 아니다. 이성을 제대로 쓰기 위해서는 원리를 알아야 한다. 만약 내가 이민자를 혐오하게 되었다면, 그건 내 본성에 내재된 공포, 나의 편견과 관련이 있을 수 있다. 진화심리학은 이런 고민을 할 수 있게 만들어준다. 우리는 우리의 본성을 이해하면서 우리가 배척하는 이들과 더 나은 관계를 모색할 수 있다.

인간은 이기적이고 역사에는 많은 어두운 면이 존재한다. 하지만 이기적이라는 인간은 결국 노예제를 폐지했고, 아동 노동을 없앴으며, 독재자를 몰아내고, 파시즘을 물리쳤다. 이렇게까지 거창하지 않아도 좋다. 우리가 각자의 감정과 이유를 이해하려고 한다면, 그 이해가 옳든 그르든 간에 세상이 조금은 더 평화로워지지 않을까 하는 나이브한 생각을 해본다. 적어도 인터넷 세상은 조금 조용해지겠지.

이 글을 읽는 독자 중 일부는 특정 사건이나 특정 정치인, 특정 정치 집단을 떠오릴지도 모르겠다. 물론 나는 그들을 의도하고 이 글을 쓴 것이 맞지만, 그들뿐 아니라 우리 모두가 그런 측면을 가지고 있다. 그 혐오하는 이들을 혐오하고 있을 당신에게도 해당되는 말이다. 모든 감정에는 이유가 있다.

2022년 3월

무조건 살 빠지는 세계의 도래

살이 확실히 빠지는 약이 있다면 투약하겠는 가? 얼마나 빠지냐고? 20퍼센트 이상. '지방의 20퍼센트'니 하는 꼼수 말고 전체 몸무게의 20퍼센트, 그러니까 당신이 60킬로그램이라면 48킬로그램이 되고, 100킬로그램이라면 80킬로그램이 되는 것이다. 식욕을 참을 필요도 없고 운동을 할 필요도 없이 꿈의 몸무게를 이룰 수 있다. 평소 체형 관리를 위해 영화 〈위플래쉬〉의 스승처럼 자신을 학대하고 있었다면 이 약으로 그 악몽에서 벗어날 수 있다. 그리고 더 좋은 건 요요도 없다. 요요가 없다니, 요요가 없다니, 여러분 요요가 없답니다!

여기까지 읽고도 혹하지 않았다면, 아마 당신은 한 번도 과체중으로 스트레스를 받아본 적이 없는 사람일 게다. 축복받은 유전자를 타고났음을 축하한다. 하지만 아마도 당신을 제외한 대다수는 이 말에 혹했을 것이다. 그리고 그중 몇몇은 약 이름을 알기 위해 마지막 쪽을 이미 들춰 봤겠지.

식이 요법만으로 살 빼던 시대의 이야기

다이어트의 역사는 아주 오래됐다. 고대 그리스나 로마 시대에도 상류층 일부는 체중 감량을 위해 운동과 식이 조절을 했다. 지금의 미적 기준을 공격할 때 "과거에는 미의 기준이 달랐다", "풍만한 사람이 인기가 많았다"라는 식의 말을 많이 한다. 물론 미의 기준이 다르긴 했다. 하지만 기준은 존재했고, 특정 시기, 특정 지역에서 풍만한 체형을 좋아했다고 하더라도 과도하게 뚱뚱한 걸 좋아하는 경우는 드물었다. 그러니 백성의 과반수가 굶주리던 시대에도 상류층에게는 다이어트가 늘 중요한 이슈였다. 특정 음식(식물)이 다이어트에 도움이 된다고 하면 매진이 되기도 하고 정체불명의 민간요법이 살이 빠진다고 알려져 오히려 건강을 해치는 경우도 왕왕 있었다.

하지만 이런 귀여운 수준의 다이어트를 넘어 케미컬한 약이 처음으로 등장한 것은 20세기에 들어서다. 미에 대한 욕망이 과거보다 더 강해졌다기보다는 그럴만한 기술과 환경이 갖춰진 것이다. 도시화 이후 비만 문제가 심각해지기도 했고.

엔그램 뷰어를 통해 1900년대 이후 출간된 서적에서 비만과 기아가 언급된 비율을 비교한 그래프다. 기아는 생각보다

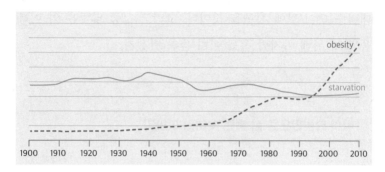

1900~2010년 비만(obesity)과 기아(starvation)가 언급된 비율. 출처: 구글 엔그램 뷰어

비율이 크게 떨어지지 않았지만, 비만에 대한 언급은 20세기 후반부터 폭발적으로 증가했음을 확인할 수 있다. 언급이 많이 됐다는 건 결국 관심이 많아졌다는 의미다. 잘 먹고 잘살게 됐다는 뜻이지. "아직도 세계의 절반은 굶주리는데, 이 무슨 이기적인 행태냐……"라고 말하는 건 태곳적 이야기고, 이제는 비만으로 사람들이 죽어가고 있다. 세계보건기구World Health Organization, WHO는 1997년 일찌감치 비만을 질병으로 규정했다.

WHO는 체질량지수(BMI)*를 기준으로 25~29.9는 과체중, 30 이상을 비만으로 분류한다. 반면 대한비만학회는 23~24.9가 과체중, 25~29.9는 비만, 30 이상은 고도 비만으로 분류한다. 한마디로 외국에서는 과체중인 사람이 한국에서는 비만으로 분류된다. 대한비만학회는 "아시아인이 백인이나 흑인에 비

---

*   자신의 몸무게를 키의 제곱으로 나눈 값이다. 예를 들어 키가 178센티미터이고 몸무게가 63킬로그램이라면 $63/1.78^2 = 19.88$이 된다.

해 비만 유발 질병에 더 치명적"이므로 보수적으로 잡았다고 하는데 근거가 명확하지 않아 논란이 있다. 참고로 WHO는 인종에 따라 비만 양태가 큰 차이가 없다고 말한다. 나도 전문가가 아니라서 누가 맞다고 말을 못 하겠지만, 아무튼 한국인이 말랐는데 살쪘다고 말하는 건 개인이나 전문가나 똑같은 셈.

그럼 비만은 신체에 어떤 영향을 줄까? 지난 45년간 전 세계에서 발표된 논문 239개의 결과를 평균 내보면, 비만인 사람들은 정상 범위의 체중을 가진 사람보다 평균 1년 정도 수명이 짧고, 고도 비만인 사람들은 3년 정도 짧다고 한다. 여든이나 여든셋이나 어차피 거기서 거긴데 '맘껏 먹다가 죽어야지'라고 생각하는 건 젊어서 하는 소리고, 그 나이가 되면 생각이 바뀐다고 한다. 그리고 단순 수명이 문제가 아니라 살아 있는 동안에도 힘들게 살아야 한다.

몸이 무거워지면 일단 지구력, 유연성, 순발력이 떨어진다. 고혈압, 당뇨 등 각종 성인병을 동반할 확률도 높고, 무게로 인해 디스크와 관절염, 골다공증 같은 질병에 걸리기도 쉽다. 성기가 살에 파묻혀 작아지고 쾌감도 줄어들며 성기능 장애가 발생할 수도 있다. 그 외에도 비만은 열거하기 어려울 정도로 많은 질병의 직간접적인 원인이다.

무엇보다 현대인들은 비만을 아름답지 않다고 생각한다. 20세기 후반이 되면서 건강에 나쁘다는 사실이 속속 밝혀진 이후에는 이런 경향이 더 강해졌다. 뚱뚱한 사람을 비난하고 싶지만, 외모 지적일까 봐 참고 있었는데, 건강이라는 너무 훌

룽한 평계가 생긴 것이다. 뚱뚱한 것이 일종의 잘못, 악이 되어버렸다.

"뭐라고 하는 게 아니라 네 건강이 걱정돼서 하는 소리야."

선하디 선한 한국 사람으로서 이를 용납할 수 없지. 2020년 기준 한국의 비만율은 우리나라 기준으로 38.3퍼센트로 언뜻 매우 심각해 보이지만, 앞에서 말한 국제 표준에 대입하면 5.9퍼센트밖에 안 된다. OECD에서 두 번째로 낮은 순위로, 1위인 미국이 40퍼센트고 평균이 30퍼센트에 육박하니, 한국의 비만율은 준수하다 못해 탁월한 수준이라 하겠다. 물론 그러거나 말거나 한국인 둘 중 한 명은 자신이 살을 빼야 한다고 말하겠지만. 얼마 전 오랜만에 만난 친구가 다이어트를 한다고 하길래 "너 10년 전에도 다이어트하지 않았어?"라고 물었더니 이렇게 답했다.

"다이어트는 평생 하는 거야."

이런 분위기니 다이어트와 관련된 산업이 얼마나 많겠는가? 다이어트에는 1도 관심 없는 나 같은 사람도 인터넷에서 다이어트 광고를 보는데, 다이어트를 조금이라도 검색한 사람이라면 아마 다이어트 광고로 인터넷이 도배되지 않을까 싶다.

마약을 하거나 더럽거나

다시 약 이야기로 돌아가자. 여기서 약은 의사 처방을 받아서 사용하는 비만 치료제로, 가볍게 먹는 건강기능식품은 제외하도록 하겠다. 건강기능식품은 '약'이 아니니까. 약이 아니라고 건강기능식품이 꼭 무의미하다는 뜻은 아니지만, 안타깝게도 상당수는 별 효과가 없다.

그럼 공식적인 비만 치료제에는 어떤 것들이 있을까? 사람들의 관심이 많은 만큼 제약사들도 열심히 일을 하다 보니 현재 처방되는 비만 치료제 종류만 수백 종에 이른다. 다만 이들을 효과로 묶어보면 크게 두 가지로 정리할 수 있다. 하나는 음식을 안 먹게 하는 것이고, 다른 하나는 먹어도 흡수되지 않게 하는 것이다.

먼저 안 먹게 하는 계열. 흔히 식욕억제제라고 한다. 국내에 허용된 식욕을 억제하는 성분으로는 펜터민phentermine, 펜디메트라진phendimetrazine, 디에틸프로피온diethylpropion, 마진돌mazindol, 로카세린Lorcaserin 등이 있는데, 굳이 이름을 외울 필요는 없다(앞으로도 다수의 학술 용어가 나오는데, 그냥 그러려니 하고 읽으면 된다). 이런 약들은 대부분 각성제에 속하는데, 각성제를 흡입하면 일시적으로 배고픔이 사라진다. 또한 피를 빨리 돌게 하면서 활동성이 올라가고 대사를 촉진해 운동 효율을 높인다. 여러 방면에서 살 빼는 데 유리하다. 카페인과 비슷하다고 생각하면 된다. 하지만 커피 좀 마신다고 우리의 불타오르는 식욕과 게으름이 얼마나 사라지겠는가. 그러니 식욕억제제는 카페인보다 훨씬 강력한 각성 효과를 갖고 있어야 한다.

그런데 문제가 있다. 우리는 이렇게 강한 각성제를 흔히 마약이라고 부르거든. 코카인, 히로뽕, 암페타민 같은 향정신성의약품이 대표적인 각성제다. 영화에 등장하는 마약 중독자들이 밥도 안 먹고 마약을 하는 건 마약에 미쳐서이기도 하지만, 마약을 하게 되면 실제로 허기를 잘 느끼지 않기 때문이기도 하다. 물론 비만 치료제로 이렇게 강력한 약물을 처방하진 않지만 암암리에 이런 마약을 다이어트 약으로 쓰는 사람들이 있는 것으로 알고 있다. 살을 빼는 데는 확실히 효과가 있긴 할 텐데, 인생 역시 망치게 되므로 권장하는 방법은 아니다.

아무튼 식욕억제제는 분명 다이어트에 도움이 된다. 각성제 외에도 식욕억제제 성분이 몇 가지 더 있는데, 대부분 중추 신경에 영향을 줌으로 비슷한 결이라고 봐야 한다. 그런데 허용이 되든 안 되든 효과만 보면 마약이다. 소량 복용만으로도 신체 균형이 깨질 수 있고, 흥분과 긴장 등 정신적인 문제가 발생할 수 있다. 지속적으로 복용할 경우 신체적 피해도 크고 중독의 위험도 있어 복용 대상과 기간이 제한적이다. 당연히 청소년 복용도 어렵다.

두 번째는 먹고도 흡수가 안 되게 하는 것. 흔히 지방흡수억제제라고 하는데, 정확히는 지방분해효소억제제다. 제품은 다양한데, 들어 있는 성분은 올리스타트orlistat로 모두 동일하다. 올리스타트는 지방을 분해하는 효소인 리파아제를 억제해 중성 지방이 지방산으로 분해되어 장 내로 흡수되는 것을 차단한다. 그러면 흡수되지 못한 지방이 몸 밖으로 배출된다. 섭취하는 지방의 30퍼센트 정도가 이렇게 몸 밖으로 그냥 빠져나간다. 한마디로 먹는 것에 비해 살이 덜 찌게 된다.

맘껏 먹고 살이 안 찐다니 꽤 그럴싸하게 들리는데, 살빼는 게 그렇게 호락호락하지 않다. 지방분해효소억제제를 복용하면 지방과 함께 몸에 흡수되는 지용성 비타민도 흡수되지 않기 때문에 보충제를 추가로 섭취해 줘야 한다. 또한 부작용으로 장이 일상적으로 안 좋아진다. 지방이 소화가 안 되기 때문에 변이 기름에 둥둥 뜬 느낌으로 나온다. 속이 부글거리고 복통이 잦아지며 화장실을 자주 가야 한다. 심하면 변실금이 오기도 한다. 아주 단순하게 말하면 살을 잃는 대신 더러움을 획득하는 거지. 둘 중 뭐가 더 나쁜지는 개인이 선택하면 된다. 그래도 각성제보다는 그나마 부작용이 덜 치명적이라 할 수 있다.

그러니까 이제까지 나온 비만 치료제는 살을 빼기 위해서 마약을 하거나 더러움을 획득해야 한다. 그런데 그렇게 해서 얻는 효과는 (약물이나 개인에 따라 차이가 있지만) 평균 5퍼센트 정도다. 100킬로그램이면 95킬로그램이 되고, 60킬로그램이면 57킬로그램이 되는 정도다. 그리고 많은 경우 이 효과는 약을 복용하는 중에만 적용된다. 그러니까 1년 동안 약을 먹어서 살을 빼도 약을 끊으면 요요가 온다. 요요가 오지 않으려면 꾸준한 식습관 관리와 운동을 병행하고……. 선생님, 그걸 할 수 있으면 제가 왜 약을 먹겠어요? 살 빠진 걸 유지하기 위해서는 약을 계속 복용해야 하는데, 하나는 마약이고, 하나는 더럽다. 흠…… 모르겠다. 물론 비만인 사람들은 몸무게를 1킬로그램이라도 빼면 좋긴 하겠지만, 앞에서 언급한 단점을 고려했을 때 그렇게까지 매력적으로 느껴지지는 않는 수치…… 라고 나는 생각하지만, 그래도 이 약들은 전 세계적으로 불티나게 팔리고 있다. 그렇다면 만약 더 완벽한 약이 나온다면 초특급 대박이 나지 않을까?

새로운 세계로 오신 걸 환영합니다!

그리고 바로 그 꿈의 약이 나왔다. 세마글루타이드semaglutide, 상품명은 위고비Wegovy, 제약 회사 노보 노디스크Novo Nordisk에서 만들었다. 원래는 당뇨병 치료제로 개발됐으나 다이어트에 탁월한 효과가 있는 것으로 밝혀졌다. 협심증 치료제를 만들다 개발된 비아그라와 비슷한 경우라 보면 된다. 차이라면 비아그라의 발기 부전의 효과는 뒷걸음치다 얻어걸린 것인 반면, 당뇨병 치료제는 기존에도 비만 치료제로 사용된 경우가 있어 처음부터 연관성이 있었다는 것 정도다. 그래서 비아그라는 정작 협심증에는 별 효과가 없지만, 세마글루타이드는 당뇨에도 특효약이다. 당연히 당뇨병 치료제로 더 먼저 출시됐다. 해당 제품의 이름은 오젬픽Ozempic이고 위고비는 이름만 바꿔서 비만 치료제로 출시한 제품이다.

당뇨는 이름 그대로 소변에 당(포도당)이 섞여 나오는 질병이다. 당이 섞여 나온다는 건 혈액 내 포도당을 붙잡아두는 호르몬인 인슐린이 제대로 분비되지 않는다는 의미다. 그래서 당뇨병에 걸리면 먹어도 살이 잘 찌지 않고 에너지도 금세 떨어진다. 당과 함께 수분도 빠져나가므로 물도 많이 먹게 되고 화장실도 자주 간다. 이 정도까진 큰 문제가 아니라고 생각할 수도 있는데, 경과가 조금만 지나도 눈이 침침해지고 손발이 저려온다. 혈관 속 당 농도가 높다 보니 만성이 되면 동맥경화 등 혈관에 심각한 문제가 발생하며, 급성으로 오면 사망할 수도 있다.

가벼운 당뇨는 운동과 식이 요법을 통해 조절이 가능하다. 하지만 심각한 경우라면? 별수 있나 약을 써야지. 인슐린이 적어서 벌어지는 일이니 인슐린을 정기적으로 투약해야 한다. 인슐린의 대표적인 부작용은 살이 찐다는 것이다. 이건 사실 부작용이라고 하기도 뭣한 것이, 인슐린이 포도당을 붙잡아서 인체에 흡수하니 당연히 살이 찌지 않겠는가. 하지만 체중이 느는 것은 현대인에게 딱히 바람직한 상황이 아니다. 또 다른 심각한 부작용은 저혈당인데, 인슐린을 투약한 상태에서 식사량이 부족하거나 격한 운동을 하면 발생할 가능성이 높다. 그러니 안 그래도 살이 찌는데, 밥도 많이 먹어야 하고 격렬한 운동도 못 하니 살이 더 찌는 거지.

그래서 인슐린 외에 다른 당뇨병 치료제도 만들어지고 있다. 대표적인 것인 인크레틴incretin을 이용하는 것이다. 우리가 음식을 섭취하면 장에서 인크레틴이라는 호르몬이 분비되는데, 이 호르몬은 인슐린 분비를 촉진한다. 그러니까 인크레틴을 잘 이용하면 체 내에서 인슐린이 자연스럽게 생성되게 만들 수 있다. 신약은 이 방식을 택했다. 인크레틴 중 GLP-1이라는 호르몬이 있는데, 신약은 이 GLP-1을 대체한다. 약이 신체로 들어가면 인슐린 분비를 촉진해 당뇨를 완화시키는 방식이다. 그런데 원래 인크레틴은 음식을 먹었을 때 분비되는 호르몬이다. 그렇다 보니 이 호르몬이 분비되면 식욕이 떨어지게 된다. 다만 우리 몸속에 인크레틴은 지속 시간이 짧아서 실제로 음식을 먹은 직후에만 포만감을 느낀다. 반면 GLP-1 유사체인 세마글루타이드는 지속 시간이 길다. 일주일에 한 번만 주사를 맞으면 항상 포만감이 있는 셈이다. 당연히 비만 치료에도 효과적이다.

그럼 효과는 어느 정도냐? 임상 시험에서 69주 관찰한 결과 체중이 평균 14.9퍼센트 줄었다. 기존 약이 5퍼센트 정도 살이 빠졌으니 3배 정도 효과가 좋은 셈이다. 도입부에서 20퍼센트라고 하지 않았느냐? 과장한 거냐? 하시는 분이 계실 텐데 좀 기다려보시라.

제약 회사 일라이 릴리 앤드 컴퍼니Eli Lilly and Company가 개발해 상품화를 앞두고 있는 티르제파타이드tirzepatide(상품명 마운자로Mounjaro)의 경우 임상에서 15밀리그램을 72주 투약했을 때 평균 22.5퍼센트의 체중 감량을 기록했다. 전체의 96.3퍼센트가 5퍼센트 이상 감량에 성공했고 20퍼센트 이상 감량한 인원도 62.9퍼센트에 달했다. 티르제파타이드는 GLP-1뿐 아니라 인크레틴 속 또 다른 호르몬인 GIP까지 이중 작용을 해 효과를 극대화했다.

인크레틴 방식이라고 다 좋기만 하겠냐. 효과가 좋은 만큼 부작용도 크겠지…… 하고 생각하는 것이 지극히 상식적이다.

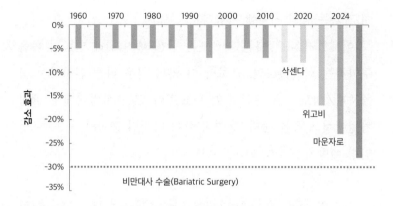

위고비의 등장 이후 판도가 바뀌고 있는 비만 치료제 효과. 출처: 미래에셋증권 리서치센터

어떤 부작용이 있느냐. 일단 소화 기관에 영향을 주어 설사나 변비가 나타나는 경우가 있으며 구토와 메스꺼움을 느끼는 사람도 있다. 갑상선 환자와 이와 관련한 가족력이 있는 경우는 사용이 제한되며, 그 외에도 위통, 두통, 피로, 소화 불량, 어지러움이 생길 때도 있다. 복용한 이의 경험에 따르면 전반적으로 음식을 너무 많이 먹었을 때 포만감을 넘어 불편함이 느껴질 때가 있는데, 이와 비슷하다고 한다. 약의 작용을 생각해 보면 그럴듯한 설명이다.

하지만 이 정도 부작용은 앞에서 설명한 다른 비만 치료제에 비하면 애교 수준이다. 투약 효능이 거의 지방을 도려내는 비만 대사 수술과 맞먹는데, 수술 후유증을 고려해 보면 부작용이라는 말조차 사치스러울 정도다. 약이 나온 지 얼마 되지 않았으니 향후 심각한 부작용이 발견될 여지가 있지만 지금까지 결과는 꿈의 신약에 가깝다.

이제까지 나온 다른 치료제는 살을 빼기 위해 일종의 독을 투약하는 식이었다면, 오히려 이 약의 경우 다른 건강까지 잡아준다. 당뇨병을 개선하고, 당뇨병이 없는 사람에게도 예방 차원에서 도움을 준다. 당연히 살이 빠지면 고혈압 등 다른 성인병 예방에 도움이 된다.

그러면 이제 이 약을 다이어트로 고생하는 세상 모든 사람들에게 보급하면 되지 않냐고? 그러기에는 사소한 문제가 몇 가지 있다.

먼저 주사형이라는 것이다. 주 1회 스스로 주사를 놔야 한다. 병원에서 맞는 주사기처럼 침이 길지 않아 어렵지는 않지만 아무래도 경험이 없는 사람이 하기에는 큰 부담이다. 먹는 약으로 만들면 되지 않냐 생각하겠지만, 이게 간단하지가 않다. 호르몬은 대부분 단백질로 이루어져 있는데, 단백질은 각종 소화 효소에 의해 아미노산으로 분해되어 소화 기관에서 다 흡수된다. 흡수된 에너지는 몸 이곳저곳에 가서 일을 할 테지만 원래의 형태로 돌아가서 약리 작용을 일으키진 않는다. 돼지 껍질에 콜라겐(역시 단백질)이 많다고 아무리 먹어봐야 피부가 좋아지지 않는 것과 마찬가지다. 하긴 하루에 한 번 주사를 맞아야 하는 삭센다Saxenda(위고비 이전 버전 다이어트 약)도 날개 돋친 듯 팔려나가는 마당에 주 1회 주사 정도야 큰 약점도 아니지. 그리고 또 하나의 문제는 약을 끊으면 몸무게가 원래 상태로 돌아간다는 점이다. "앞에서 요요 없다고 했잖아, 이 거짓 말쟁이야"라고 하실 텐데 요요는 없다. 계속 약을 투약하기만 한다면 말이지. 그러니까 빠진 몸무게를 유지하려면 이 약을 비타민이나 영양제처럼 평생 챙겨야 한다. 소비자 입장에서는 정말 슬픈 일이지만, 매주 돈을 벌어들이는 제약사 입장에서야 거대한 빨대의 탄생인 셈이지.

조금 더 사소하지만 중요한 문제가 하나 있는데, 그건 뒤에서 따로 다루도록 하자. 아무튼 2021년 위고비는 정식 출시와 동시에 폭발적으로 팔려나갔다. 입소문은 이미 임상 때부터 나 있었기에 출시와 동시에 오픈런open run이 벌어졌다. 아래 그래프의 '비만 치료제 처방 건수'를 보면 등장과 함께 위고비의 처방이 치솟은 걸 볼 수 있다. 이상하게 2022년에 처방 추세가

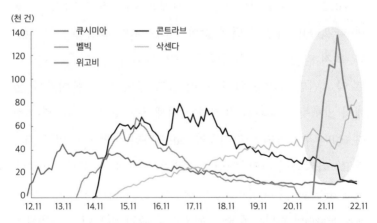

위고비 등장 이후 기록적으로 판매되다가 2022년 생산량 부족으로 판매량이 떨어지자 이전 모델인 삭센다의 판매량이 오히려 증가했다. 출처: 미래에셋증권 리서치센터

하락하는데, 이는 인기가 없어서가 아니라 물량 부족 때문에 벌어진 현상이다. 보통 신제품이 나오면 구제품은 판매가 떨어지는데, 위고비가 구하기 어려워지자 그 하위 버전인 삭센다의 판매도 함께 올라가는 기현상을 확인할 수 있다. 제조사인 노보 노디스크가 2023년부터 위고비의 생산량을 확대하고 해외 판매도 시작한다고 하니 판매량이 고점을 칠 것이 사실상 확정됐다고 하겠다.

감사합니다, 고객님

이제 가장 중요하지만 사소한 이야기를 하려고 한다. 그래서 이 꿈의 신약이 대체 얼마냐?

2022년도 위고비의 1년 치 가격은 1만 7597달러였다. 한화 약 2300만 원. 한 달 약값이 거의 200만 원이나 드는 셈이다. 최저 임금 노동자의 월급을 꼬박 넣어야 살 수 있는 다이어트 약. 1년만 내라고 하면 눈 딱 감고 낼 수 있는 돈이지만, 앞에서 말했듯이 효과를 유지하기 위해서는 투약을 계속해야 한다. 10년 투약하면 약값이 2억, 50년 하면 10억…… 너무 비싸다고? 좌절진 마라. 여러분을 위해 저렴한 버전도 존재한다. 삭센다는 한 달 비용이 70만 원밖에 안 한다(참고로 이 친구도 계속 투약해야 한다). 효과는 위고비의 절반 정도이고 매일매일 주사를 맞아야 하는 불편함이 있지만, 그래도 살은 빠진다. 그게 힘들면 130만 원 추가로 더 내는 거고.

이 도둑×의 새×들, 하고 욕하고 싶지만, 물건이 없어서 못 판다는데 누가 뭐라고 하겠는가. 오히려 저렴한 가격인 거지. 효과가 더 좋은 티르제파타이드(마운자로)는 더 비싼 가격이 책정될 것이다. 제약 회사가 신약을 만들고 비싼 금액을 받는 건 어쩔 수 없는 측면이 있고 충분히 이해는 간다.

하지만 어른들의 사정과 별개로 높은 가격을 바라보는 사람들의 심경은 복잡하다. 21세기의 비만은 가난의 병이다. 경제적 여유가 있어야 좋은 음식을 먹고 몸을 가꿀 수 있다. 그건 이 약이 등장하기 전부터 그랬다. 하지만 이 약이 등장했으니 앞으로 그 격차는 더 벌어질 것이다. 앞에서 말했듯이 비만이라는 요소 하나로만 평균 수명이 3년 가까이 차이가 난다. 그런데 앞으로는 돈만 있으면 비만에 걸리지 않는다. 단순히 걸리지 않을 뿐 아니라 건강 상태도 더 좋아진다. 돈은 많은데 다이어트가 걱정이라면 이 약을 처방받지 않을 이유가 없다.

이 약은 곧 외모가 중요한 경쟁력인 셀러브리티의 필수품이 될 것이다. 킴 카다시안Kim Kardashian과 일론 머스크Elon Musk는 이미 위고비를 투약하고 있다고 자신의 소셜미디어에 인증했다. 가격이란 늘 상대적이다. 그들이 평소에 다이어트에 쓰는 비용을 상상해 보면 이 약은 오히려 가성비 제품이라 할 수도 있다. 이 제품의 명성은 곧 소셜미디어를 타고 모두에게 퍼질 것이다. 곧 셀럽도 아닌 일반인의 간증도 쏟아질 것이다. 이제 곧 '비만＝무능력한 사람'이라는 공식이 완벽히 성립하게 될 것이다. 돈만 있으면 비만을 해결할 수 있으니 뚱뚱한 사람은 무능력한 것이란 걸 외형적으로 드러내는 셈이다. 구입할 여유가 없는 사람은 살찐 것도 짜증 나는데, 약도 못 먹으니 더 깊은 우울에 빠지겠지.

물론 사람들이 걱정하는 이런 디스토피아가 갑자기 도래하진 않을 것이다. 경쟁 제품이 나오면 가격은 기존보다 떨어질 것이고, 십여 년 뒤에 특허가 풀려서 복제 약이 나오면 한 번 더 가격이 빠질 것이다. 그때가 되면 최저 임금 생활자도 접근 가능한 약이 될 것이다. 지금도 그러하듯이 우리는 저가 제품으로 흉내 내면서 가랑이 좀 찢어지면 된다. 하지만 격차는 그렇게 차근차근 벌어진다. 왜냐하면 그때가 되면 또 다른 신약과 제품이 나와 더 비싸게 팔릴 거거든. 돈만 내면 주름이 펴지고, 머리가 나고, 무릎이 튼튼해지고, 치매가 더 늦게 오고…… 그런 식으로 우리가 사야 할 것들이 하나하나 늘어나겠지. 아이폰32도 사야 하고.

이제 사회적인 고민을 해봐야 한다. 전 세계의 어느 훌륭한 정부는 이미 논의하고 있지 않을까 싶다. 그럼 이 다이어트 약은 보험 적용이 되어야 하는가? 비만은 분명 질병이고 시민의 건강에 중요한 부분이다. 그리고 앞으로 더 심각해질 것이 뻔하다. 또한 성인 비만보다 더 무서운 것이 소아와 청소년의 비만이다. 성장기에 비만이 되면 체질 자체가 변해 바로잡기 어렵다. 당연히 정부에서도 이를 손 놓고 있을 수만은 없다. 오바마 정부 시절 미국은 학교 급식을 건강한 식재료로 개선하고 운동을 권장하는 등의 모범 방안을 채택했다. 하지만 안타깝게도 상황은 전혀 개선되지 않았다. 비만을 잡으려면 생활 패턴 자체를 바꿔야 하는데, 정부가 그걸 어떻게 단번에 이루겠는가? 아이들의 비만율은 그사이 점점 더 올라가고 있다. 이런 상황이다 보니 미국 정부는 청소년들에게 비만 치료제를 투약할 것인지 진지하게 고민하고 있다. 이에 발맞추기라도 한 듯 위고비는 청소년 대상 임상시험을 진행해 효과를 입증하고 부작용이 적음을 과시했다. 과거 약들은 부작용으로 인해 청소년의 사용이 제한됐지만, 신약들은 기전에서 알 수 있듯이 그런 부담도 적다.

그렇다면 결국 비만 치료제도 국가가 국민건강보험을 통해 약을 값싸게 제공해 줘야 하지 않을까? 이제 비만이 단순히 개인 외모에 대한 문제라고 넘겨버릴 때는 지난 것 같다. 하지만 이게 그렇게 단순한 문제인가 하는 걱정이 속에서부터 스멀스멀 올라온다. 세금으로 다이어트 약을 사준다는 것이 불쾌한 것을 보니 나는 역시 옛날 사람이다. 왠지 외모지상주의를 공식적으로 인정하는 것 같아 불편하단 말이지.

아무리 고민해도 결론을 내릴 수 없어 모르는 것이 없다는 (모르는 건 지어내서라도 알려주는) 챗GPT옹에게 한번 물어봤다.

Q. 완벽한 다이어트 약이 나온다면 의료 보험으로 지원해야 할까?

A. 만약 완벽한 다이어트 약이 개발되어 의료 분야에서 사용이 가능하다면, 그것이 의료 보험으로 지원되어야 할지 여부는

논란의 여지가 있습니다.

다이어트는 건강을 지키기 위한 중요한 요소 중 하나이며, 비만과 같은 문제는 많은 건강 문제를 야기할 수 있습니다. 따라서 다이어트 약이 건강에 긍정적인 영향을 미치고, 많은 사람들에게 효과적인 것으로 입증된다면 의료 보험으로 지원하는 것은 그만 한 가치가 있을 수 있습니다.

그러나 이에 대한 문제점도 있습니다. 예를 들어 다이어트 약이 의료 보험으로 지원된다면 불필요한 처방이나 오용이 발생할 가능성이 있습니다. 또한 다이어트 약은 다양한 부작용을 일으킬 수 있으므로 그 효과와 부작용의 균형을 고려해야 합니다. 따라서 만약 완벽한 다이어트 약이 개발되어 의료 분야에서 사용 가능하다면 그것이 의료 보험으로 지원되어야 할지 여부는 의료 전문가들과 정책 결정자들이 신중하게 평가해야 할 문제입니다.

흠…… 논리적인 답변처럼 읽히지만, 뭔가 하나 마나 한 말을 하고 있다는 느낌이 드는데 아무튼 그렇다고 한다.

우리가 결정을 내리지 못하면, 정치인들이 이 이슈를 정치에 적극적으로 활용할 수도 있다. 지난 대선 당시 민주당 이재명 후보는 탈모 치료제의 건강보험 적용 확대를 공략으로 내걸고 관련 홍보 영상도 찍었다. 대통령 후보가 내기에는 좀 사소한 공략이었지만, 대중에게 먹히는 주제였다. 탈모제가 그 정도인데 비만 치료제는 더 먹히지 않을까? 그런 정책이 옳다,

그르다는 게 아니라 그렇게 될 게 뻔하다는 거다.

　나는 진심으로 이 약에서 심각한 부작용이 발견되어 전 세계에 판매가 금지되었으면 하는 소박한 바람을 가지고 있다. 하지만 설령 그렇다고 한들 또 다른 신약이 나오는 건 시간문제일 뿐이다. 다이어트 약 외에도 앞으로 새로운 무언가가 등장해 우리의 수명을 늘리고 건강하게 만들 것이다. 그것이 인류에게 축복이 될지, 불행이 될지는 지나봐야 알겠지. 어쩌면 우리는 가짜 다이어트 약들이 판쳤던 과거를 그리워하게 될지도 모른다. 하지만 우리가 아무리 옛날 노래를 들어도 인류의 방향은 미래로 정해져 있다.

　그래서 결론은 (제목에서 언급했듯이) 무조건 살 빠지는 세계에 온 걸 환영한다. 물론 그 앞에는 ('돈만 있다면'이라는) 전제가 있지만. 뭐 일단은.

　추신. 안타깝게도 이 글은 광고가 아닙니다.

2023년 3월

혹시 연재 당시에 내 글을 읽고 다이어트 약 대신 제약사 일라이 릴리 앤드 컴퍼니의 주식을 산 분이 있을지 모르겠다. 그랬다면 부럽다. 일라이 릴리 앤드 컴퍼니의 주식은 그사이 2배가 됐고, 신약 마운자로는 내 바람과는 달리 FDA에 승인을 받고 정식 출시됐다. 마운자로는 곧 다이어트 약으로도 출시됐다. 제품명은 젭바운드Zepbound. 벌써 잊은 분이 있을까 봐 덧붙이자면 이 꿈의 신약들은 원래 당뇨병 약으로 출시됐다가 포장지만 바꿔서 다이어트 약으로 나왔고 당연히 폭발적으로 팔려나가고 있다. 나도 글 따위 쓰지 말고 주식을 살걸 그랬나 보다. 아는 척만 했지 한 게 없어.

후발주자인 젭바운드의 가격은 위고비보다는 약간 낮게 측정됐다. 미국 기준 한 달 1059달러(약 140만 원). 여전히 서민들에게는 살 떨리는 가격이지만 가격은 늘 상대적인 거니까. 이제 경쟁도 생겼고 무엇보다 다른 제약 회사에서도 비슷하거나 그 이상의 효과를 내는 신약을 준비 중이니 가격은 조금 더 떨어지지 않을까 기대한다. 소비자에게는 잘 된 일이겠지.

관련 기사를 열심히 찾아보고 있는데 아직까지는 다이어트 약을 국가에서 책임져 주는 경우는 없는 것 같다. 일부 국가에서 보험 형태로 처리해 주긴 하지만 여전히 보조적인 느낌이고 감기약이나 당뇨병 약처럼 저렴한 경우는 없다. 아마 십여 년이 지나 복제 약이 등장할 때쯤 되면 관련 논의가 있지 않을까 싶다. 사회적으로 비만 문제는 점점 더 심각해질 테니 그 전에 논의가 될 수도 있겠지.

원고를 송고하고 생각해 보니 다이어트 약으로 빈부 격차를 논하는 건 지극히 대중영합주의적이며 심지어 이기적이라는 생각이 들어 반성하게 됐다. 연 2천만 원은 큰돈이긴 하지만 극소수가 걸리는 희귀병의 경우에는 치료제 가격이 훨씬 더 극악하다. 예를 들어 2023년 미국 FDA가 승인한 '낫 모양 적혈구 증후군*'의 치료제 리프제니아Lyfgenia의 가격은 310만 달러(41억 원)다. 수요가 적으니 제약사가 가격을 높게 측정하는 것은 어쩔 수 없다고는 하지만, 이런 것이야말로 목숨을 가지고 빈빅빈 부익부가 펼쳐지는 지옥이라 하겠다. 어쨌든 비만은 당장 죽는 병은 아니니까.

2024년 10월 위고비가 한국에 정식 출시됐다. 이런 저런 걸 다 제하고 소비자가 지불하는 금액은 월 80만 원으로 1년에 천만 원 수준이다. 여전히 비싼 금액이긴 한데 앞서 너무 큰 금액을 떠들어서인지 어째 이 정도면 할만하⋯⋯.

---

* 혈액 속의 적혈구가 낫 모양으로 생성되는 유전병으로 아프리카계에서 주로 나타난다. 발병하면 적혈구가 쉽게 파괴되고 유동성이 떨어져 산소 운반을 잘 하지 못한다. 이로 인해 심한 빈혈 증상이 나타나며, 때로는 적혈구가 모세 혈관을 막아 혈액의 흐름을 방해해 뇌, 심장, 신장 등의 조직에 손상을 일으킨다. 심한 경우 사망에 이를 수 있다.

팬데믹,
민주주의를 묻다

    2021년 12월 9일 미국 조 바이든 대통령은 그
이름도 거창한 '제1회 민주주의 정상 회의'를 개최했다. 1회라
는 건 2회를 또 하겠다는 소리다. 코로나19로 비대면 화상 회
의 방식으로 진행됐지만, 초청을 받은 111개국 중 파키스탄을
제외한 110개국이 참여한 대규모 회의였다.

    뜬금없는 기획이긴 했다. 아니 대체 왜 이 시기에? 동구권
이 붕괴하면서 체제 경쟁에서 승리한 거 아닌가? 아, 그건 자
본주의 이야기지. 민주주의는 다른 거긴 한데……. 바이든 대
통령은 이런 여론을 의식했는지, "전 세계적으로 민주주의와
보편적 인권이 지속적이고 위협적인 도전에 직면했다"라고 하
며, "민주주의를 강화하고 새롭게 하기 위해 지속적인 노력과
협력이 필요하다"라고 개최 의의를 밝혔다.

조 바이든 미국 대통령의 주도로 열린 비대면 민주주의 정상 회의. 출처: Summit for Democracy 홈페이지

    하지만 이 말은 오히려 분란만 가져왔다. 왜냐하면 110개국 중에는 비민주적이고 권위적인 대통령으로 평가되는 브라질 대통령 보우소나루Bolsonaro나 필리핀 대통령 두테르테Duterte도 포함되어 있었으니까. 정상 회의 초청장을 받은 111개국 중 29개국은 미국 인권 기구인 프리덤하우스Freedom House가 '부분 자유'로 분류한, 평소 자유가 억압된다고 평가한 국가들이다. 아예 "자유롭지 않다"라고 분류한 이라크, 앙골라 등도 당당히 민주주의 국가로 회의에 참석했다. 이쯤 되면 바이든이 생각하는 민주주의가 대체 무엇인가 하는 의문이 든다. 자유와 민주주의가 물론 동의어는 아니지만 말이다……. 흠…….

    언론들은 민주주의 정상 회의가 사실상 중국과 러시아를

견제하기 위한 방편이라고 평가했다. 바이든 대통령은 딱 집어두 국가를 언급하지 않았지만, "독재자들이 자신의 힘을 강화하고 전 세계에 영향력을 확대하려고 한다"라고 말했다. 중국과 러시아는 당연히 반발했다. 그러자 미국은 "우리가 언제 너희랬니? 찔려?" 대충 이런 반응을 보였다. 나름 속 시원한 반응이지만 대다수 언론의 평가는 냉정했다. 기준도 알 수 없고, 특별한 성과도 없는 정상 회의를 개최하여, 초청받지 못한 일명 '비민주적 국가'들에게 반미 정서를 가중시키고 오히려 중국과 러시아에 가까워지는 계기를 제공했다는 것이다.

미국이 자신들의 기세를 과시하며 인터넷에서 줄 세우기를 하고 있을 때, 중국은 《중국의 민주》라는 백서를 발표했다. 이를 통해 중국 공산당은 자신들이 민주주의를 견지하고 있음을 명확히 하고, 미국식 민주주의는 실패했으며 오히려 자신들이 성공적인 민주주의를 실현하고 있다고 선포했다.

음……, 무언가 어지럽다. 중국 입장에서 미국의 행보에 대한 비판은 충분히 할 수 있다고 생각한다. 하지만 중국이 민주주의 국가라니. 한국의 일반적 정서와는 너무도 먼 이야기다. 아무리 미국이 빈부 격차와 범죄, 인종 문제가 심각하다고 하지만, 중국은 민주주의고 미국은 반민주주의라는 정의에 동의할 사람이 몇이나 있을까?

하지만 중국의 백서가 단순한 허풍이라고 잘라 말할 수는 없다. 왜냐하면 실제로 중국인들이 자국 내 민주주의에 대해 상당

조 바이든 미국 대통령이 주최하는 민주주의 정상 회의를 엿새 앞둔 2021년 12월 4일, 쉬린(徐麟) 국무원 신문판공실 주임은《중국의 민주》라는 백서를 발표했다. 출처: 중국 국무원 신문판공실(SCIO) 홈페이지

히 만족하고 있기 때문이다. 조작된 것 아니냐고? 물론 그럴 수도 있다. 하지만 그렇게 단순히 말하고 넘어갈 문제는 아니다.

그나저나 민주주의란 대체 뭘까? 뭐길래 강대국들이 쟁취하려고 안달이 난 걸까? 사전을 뒤져보니 민주주의는 "국가의 주권이 민중에게 있고 민중이 권력을 가지고 그 권력을 스스로 행사하며 국민을 위하여 정치를 행하는 제도"라고 되어 있다. 명확해 보이지만 전혀 명확하지 않다. 저 기준에 따르면 우리나라는 민주주의 국가인가? 물론 그렇다고 생각한다. 하지만 "민중이 권력을 가지고 그 권력을 스스로 행사하며"라는 구절은 보기에 따라 실현되지 않았다고 볼 수 있다. 하긴 그렇게 따지자면 민주주의가 제대로 실현된 국가는 하나도 없겠지.

그렇다면 각 국가의 자율성을 존중하는 차원에서 민주주의라고 선포하면 다 민주주의 국가로 보아야 할까? 그럼 북한은? 북한의 공식 명칭은 놀랍게도 '조선민주주의인민공화국'이다. 아무리 기준이 모호하다 해도 북한을 민주주의라 하긴 어렵지. 최소한 선거는 해야 하지 않을까? 그럼 선거로 대표자를 뽑으면 다 민주주의일까? 권위주의 국가로 분류되는 러시아는 선거를 한다. 다만 푸틴이 늘 당선될 뿐이다. 그럼 선거로 해도 장기 집권하는 것은 빼면 되지 않냐고?

참고로 독일 전 총리 앙겔라 메르켈Angela Merkel은 16년간 집권했다. 그렇다고 독일을 민주주의가 아니라고 할 수는 없다. 독일과 러시아의 차이는 무엇인가? 물론 차이는 엄청나게 많다. 하지만 이 차이라는 것은 하나의 기준이 아닌 복합적인 결과물이다. 그리고 객관적인 결과를 떠나서 우리는 '느낌'으로 민주주의 국가를 구분한다. 중국이 아무리 자신들의 민주주의를 자랑해도 우리나라나 서양 국가들은 그 말을 신경도 쓰지 않을 것이다. 그럼 우리의 이 '느낌'이 무엇인지 살펴보자.

전 세계가 띄워준 K-방역

한국 방역, 소위 K-방역은 '단계적 일상회복'으로 확진자가 폭증하기 전만 해도 전 세계적으로 매우 높은 평가를 받았다.

이것은 '국뽕'이 아니다. 실제로 해외 언론에서 한국 방역을 주목했고, 조금이라도 관련 있는 사람을 갑자기 끌어모아 인터뷰하고 대서특필을 했으며 특집 방송을 만들었다. 아, 훌륭한 대한민국.

K-방역, 국뽕에 얼마든지 취해도 좋다. 그런데 내가 의문을 가진 건 대체 해외에서 왜 그런 반응을 보였냐는 거다. 생각해보면 다른 나라가 잘한다고 언론이 무조건 대서특필하면서 칭찬하진 않거든. 그러니까 K-방역을 띄운 데는 분명 이유가 있었을 것이다.

(아마도) 중국에서 시작된 코로나19는 이후 한국에서 확진자가 크게 늘었다가 어느새 전 세계에 퍼졌다. 그런데 이후 코로나19를 가장 빨리 성공적으로 잡아낸 나라가 중국과 한국이었다. 중국의 방역은 권위주의 체제를 이용한 완벽한 통제였다. 환자나 밀접 접촉자를 격리시키는 수준이 아니라 특정 시市에 확진자가 늘어나면 도시 전체를 격리시키는 어마무시한 방역을 실시했다. 그리고 이는 당연히 성공적이었다. 물론 이런 기사에는 꼭 중국이 데이터를 조작한 것이라는 댓글이 달렸다. 나도 중국이 데이터를 일정 부분 조작했을 것이라고는 생각한다. 하지만 우리나라에서 확인되었듯이 거리두기는 확실히 효과가 있다. 확진자가 폭증하더라도 거리두기를 몇 주 하면 잠잠해진다. 그런데 더 강력한 형태의 거리두기, 격리를 넘어선 봉쇄를 한다면 분명 효과는 있다. 그것이 인권을 침해하니 문제지.

중국이 이렇게 효과를 보고 있을 때, 유럽이나 미국에서 시민들은 마스크도 안 쓰고 돌아다녔고, 정부가 마스크를 의무화하고 거리두기를 강화하자 반대 시위를 벌였다. 시민들은 정부의 방역 조치를 따르지 않았고, 확진자는 폭증했다. 이에 중국은 방탕한 서양 국가들을 비판하며 선진화된 자신들의 시스템을 찬양했다.

서양 국가들은 그에 대한 반박이 필요했다. 그때 한국이 눈에 들어온 것이다. 한국을 제외하고 당시 방역에 성공했다고 평가받는 싱가포르, 뉴질랜드 등은 해외 입국을 금지하고 사회를 셧다운시키는 등 중국 못지않은 강력한 조치를 취하고 있었다. 반면 한국은 IT에 기반한 추적 시스템을 갖춘 덕에 자유로운 해외 입국을 허용했다. 영업시간과 동반 출입 인원을 제한하기는 했지만 대부분의 활동과 모임이 가능했다. 한국이 시행한 사회적 거리두기는 당시 해외에서 벌어지던 셧다운에 비하면 애교 수준이었다. 일부 국가에서는 반려동물을 산책시키고 식료품을 구입하는 것 외에는 외출 자체가 금지되기도 했다.

강압적인 중국의 방식을 인정해 주고 싶지 않았던 해외 언론들은 마치 짜기라도 한 듯이 K-방역을 띄우기 시작했다. 한국의 선전 덕에 중국의 압도적인 방역 성과는 오히려 시민 억압으로 그려졌다. 이후 한국에서 확진자가 폭증했을 때 가장 신나서 떠든 것은 당연히 중국이었다. 중국은 자신들의 방식만이 유일하게 성공했다며 자화자찬했지만, 해외 언론들은 한국의 실패를 그렇게까지 중요하게 다루지 않았다. 과거 성공으로 한국의 역할은 이미 끝난 것이다.

우리에겐 당연! 해외에선 투쟁?

국내 방역 조치에 대한 평가는 사람마다 다르다. 하지만 비판이 있을지언정 그 비판은 주로 "과연 이 방식이 현재 적당한가?"라는 지점에 몰렸다. 확진자 동선을 추적할 때도, 모든 시민이 방문한 곳에서 QR코드를 찍을 때도, 거리두기를 하거나 거리두기를 풀 때도, 방역패스를 시행할 때도 마찬가지였다. 가령 거리두기를 할 때 논란의 핵심은 거리두기의 실행 여부보다는 "식당은 막는데 왜 종교행사는 허용하느냐?" 같은 형평성에 관한 문제 제기였다. 그러더니 막상 정책이 시행되면 비판하던 사람들도 정부의 방역 정책을 성실히 수행한다.

반면 미국과 유럽의 경우를 보면, 확진자가 수만 명이 나오든 수십만 명이 나오든 "마스크를 쓰지 않을 자유가 있다"라던지 "거리두기를 강제할 수 없다", "방역패스는 차별이다" 같은 반응이 나온다. 즉, 정책이 효과적인가 아닌가를 논의하는 게 아니라, 정부가 자신들의 권한을 넘어서서 개인의 자유를 침해한다는 것이 핵심 논지다. 그들은 자신들의 기본권을 주장하며 시위를 했다. 그렇기에 확진자가 얼마나 나오든, 상황이 얼마나 심각하든 간에 정부를 비판할 수 있는 것이다.

한국인들은 거리두기는 둘째 치고 마스크와 백신조차 거부하는 일부 서양 시민들의 모습을 한심하게 바라본다. 그러면서 이 시기 날아오른 한국 문화의 인기를 보며 "이제 서양은 끝났다"라고 평가하곤 한다. 그런데 이런 태도를 비슷하게 취하는 나라가 있으니 바로 중국이다. 중국은 우리나라보다 훨씬 강력한 방역 조치를 취했고, 코로나19가 처음 발견된 곳이었으나 지금은 가장 잘 통제되는 곳이다.

중국의 방역 조치가 얼마나 막강하냐면, 호텔 투숙객 중 한 명이 확진자와 접촉이 있었다는 이유로 호텔 전체 인원이 2주간 격리됐다. 여기에는 길을 물으러 잠깐 호텔에 들어간 사람도 포함됐다. 상하이 디즈니랜드에 확진자 1명이 다녀가자 당일에 디즈니랜드를 찾았던 3만 3000여 명 전원이 코로나19 검사를 받았다. 만약 한 지역에 동선을 확인할 수 없는 환자가 발생하면 그 지역 자체를 통째로 격리해서 출입국을 막는다.

말만 들으면 그냥 그런가 보다 할 수도 있지만, 이런 식의 방역은 경제적 타격이 불가피하다. 중국이 이제까지 일 처리를 해온 방식으로 보자면 경제적 보상을 잘 해주지도 않을 것 같고 말이지.

중국에 비하면 귀여운 축에 속하는 한국의 방역 정책에도 자영업자들이 버티지 못해 반발이 심한데, 중국식과 같은 조치를 취한다면 폭동이 일어난다고 해도 전혀 이상할 게 없다. 하지만 중국 사람들의 인터뷰를 보면, "안전이 더 중요하다"라고 하며 당국의 방역 조치에 만족감을 드러낸다.

방역 문제는 결국 공익을 위해 개인의 자유를 어느 정도까지 희생할 수 있는가로 정해진다. 우리가 생각하기에는 당연한 방역 조치도 유럽과 미국에서는 참을 수 없는 것이고, 중국에서는 당연한 것이 우리에게는 폭압이 된다. 어쩌면 우리가 중국을 보듯이 미국과 유럽의 시민들이 한국을 바라보고 있을 수 있다. 마찬가지로 한국의 방역이 무너졌을 때, 중국은 우리를 보며 우리가 미국과 유럽을 볼 때 했던 생각을 똑같이 할 것이다.

'저 나라는 안 되겠구나.'

중국도 민주주의가 될 거야

주요 선진국 시민 중에서 중국을 민주주의 국가라고 생각하는 이는 거의 없다. '국경 없는 기자회'에서 매년 선정하는 언론자유지수Press Freedom Index를 보면, 중국은 180개국 중 177위로 사실상 최하위를 기록했다. 폐쇄된 통제 국가인 북한이 179위로 엇비슷하니까 중국 역시 사실상 언론의 자유가 완전히 없는 곳으로 볼 수 있다. 《이코노미스트》가 167개국을 대상으로 한 민주주의 조사에서도 중국은 최하 그룹인 권위주의 체제로 평가됐다. 물론 두 조사 모두 서양의 시각이 많이 반영되어 있으니 공정한 평가라고 하기는 어렵지만, 이를 감안하더라도 중국의 점수는 처참한 수준이다.

하지만 다른 나라가 아무리 비난해도 중국인들 스스로는 자신들이 민주주의 사회에 산다고 믿으며 만족도도 높다. 2018

년 '세계 가치관 조사World Value Survey'가 중국인 3036명에게 "당신의 나라는 얼마나 민주적인가?"라고 물었다. 10점 만점 평가에 중국인은 평균적으로 7.13점을 줬다. 10점을 준 비율은 15퍼센트였다. 이는 대부분 국가보다 높은 점수였는데, 같은 조사에서 한국의 점수는 평균 6.88점, 10점 만점을 준 사람은 1퍼센트가 채 되지 않았다.

2019년 다른 기관의 조사에서도 비슷한 결과가 나왔다. "현정치 제도가 국민의 의견을 잘 반영하고 있는가?"라는 질문에 한국인의 21퍼센트만이 긍정 의견을 냈다. 스웨덴은 31퍼센트, 미국과 독일은 26퍼센트였다. 하지만 중국은 무려 69퍼센트가 긍정적인 의견을 냈다. 즉, 중국 사람들은 한국은 물론 미국이나 독일, 스웨덴보다도 자신들이 민주적인 국가에 산다고 진지하게 생각하고 있다.

이 괴리를 어찌 해결할 것인가. 민주주의에 대한 정의가 각자 다른 걸까? 민주주의라고 하려면 기본적으로 어떤 가치가 지켜져야 할까? 우리를 포함해서 교육받은 선진국 시민이라면 아마도 집회, 결사, 언론, 표현의 자유, 공정한 선거제도 정도를 떠올리지 않을까 싶다. 하지만 중국인들은 옆의 그래프와 같이 대답했다.

상위권에 포진하고 있는 법치, 기초생활 보장, 일자리 보장 등은 모두 국가의 근간이 되는 요소이긴 하지만, 그렇다고 우리가 민주주의라고 했을 때 제일 먼저 떠올릴 가치라고 하기에는 다소 어색하다. 반면 우리가 당연하다고 여기는 언론, 집회,

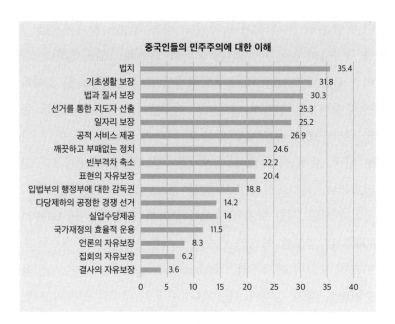

중국인들의 민주주의에 대한 이해를 조사한 결과. 출처: Asian Barometer Survey Wave 4, China data, 2015

결사의 자유와 다당제하의 공정한 경쟁, 선거는 '중국의 민주'에서 그다지 중요하게 평가받지 못했다. 즉, 중국인들은 민주주의를 평가하는 데 있어서 사회가 이루어 낸 성과와 안정성을 중요하게 여겼지만, 자유에 대해서는 상대적으로 덜 중요하게 여겼다.

1979년 덩샤오핑邓小平이 중국의 개혁 개방을 주장한 이후, 중국은 세계 경제에 편입되기 위해 노력해 왔다. 하지만 미국을 위시한 서방 국가들은 이를 허용하지 않았다. 그러다 1989

년 천안문天安門 사태*가 벌어진다. 비록 혁명은 실패했지만 서양 학자들의 눈에 이 사건은 중국의 민주화도 멀지 않다는 강력한 신호로 보였다. 경제가 발전하면 중국도 민주화될 것이라는 주장이 서구권에서 대두되기 시작했다. 이 주장의 가장 큰 근거는 바로 옆에 실제 그렇게 된 나라가 있었기 때문이다. 바로 한국. 오랜 시간 군사 정권이었지만, 1인당 GDP가 1만 달러가 되는 시점에서 민주화가 일어났고 급격히 자유 민주주의 국가가 됐다. 서양 학자들은 이를 근거로 중국의 1인당 GDP가 8000달러 정도에 이르면 민주화가 이루어질 것이라 추측했다. 2001년 중국이 세계무역기구World Trade Organization, WTO 가입을 승인받고 세계 경제에 편입된다. 중국은 세계의 공장이 되었고, 급속도로 성장한다. 2015년 중국은 1인당 GDP 8000달러를 돌파한다.

하지만 예상했던 변화는 일어나지 않았다. 오히려 중국의 체제는 더 공고해졌다. 1990년대만 해도 중국 국민들의 55퍼센트가 '중국에 더 많은 민주주의가 필요하다'라고 생각했다. 과반수 이상이 변화를 원했다. 하지만 2003년 조사에서는 86퍼센트가 "중앙 정부에 만족한다"고 답변했으며, 2020년에는 이 수치가 95퍼센트까지 올라갔다. 중국 경제가 성장할수록 중국인의 국가에 대한 충성심과 만족도는 더 올라가고 있는 셈이다.

* 1989년 6월 4일, 중국의 베이징시의 중앙에 있는 천안문(톈안먼) 광장에서 민주화를 위해 시위를 전개한 학생과 시민들을 중국 정부가 무력으로 진압한 사건을 말한다.

물론 이제 한계에 종착했다는 신호가 여럿 있다. 가령 중국이 홍콩을 탄압하고 언론사를 문 닫게 한 것은 남부 농민들의 불만을 더 이상 키울 수 없는 상황이기 때문이라는 평가도 있다. 남부의 들끓는 분위기가 홍콩 언론을 통해 알려지자 그 루트를 잠재웠다는 것이다. 군사력을 이용한 압박은 군사 정권의 절정기가 아니라 한계에 다다랐을 때 나오는 것이다. 가장 어두운 밤은 새벽이 오기 직전이다.

하지만 이건 우리식의 '행복회로'일 가능성이 높다. 과거에도 이런 행복회로를 수없이 돌렸다. 중국은 수십 년 전부터 이런 평가를 받았다. 하지만 무너질 듯 무너지지 않았고, 오히려 더 강고하게 자신들의 권력을 유지하고 있다.

방역을 거부하는 시민들

그렇다면 정부의 방역 조치에 저항하는, 서양 시민들의 무데뽀에 가까운 시위나 투쟁은 어떤 맥락으로 바라봐야 할까? 일단 한국 시민 입장에서 보면 어이없는 순간이 많다. 감염병 사태에서 정부로서는 역할을 수행해야 하고 백신을 의무화하거나 방역패스를 시행하는 것은 사회적으로 어쩔 수 없는 측면이 있다. 하지만 그들은 그 모든 이유 앞에 자유를 세워 방역 조치를 해제할 것을 요구한다. 우리들 눈에는 멍청해 보인다. 아니 멍청하다. 그렇다면 이들의 투쟁은 아무 의미 없는 것일까? 싱가포르의 사례를 통해 이를 고민해 보자.

우리나라가 어느 곳에 가더라도 QR코드를 찍듯이 싱가포르는 코로나19 추적 앱을 사용한다. 당연히 이 데이터는 코로나19의 추적과 방역에만 사용한다고 공지되어 있다. 하지만 싱가포르 경찰은 결국 판도라의 상자를 열었다. 추적 앱의 위치 데이터를 기반으로 강력범을 검거한 것이다. 싱가포르 경찰은 그 강을 건너지 말았어야 했다. 이는 코로나19 방역이 국가가 권력을 남용하는 것이 아니라 시민들을 지키기 위해 하는 것이라는 전제를 깨버리는 행위다. 한 번 했으니 두 번은 못할까. 싱가포르 경찰은 코로나19로 수집한 정보를 앞으로도 범죄자 검거에 사용하겠다고 공식적으로 선언했다.

"싱가포르는 역시 국가 중심의 국가야……"라고 하고 넘길 문제가 아니다. 왜냐하면 이 유혹은 너무도 매력적이니까. 범죄가 일어났는데, 주변에 누가 지나갔는지 살필 수 있다면? 휴대폰을 가진 이들 사이에 블루투스로 서로 기록이 된다면? 이를 통해 범죄자의 위치를 파악하고 훨씬 수월하게 체포할 수 있지 않을까? 극악한 살인범과 연쇄 강간범을 잡을 자료가 서버에 저장되어 있는데, 보지 않겠다고? 그건 그것대로 무책임한 건 아닐까? 꽤 많은 이들은 그렇게 생각한다. 그래도 강력범이니까 잡는 게 중요하다고.

하지만 딱 한 번이라도 정부가 이런 식으로 정보를 사용하고 나면 그때부터 음모론은 사라질 수 없다. 지금은 살인범을 잡았지만, 같은 정보로 정권에 반대하는 사람도 감시하고 잡아

넣을 수 있다. 드러내놓고 하지는 않아도 뒤에서는 얼마든지 다른 용도로 이용할 가능성이 있다는 걸 스스로 증명한 셈이다.

데이터는 모으면 모을수록 삶을 풍요롭고 간편하게 만들어준다. 그렇기에 대다수 시민은 이에 크게 거부감을 느끼지 않으며 거부감이 든다고 해도 무작정 거부할 수도 없다. 특히 코로나19처럼 감염병과 관련한 정보는 더욱 그렇다. 하지만 그렇게 쌓인 데이터는 전혀 다른 용도로 이용될 수 있다. 그러니 아예 데이터를 쌓지 말라고 거부하는 거지.

여기서부터 헷갈린다. 방역 조치는 개인의 자유를 침해하는 것인가? 정부의 정당한 행정인가? 이제까지 인권 선진국으로 평가받던 곳에서 방역 조치에 반대하는 경향이 높다는 점은 여러 가지를 시사한다. 방역 조치가 필요하다는 것에는 분명 동의하지만, 자유라는 권리도 우리가 비웃을 것은 아니다.

중국의 비상과 위협받는 민주주의

코로나19가 드러낸 사실 하나는 통제 국가가 어쨌든 위기 상황에서 효과적이라는 것이다. 소위 말하는 K-방역도 (중국에 비하면 훨씬 자유롭지만) 철저한 관리하에 이루어졌다. K-방역 초기에 몇몇 해외 언론에서 해당 문제를 지적한 적이 있다. 당시 미국과 유럽에 확진자가 급격히 늘던 시점이었기에 사람들은 이런 비판을 일종의 피해의식이라고 생각했다. 자신들이 못하는 것을 하고 있으니 배가 아파서 딴지 거는 것이라고. 실제로 한국만큼 정보 통신 기술이 거의 모든 시민에게 즉각적으로 닿는 국가는 많지 않다. 미국이나 유럽의 대부분 나라는 한국같이 통제하라고 했어도 못했을 것이다. 지금도 미국이나 유럽에서 백신을 투여하는 것을 보면 한국처럼 시스템이 제대로 갖춰진 경우가 드물다. 하지만 그 언론들의 비판에는 일말의 진실이 있다. 한국의 획일적인 주민등록번호 시스템과 집단주의적 성향이 코로나19 방역에서 큰 역할을 한 것은 사실이니까.

중국이 정보 통신 기술에 관해 장래가 기대되는 이유는 무차별적인 데이터 수집과 즉각적인 시스템 변화가 가능하기 때문이다. 이미 중국은 오프라인에서도 현금이나 카드 없이 진행하는 간편 결제 시스템이 대세로 자리를 잡았다. 길거리 음식점에서도 모두 간편 결제가 가능하다. 이런 빠른 변화는 전체주의 국가에서나 가능하다.

중국은 개인정보 수집을 대부분 허용한다. 미래 산업에서 가장 중요한 것 중 하나가 데이터다. 데이터가 쌓이면 돈이 되고 기술이 된다. 중국은 안면 인식 기술과 관련해서 전 세계에서 가장 많은 데이터를 가지고 있다. 정부의 주도하에 대대적인 지원을 받다 보니 데이터량에서 다른 나라의 민간 기업이 따라갈 수 없는 수준이다.

중국이 안면 인식을 주요 생체 인식 수단으로 꼽는 이유는 데이터 수집이 쉽고 오류가 적기 때문이다. 지문, 음성, 홍채

등도 생체 인식 수단으로 사용할 수는 있지만, 지문은 습진 등 질병으로 다르게 인식될 수 있고, 확인하려면 직접 인식기에 손가락을 갖다 대야 한다. 음성, 홍채 모두 비슷한 문제를 가지고 있다. 반면 안면 정보는 부지불식간에 수집이 가능하며, 본인이 정보를 제공할 생각이 없더라도 수집이 가능하다. 지문을 누르거나 홍채를 찍는 것처럼 자신이 직접 무언가를 하지 않아도 되므로 사람들의 거부감이 적다.

중국 정부는 범죄자와 실종자 색출, 코로나19로 인한 감염자 통제를 이유로 CCTV 등을 통해 무더기로 시민들의 안면 정보를 수집하고 있다. 데이터가 쌓일수록 당연히 기술 정확도는 올라간다. 중국 기업 메그비Megvii의 안면 인식 정확도는 99퍼센트를 넘어서는데, 지인들도 헷갈리는 쌍둥이도 거의 완벽하게 구분한다. 이제 중국에서는 신분증 없이도 간단한 업무가 가능하며, 하려고 마음만 먹는다면 결제부터 모든 것을 얼굴만으로 할 수 있는 기반을 갖췄다.

한발 더 나아가 중국은 사회 신용 제도Social Credit System를 도입했다. 사회 신용 제도란 빅데이터를 활용해 국민에게는 행동 점수를 매겨서 고득점자에게 혜택을 주고 저득점자에게는 불이익을 주는 시스템이다. 당국은 "보상과 처벌을 통해 사람들이 규정을 준수하는 문화를 정착시키고, 사회 전반의 신용도를 올린다"라며 시스템 도입의 이유를 설명했다. 여기에는 세금 납부나 대출 상환, 교통법규 준수, 효도(중국에서는 부모를 정기적으로 찾아가지 않으면 불법이다), 온라인 게시물이나 댓글, 쇼핑 습관 등이 반영된다. 그러니까 이 모든 것을 이미 감시하고 있다는 뜻이지. 단순히 법을 위반했는지 여부를 판단하는 게 아니다. 운전자가 시내에서 경적을 울리거나 보행자가 무단 횡단을 하면 공공질서를 파괴한 것으로 평가되어 점수가 깎이는 식이다. 평가 항목은 점차 확대될 계획이다. 그리고 이 점수는 대출이나 장학금, 인터넷 접근 권한, 사회 보장 서비스, 해외 출국 여부, 채용 시 혜택 여부를 결정하는 데 영향을 준다. 빅 브라더big brother*는 이제 미래의 이야기가 아니다.

그래서 중국 국민들이 이것을 순순히 받아들이냐고? 받아들일 뿐 아니라 오히려 적극적으로 사용하고 있다. 중국에서는 사람을 처음 만났을 때(예를 들어 소개팅) 서로 점수를 확인하며 자신을 증명한다. 보여주지 않으면 떳떳하지 못한 사람이 되겠지. 사회 신용 제도에 대한 국민 만족도는 70퍼센트에 육박한다. 혹시 모르지, 반대하면 신용 점수가 깎이는지도.

최근 중국 정부는 사교육을 금지하고 아이들의 게임 시간을 통제하는 등 우리 상식으로는 비민주적인 정책을 연속적으로 시행하고 있다. 대부분 사람들은 과거 한국이 그랬듯이 이런 정책이 성공할 리 없다고 생각한다. 하지만 중국이라면 어떻게든 성공시킬 수 있지 않을까 하는 생각도 든다. 만약 이 실험이 성공한다면, 그것은 사회에 좋은 일일까, 나쁜 일일까?

---

* 조지 오웰(George Owell)의 소설 《1984》에 나오는 인물로, 현재 전체주의나 독재자를 상징하는 말로 통용되고 있다.

이쯤 되면 판단이 서지 않는다.

　같은 시간, 민주주의 국가들은 위기에 처했다. 가짜 뉴스의 준동과 포퓰리즘으로 시민들은 극단으로 나뉘고 선거는 제 역할을 못하고 있다. 러시아는 2016년 미국 대선과 브렉시트 선거에 개입해 자신들에게 유리한 가짜 뉴스를 퍼다 날랐다. 미국 대선에서 러시아 정부와 관련된 것으로 밝혀진 계정들이 구글과 페이스북, 트위터에 사용한 정치 광고비는 10만 달러가 넘는다. 페이스북에서만 1억 2000만 명의 미국인이 러시아가 만든 선전물을 접했다. 해당 게시물이 선거 결과에 얼마나 영향을 끼쳤는지는 아무도 정확히 판단하기 어렵다. 사람 마음을 누가 알겠는가. 아마 스스로도 자신이 어떤 정보에 현혹된 것인지 알 수 없을 것이다.

　설혹 이런 외부의 개입이 없다 해도 내부에서도 가짜 뉴스를 얼마든지 퍼뜨릴 수 있다. 당연히 조작의 욕구를 느끼기도 쉽다. 페이스북의 사용자 데이터를 이용한 정치 컨설팅 업체 '케임브리지 애널리티카Cambridge Analytica' 스캔들**이 이를 극명히 보여준다. 케임브리지 애널리티카는 파산했지만, 이제는 모든 정치 세력과 기업에서 여론 관리팀이라 부르는 댓글 조작팀

** 영국 데이터 분석 회사 케임브리지 애널리티카가 페이스북에 막대한 비용을 지불하고, 페이스북 이용자들의 개인정보를 사들여 도널드 트럼프 대통령 대선 캠프의 선거 전략을 세우는 데 사용했다는 사실이 세상에 드러난 사건을 말한다.

을 운영할 것이다. 그런데 대체 조작은 어디부터를 말하는 거지? 팬심에 자발적으로 했다고 한다면 이것을 걸러낼 방법이 있나?

포털이나 유튜브 등의 알고리즘은 어떤가? 보통 이런 알고리즘은 자신이 봤던 영상을 토대로 좋아할 만한 영상을 추천해 주는데, 이런 영상을 계속 보다 보면 자신의 생각이 점점 강화된다. 해당 기업들이 어떤 의도를 갖고 있지 않더라도 인식에 영향을 미친다. 또한 데이터의 시대에는 기존 데이터가 많은 것(유력한 정치 세력)이 유리할 수 있다. 이쯤 되면 과연 우리가 '자유롭게 투표를 한다'는 것이 어떤 의미인지부터 고민하게 된다. 이 시대에 자유로운 의사결정이 가능하긴 한 걸까? 우리가 과연 민주주의를 통해 지키고자 한 가치는 여전히 유효한가?

민주주의가 포퓰리즘이 될 때

독재에 대한 가장 큰 오해는 그것이 다수 대중의 의지에 반하는 것일 거라는 것이다. 하지만 이건 명백한 오해다. 다수 대중에 반하는 독재는 금방 무너진다. 독재자가 되어서 국가를 운영하는 〈트로피코Tropico〉라는 게임 시리즈가 있다. 이 게임을 해본 사람은 알겠지만, 독재자라는 것이 여간 어려운 게 아니다. 사람들을 만족시켜야 자리가 유지된다. 독재자는 부패할지언정 민심을 이반해서는 안 된다. '중국의 민주' 역시 중국인들을 만족시켰기에 유지가 가능한 것이다. 독재에서 가장 흔히 나타나는 모습은 다수의 행복과 번영을 위해 소수를 짓밟는 것이다. 미얀마 군부가 소수 민족을 탄압하면서 주류 민족의 지지를 받은 것과 비슷하다. 여기서 정치적 반대자를 소수자로 묶는 것은 아주 훌륭한 전략이 된다.

우리가 중국이나 러시아를 민주주의라고 판단하지 않는 것은 그들이 대중의 뜻을 거스르는 정치를 하기 때문이 아니라, 소수자와 반대자에 대해서 비상식적으로 탄압하기 때문이다. 실제로 러시아와 중국 모두 지도자에 대한 지지율이 높다. 그것이 조작이든 세뇌든 간에 그 사실은 변하지 않는다. 독재는 대중의 지지를 받는다.

민주주의民主主義를 한자 그대로 풀면 '백성이 주인'이라는 뜻이다. 그런데 이렇게만 해석하면 다수만이 옳다는 의미가 된다. 하지만 정작 우리가 '민주적'이라고 느끼는 것은 소수의 의견이 자유롭게 통용되고 존중될 때다. 물론 다수의 의견을 따르는 것도 민주주의의 중요한 요소다. 하지만 독재 국가에서도 다수의 의견은 수용된다. 어쩌면 민주주의보다 더 잘 수용될지 모른다. 예를 들어 민주주의에서는 아무리 다수가 원해도 범죄자에게 적법한 절차를 벗어난 처벌을 하지 않는다. 하지만 독재 국가에서는 대중이 원하는 것이라면 살인도 가능하다(필리핀 두테르테 대통령은 '범죄와의 전쟁'을 선포하면서 경찰들에게 범죄자라면 죽여서 체포해도 괜찮다는 취지의 발언을 했고, 실제로 이후 공권력에 의한 폭력이 무차별적으로 일어났다. 하지만 두테르테 대통령은 필리핀 시민의 압도적인 지지를 받는다).

그러니 "민주주의 만세!" 하고 끝내야 할 것 같은데, 어느새 민주주의가 단순히 국민들이 원하는 것을 들어주는 모습으로 변질되고 있다. 트럼프가 그랬다고 말하는 것은 이제 유치한 이야기다. 왜냐하면 좌파, 우파를 구분할 것도 없이 이제 모든 나라의 모든 정치인들이 그러고 있으니까.

2022년 1월 7일 국민의힘 윤석열 후보는 개인 소셜미디어에 "여성가족부 폐지"라는 게시물을 올렸다. 아무 내용도 없이 딱 일곱 글자만 올렸다. 이유나 대안을 제시하지 않은 윤석열 후보의 태도에 대해 언론은 일제히 비판을 퍼부었다. 정당한 비판이다. 하지만 전문가들의 비판이 무색하게도 이후 진행된 여론 조사에서 윤석열 후보는 지지율 하락을 멈추고 반등으로 돌아섰다. 꼭 이 사안 때문에 그의 지지율이 올랐는지는 확실하지 않지만 분명 도움이 되었을 것이다. 왜냐하면 여성가족부 폐지에 관한 국민 여론은 찬성이 훨씬 높으니까. 남성들에서는 찬성이 압도적으로 높고, 여성들은 반반 정도의 의견을 보인다.

윤석열 후보도 단순하게 여성가족부를 폐지할 생각은 아닐 것이다. 시민들이 좋아하든 싫어하든 여성가족부는 어떤 역할을 수행하고 있었고, 만약 폐지한다면 관련 업무를 어떤 식으로 분배할지 방안이 있었을 것이다. 하지만 그는 소셜미디어에 그런 구구절절한 이야기를 하지 않았다. 왜냐하면 사람들은 그가 왜 여성가족부 폐지를 주장하는지는 관심이 없으니까. 이유

가 뭐든지 간에 자신들이 원하는 것을 해줄 후보가 필요한 것
뿐이다. 그러니 그 일곱 글자에 지지율이 오른 것이지.

윤석열 후보만 그런 게 아니다. 이재명 후보는 민주당 경선
에서 기본소득을 마치 자신의 킬러 공약인듯 홍보했다. 기본소
득은 급변하는 산업 구조와 노동 환경을 고려할 때, 우리 사회
가 한번은 논의하고 넘어가야 할 문제다. 개인적 호불호를 떠
나 이재명 후보가 기본소득을 대선 공약으로 가지고 나왔을
때, 나는 우리 사회가 이에 대해 논의해 볼 좋은 기회라고 생각
했다. 하지만 이것은 순진한 착각이었다. 기본소득은 찬반 여
론이 팽팽하다. 특히 코로나19로 인한 각국 정부에서 푼 재정
과 물량 부족으로 전 세계적인 인플레이션이 발생하면서 시민
들 사이에서 기본소득에 대한 거부감이 강해졌다. 그리고 여론
조사를 돌려봤더니 반대가 과반을 넘어섰다. 그러자 이재명 후
보는 언제 그랬냐는 듯이 기본소득에 대해서 거의 언급하지 않
고 있다. 만약 기본소득을 시행한다면, 장기간 지속되어야 효
과를 볼 수 있다. 인플레이션이라고 잠깐 안 하고 디플레이션
이라고 하고 인기 떨어진다고 안 하고 이런 맥락의 정책이 아
니다. 그런데도 이재명 후보는 여론에 휘청거렸다. 돌이켜 보
면 이재명 후보는 사실 기본소득을 제대로 주장한 적도 없다.
다만 진보의 이미지를 얻기 위해 이름만 가져다 썼을 뿐이지.
그러니 태세 전환도 빠르다. 당선에 도움이 안 될 것 같으면 바
로 버린다. 대중 정치인으로서 당연한 거 아니냐고? 물론 당연
하다. 하지만 빨라도 너무 빠르다.

정치가 이렇게까지 즉각적인 것이 된다면, 그냥 모든 것을 다 문자 투표로 정하는 게 낫다. 대체 매개체인 정치인은 왜 필요한가? 오히려 이들은 자신들의 정치적 욕심을 위해 대중의 분노를 자극하고 사회의 분란만 가져온다. 심지어 이 분노는 분노를 조장한 정치인들조차 예상하지 못한 방향으로 튈 수 있다. 그리고 무엇보다 단순히 다수의 뜻대로 하는 것은 앞에서 말했듯이 독재와 다름없다. 우리가 문자 투표가 아니라 대통령과 국회의원을 뽑는 이유는 단순한 여론 조사 이상의 결정과 판단을 그들이 해주길 바라기 때문이다. 심지어 그것이 우리의 뜻과 조금 다르다 해도 말이다.

민주주의의 훌륭한 정치인이라면 시민을 설득해야 한다. 반대가 많더라도 자신들의 정책이 장기적으로 시민들에게 도움이 될 것임을 이해시키고 지지를 받아내야 한다. 과거 우리가 훌륭하다고 생각한 정치인들은 자신들과 국민의 뜻이 다르면 설득하려고 노력했다. 정당도 마찬가지다. 자신들이 꿈꾸는 세상이 있고, 그러한 세상을 만들기 위해 모인 곳이 정당이다. 대중을 설득하기 위해 이슈가 되는 정책을 우선적으로 펼 수 있고, 가끔은 뜻과 달라도 대중이 원하는 것을 실현해 줄 수도 있다. 하지만 어쨌든 크게 보면 자신들이 원하는 곳으로 가게 만들어야 한다. 큰 그림을 시민들에게 설득시키지 못하면 선거에서 지는 거고. 그러면 더 갈고닦아서 다음 선거에 나오는 거지.

그런데 지금 거대 정당과 정치인들에게 그런 그림이 있는지 모르겠다. 뭐 누구나 그렇듯이 꿈은 있겠지. 하지만 말하지 않으면 그 꿈은 우리 집 강아지가 꾸는 꿈과 다를 게 없다. 현재 우리가 보는 정치인들의 공략은 모두 완전히 똑같다. 여든 야든 진보든 보수든 국가주의자든 자유주의자든 간에 모두 한결같이 "국민이 원하는 대로" 하겠단다. 그러니 공략이 무슨 변별력이 있겠나. 남은 것은 사생활과 비리뿐이지.

2021년 12월

다이내믹 코리아
찬가

　　이번 글의 키워드는 복고 열풍, 히어로 무비, 케이팝K-pop, 한국의 무국적성, 씨름의 희열, 출산율 저하, 정치권의 역사 바로 세우기다.

　　이것들이 대체 무슨 연관인가 싶겠지만, 시작은 더 뜬금없다. 바로 '클래식의 죽음'이다.

클래식의 죽음

　　클래식 음악을 사랑하는 분들에게는 안타까운 이야기지만 클래식은 죽은 음악이다. 여기서 죽었다는 게 사람들이 더 이상 듣지 않는다는 말이 아니다. 사실 정반대다. 현대인들이야말로 인류 역사상 클래식을 가장 많이 향유하는 세대다. 한번 생각해 보자.

　누가 정했는지 모르겠지만 음악의 아버지라 불리는 바흐 Bach라는 작곡가가 있다. 바흐가 음악의 아버지인지는 잘 모르겠지만 확실히 아버지긴 했다. 그는 두 부인 사이에서 무려 20명의 자식을 낳았는데, 집안이 그다지 부유하지 않았기에 자식을 먹여 살리기 위해 쉬지 않고 음악을 만들어야 했다. 살아생전 크게 성공하지 못했기에 그의 음악은 제대로 보존되지 못했다. 이후 지금까지도 끊임없이 곡이 재발굴되고 있는데, 그 양이 너무 많아 처음에는 곡에 제목을 붙이다가 이제는 번호만 붙이고 있다. 지금까지 발굴된 곡의 마지막 번호는 1126번이다. 워커 홀릭 아버지, 저세상에서 편히 쉬소서.

　그런데 음악의 아버지 바흐는 자신이 만든 곡이 연주되는 걸 얼마나 들을 수 있었을까? 단순히 피아노 한 대, 현악기 두어 대가 진행하는 연주는 자주 접했겠지만, 오케스트라같이 대규모 인원이 참여하는 연주는 평생 몇 번 듣지 못했을 가능성이 높다. 자신이 작곡하고도 한 번도 제대로 된 연주를 들어보지 못한 곡도 있었을 것이다. 베토벤처럼 살아서 성공한 작곡가는 사정이 좀 나았겠지만, 그 역시 자신의 상징과도 같은 교향곡은 몇 번 들어보지 못했을 거다. 음악의 아버지와 성인*이 이 정도 수준이

---

* 　베토벤의 별명인 '악성(樂聖)'은 음악의 성인(聖人)이라는 뜻이다.

었으니 당대의 서민이 음악을 즐기는 일은 더 어려웠겠지.

하지만 지금은 어떤가? 우리는 원하면 언제든지 클래식 음악을 들을 수 있다. 찾아 듣지 않아도 각종 방송, 행사장, 수업시간, 심지어 길거리에서도 듣는다. 유튜브에는 세계 최고 수준의 지휘자와 연주자의 실황 영상이 수도 없이 올라와 있다. 우리는 베토벤보다 베토벤이 만든 교향곡을 훨씬 더 자주 다양한 버전으로 듣는다.

이런 혁명적 변화는 당연하게도 과학기술의 발전 덕분이다. 그 이전에는 귀족만이 즐길 수 있던 문화가 녹음 기술과 대량 생산을 통해 전 계층으로 퍼지게 됐다. 혁명가 베토벤이 무덤에서 기뻐할 일이다. 그러니까 접하는 절대 빈도로만 따지자면 우리는 인류 역사상 클래식의 초호황기를 보내고 있다.

그런데 이 전성기에 클래식은 죽었다는 평가를 받는다. 이유는 간단하다. 더 이상 새로운 클래식이 나오지 않기 때문이다. 물론 음대 작곡과에서는 매년 졸업생들이 쏟아지고 새로운 클래식 음악도 나온다. 문제는 우리가 그 사실을 모른다는 것이다. 존 윌리엄스John Williams 같은 작곡가들이 영화 OST로 클래식의 명맥을 이어가고 있고, 팝 음악에서도 클래식 요소들이 수없이 변주되고 있지만, 대중들은 그런 음악을 딱히 클래식이라고 여기진 않는다. 그리고 이건 당연한 평가다. 왜냐하면 서태지가 태평소를 이용해 음악을 만들었다고 해서 그게 한국 전통 음악이 되는 건 아니니까.*

우리는 클래식을 위대하다고 생각하지만 이제 남은 건 이미 죽은 작곡가가 만든 음악을 멋지게 차려입은 지휘자와 연주자들이 재해석하고, 재해석하고, 재해석하는 것뿐이다. 그 차이를 모르는 이에게는 재탕의 재탕이다. 일종의 제사를 치르고 있는 셈이다. '클래식은 원래 그런 거 아냐?'라고 생각할 수도 있겠지만 세상에 원래 그런 건 아무것도 없다.

녹음 기술이 등장하고 음반 시장이 처음 생겨나던 때, 그러니까 20세기 초·중반만 해도 음반 시장의 주류는 클래식이었다. 물론 당시에도 팝 음악이 있었고 인기도 끌었지만, 음반 판매량만큼은 클래식을 따라오지 못했다. 다양한 이유가 있었지만 가장 중요한 이유는 가격이었다. 공연보다야 저렴했지만, 20세기 후반까지도 음반은 꽤 비싼 사치품이었다. 그러다 보니 클래식 음반은 나의 품격을 보여주는 소비재였다. 연배가 어느 정도 있는 분들은 기억하실 거다. 어릴 때, 부유한 친구 집에 놀러 가면 언제나 한자리를 차지하고 있던 클래식 전집. 다른 건 다 불법 복사 테이프로 듣더라도 클래식은 음반을 구매했다. 당시에 당근마켓이 있었다면 클래식 음반의 빈 곽은 집값 대비 전셋값 정도의 가치가 있었을 것이다. 이 겉멋은 클래식이 몰락한 이후에도 꽤 오래 지속됐는데, 2000년대 이후 대

---

* 여기서 언급한 곡은 1993년 발표된 서태지와 아이들 2집 앨범 수록곡 〈하여가〉다.

학에 진학한 나도 삼촌 집에 있던 클래식 전집 LP판을 모조리 내 자취방으로 옮겨놨었다.

이런 분위기 덕분에 음반 시장 초창기 클래식 음악은 전성기를 맞이한다. 전성기라는 건 업계에 돈이 돈다는 뜻이고, 돈이 돌면 당연히 새로운 작품들이 쏟아진다. '클래식'이 애당초 '오래 됐다'는 뜻인데 여기에 '새로운'이라는 수식어를 붙이는 것이 앞뒤가 안 맞지만, 당시의 클래식은 지금 봐도 파격적인 구석이 많다. 모두가 들어봤지만 들어보지 못한 존 케이지John Cage의 〈4분 33초〉* 같은 곡이 대표적인데, 이 작품 자체보다 이런 작품이 등장할 수 있는 분위기가 20세기 중반까지는 존재했다.

하지만 클래식의 영광은 오래가지 못했다. 상황을 그려보자. 시장이 크니 음반사들은 큰돈을 들여 음반을 기획했을 것이다. 떠오르는 유명 작곡가를 섭외해서 음악을 만들고, 유명한 지휘자와 연주자를 섭외해서 음반을 녹음한다. 영화로 치면 제작비가 많이 드는 블록버스터를 만드는 셈이다. 그런데 이런 블록버스터 음반이 기대만큼 성공하지 못했다. 이유는 여러 가지가 있을 것이다. 하지만 결정적인 이유는 (앞에서 설명했듯이) 당시 사람들에게 음반이 매우 귀했다는 것이다. 비싼 물건을 구매하는 소비자들은 웬만해선 모험을 하지 않는다. 대중은 새

---

* 1952년 현대음악제에서 발표, 지휘자와 연주자가 등장해 4분 33초 동안 아무런 연주도 하지 않고 곡이 끝난다. 악보는 쉼표만으로 구성되어 있으며, 이 시간 동안 관객들이 만들어내는 소리가 음악이다.

로운 음악보다 그냥 유명한 작곡가의 옛날 음악을 선호한다.

두 명의 클래식 작곡가가 있다. 한 명은 프레데리크 쇼팽 Fryderyk Chopin, 다른 한 명은 에릭 사티Éric Satie다. 10만 원을 주고 피아노 앨범을 하나 사야 한다면 둘 중에 누구 걸 사겠는가? 나름의 답을 가지고 있거나 "두 사람은 너무 음악 스타일이 다른데……"하며 고민한다면 클래식을 좀 아는 사람일 것이다. 하지만 대다수는 아마 쇼팽의 음반을 살 것이다. 왜냐하면 사티는 모르고 쇼팽이라는 이름은 들어봤거든. 에릭 사티는 19~20세기에 활동한 프랑스의 피아니스트 겸 작곡가로 유명한 사람이지만, 이전 세대 작곡가들보다는 그 유명세가 덜하다.

우리가 쇼팽을 고른 것처럼 20세기 대중도 비슷한 선택을 했다. 분명 과거 작곡가만큼 쌈박하게 음악을 만든 사람이 당대에도 있었을 것이다. 하지만 사람들은 그를 잘 모르고, 그렇기에 그의 음반은 팔리지 않았다. 당연히 음반사는 새로운 음악에 대한 투자는 줄이고 대중이 좋아하는 것을 팔기 시작한다. 유명 지휘자와 연주자, 성악가를 섭외해서 우리가 다 아는 죽은 작곡가들의 음악을 녹음해, 지금으로 치면 베스트 앨범을 내기 시작한다. 이런 음반들은 예상대로 잘 팔렸다. 스타를 고용했으니 제작비는 많이 들었을 테지만, 그래도 수익은 확실했다.

"우와! 카라얀**이 지휘한 모차르트 전집이 나왔네. 어머, 이

** 오스트리아의 지휘자로 베를린 필하모닉, 빈 악우회 등 주요 악단에서 활동했다.

건 꼭 사야 해."

이런 식으로 사람들이 몰리는 거다. 음반사는 자신이 섭외할 수 있는 거장의 앨범을 계속해서 냈고, 새로운 곡에 대한 투자는 갈수록 줄어들었다. 하지만 계속 베스트 앨범만 나온다면 시장이 어떻게 되겠는가? 새로운 무언가는 흥행에 실패할지라도 신규 수익을 창출하고 새로운 팬층을 만들어낸다. 반면 베스트 앨범은 당장은 잘 팔리지만 새로운 팬을 만들지 못하고 결국 시장 자체를 죽인다. 모든 분야가 마찬가지지만 수익이 악화되면, 기업은 자잘한 사업을 정리하고 수익이 나는 일에만 집중하게 된다.

이렇게 악순환이 완성된다. 이때부터 클래식은 과거의 영광만을 재현하는 음악이 되어버린다. 음반이 가져다주는 막대한 부와 확장성에 취한 클래식 음악계는 큰 그림을 보지 못하고, 잠깐의 영광을 누리다가 찬란히 사라져 버렸다.

장르의 죽음은 필연인가

그런데 바로 앞의 말은 어폐가 있다. 클래식 음악 산업 종사자들이 큰 그림을 보지 못했다는 건 잘못된 말이다. 그들이 관습에 젖고 노쇠해서 변화에 적응하지 못한 게 아니다. 그들은 정확히 상황을 파악했고 합리적으로 대처했다. 그들은 변하지 않았기에 단기간에 많은 돈을 끌어모을 수 있었다. 왜 업자

순위	영화	수익
1	어벤져스: 엔드게임	$2,799,439,100
2	라이온 킹 실사판	$1,656,943,394
3	겨울왕국2	$1,450,026,933
4	스파이더맨: 파 프롬 홈	$1,131,927,996
5	캡틴 마블	$1,128,274,794
6	조커	$1,078,751,311
7	스타워즈: 라이즈 오브 스카이워커	$1,074,144,248
8	토이 스토리4	$1,073,394,593
9	알라딘 실사판	$1,050,693,953
10	쥬만지: 넥스트 레벨	$801,693,929

2019년 세계 박스오피스 상위 10편(2019년을 예로 드는 건 2020년부터는 코로나 19로 시장 상황이 크게 요동쳐 일반적이라고 보기 어렵기 때문이다.)

들이 시장의 장기적인 안정성까지 생각해야 하는가? 물이 들어오면 노를 저어야지. 하지만 그들이 열심히 노를 저으면 저을수록 몰락의 시간도 당겨졌다. 몰락이 시작되자 자신들의 수익을 방어하기 위해 최선을 다했고, 그 과정은 몰락의 기울기를 더 가파르게 만들었다. 그런 의미에서 장르의 죽음은 어쩌면 피할 수 없는 것일지도 모른다. 큰 그림을 본다 해도 지금 당장 돈을 벌 수 있는 베스트 앨범을 안 낼 수는 없거든. 클래식 음악뿐 아니라 인류 역사상 인기를 끌었던 많은 문화가 이런 비슷한 과정을 겪으면서 사라졌다. 십여 년 전부터 영화 산업에서도 비슷한 현상이 목격된다.

위의 표는 2019년 세계에서 가장 많은 수익을 올린 상위 10

편의 영화 목록이다. 제목만 봐도 알겠지만, 10편 다 대규모 예산이 들어간 블록버스터다. 그중에서도 히어로 영화가 많다. 1위는 〈어벤져스: 앤드게임〉. 영화 제작비가 3억 5000만 달러(4500억) 정도로 당시 최고 제작비를 갱신했지만, 수익은 28억 달러, 한화로 3조 5000억 원이 넘으니 제작사 입장에서는 가성비 좋은 영화였다. 이 외에도 4위 〈스파이더맨: 파 프롬 홈〉, 5위 〈캡틴 마블〉까지 10편 중 3편이 히어로 영화다. 6위인 〈조커〉의 경우 〈배트맨〉의 악역 캐릭터를 영화화한 것으로 성격이 약간 다르지만, 어쨌든 큰 범주로 보자면 히어로 영화라 볼 수 있다.

나머지 영화들은 어떤가? 2위는 〈라이온 킹〉 실사판, 3위는 〈겨울왕국〉의 후속편, 7위는 〈스타워즈〉 시리즈, 8위는 〈토이 스토리〉 신작, 9위는 〈알라딘〉 실사판, 10위인 〈쥬만지〉는 과거 영화의 리메이크 버전이다. 그러니까 상위 10편의 영화 모두 상업적으로 성공이 담보된 작품들이었다. 음악으로 치면 베스트 앨범과 비슷하다. 히어로 영화나 시리즈 영화가 나쁘다는 건 아니다. 나도 이 작품들을 모두 재밌게 봤다. 모차르트나 베토벤 전집이 나쁜 음악은 아니지 않는가.

과거에도 대규모 블록버스터는 원작이 있는 경우가 많았다. 비용이 많이 들어가니 안전을 추구하는 건 당연한 일이다. 하지만 오리지널리티가 있는 작품도 종종 섞여 있었으며 실험적인 작품들도 가끔 나왔다. 하지만 이제 적어도 블록버스터에서는 그런 새로움을 찾아볼 수 없다. 영화사들이 몇 번 큰돈을 들여서 실패해 보고는 웬만해선 그런 모험을 하지 않는다. 아주

가끔 나오는 경우가 있는데, 그조차도 감독이나 배우가 이미 검증된 경우다. 그리고 그 감독이나 배우 역시 과거 세대인 경우가 많다. 새로운 히어로는 영화에서든 현실에서든 더는 나오지 않는다.

단순히 블록버스터만의 문제도 아니다. 더 심각한 건 작은 영화들, 소위 예술 영화라고 부르는 영역이다. 언젠가부터 과거 명작들이 극장에서 재개봉하는 경우를 심심찮게 볼 수 있다. 새 영화를 제작하기 힘들었던 코로나19 시기에 크게 늘어나기는 했지만, 그 경향성은 이전부터 나타났다. 그나마 블록버스터 영화는 기술력이 중요하기 때문에 내용은 진부하더라도 어쨌든 새롭게 만들 수밖에 없다. 반면 작은 규모의 영화들은 기술력이 크게 중요하게 작용하지 않기 때문에 과거 작품을 그대로 재개봉한다고 해도 관객의 거부 반응이 크지 않다.

어느 분야나 그렇지만 평론가나 소위 '전문가'들 중에는 클래식(고전) 애호가가 많다. "이 영화는 꼭 봐야 해. 요즘엔 이런 작품이 없다니까." 이런 말을 하며 과거 영화만 보는 이들이 있다. 그들의 취향을 존중한다. 실제로 과거 작품 중에 훌륭한 것도 많고, 지금 봐도 의미 있는 작품도 많다. 하지만 오직 명작만을 중시하는 태도가 미래에 어떤 도움을 주는지 잘 모르겠다. 명작 재개봉으로 그나마 작았던 예술 영화 시장은 더 위축되고 있다.

영화 시장이 성장을 유지할 때는, 과거 역사를 재조명하면서도 새로운 작품이 쏟아졌다. 하지만 영화 시장의 파이가 줄어들기 시작하자 제작사들은 인기작에만 몰두하고 있다. 대형 영화의 제작비는 치솟고, 작은 영화의 제작비는 축소됐다. 클래식 음악의 마지막과 묘하게 닮았다. 클래식 음악의 최전성기는 망하기 직전이었다.

코로나19 이전 세계 영화 산업은 최전성기를 구가하고 있었다. TV가 처음 보급될 때 영화 산업이 망할 것이라 했지만, 영화는 망하지 않았다. 인터넷 스트리밍 서비스가 등장했을 때도 위기라고 했지만, 중국과 같은 새로운 시장을 개척하면서 영화 산업은 확대됐다. 오히려 OTT 서비스over-the-top media service 덕에 제작 편수가 늘어난 시기도 있었다. 실제로 수익도 늘어났다. 그런데 이제 영화는 언제 망해도 이상하지 않은 산업이 됐다. 다들 OTT와 코로나19 때문에 영화 산업이 망한 것처럼 이야기하지만 그건 부차적이다. 자가 복제는 관객을 밀어낸다. 베스트 앨범이 돈을 버는 것처럼 보이지만 그건 일시적이다. 이제 히어로 영화는 보는 사람들만 본다.

단순히 클래식이나 영화만의 이야기는 아니다. 어쩌면 문화 전체가 이런 노쇠를 겪고 있는지도 모르겠다. 언젠가부터 문화 전반에 열풍이라는 표현이 식상할 정도로 복고가 열풍이다. 과거 음악과 패션이 다시 유행하고, 세계는 화려했던 그때를 추억한다. 어쩌면 인류 전체가 정점을 찍고 내리막에 들어섰는지 모른다. 물론 모든 복고가 과거로의 회귀를 의미하지는 않는다. 그중에는 복고라는 가면만 썼을 뿐 새로운 것도 많다. 하지만 자라 보고 놀란 가슴 솥뚜껑 보고 놀란다고, 요즘은 과거의 무언가가 유행하는 것만 봐도 가슴이 털썩 내려앉는 기분이다. 자라와 솥뚜껑이라니 표현도 지독히 복고스럽군.

케이팝에 역사를 묻지 마라

몇 년 전 해외에서 만든 케이팝 다큐멘터리를 본 적이 있다. 내가 겪어온 장소와 시간, 문화를 제삼자의 눈으로 바라볼 수 있다니 그 자체가 흥미로운 경험이었다. 격렬하게 공감하기도 했고, 새롭게 알게 된 부분도 있었으며, 고개를 갸우뚱거린 장면도 있었다. 그중 하나는 현재 케이팝에 직접적인 영향을 준 첫 번째 아이돌로 서태지를 뽑았다는 점이었다. '서태지와 아이들'은 한국 문화 산업에 큰 변화를 가져다준 아티스트지만, 그와 지금의 아이돌이 비슷한 부류처럼 느껴지진 않았다. 이후 케이팝의 역사를 다룬 해외 다큐와 기사들이 나올 때마다 찾아봤다. 그중에서는 아이돌의 효시를 신중현으로 보기도 했고, 더 올라가서 이李시스터즈나 이난영을 언급하기도 했다. 다큐를 보면서 "어떻게 외국인들이 저 아티스트들을 다 아는 거지?"하면서 감탄했지만, 그들의 논리에는 묘하게 공감이 되지 않았다. 서태지와 신중현, 이난영은 모두 훌륭한 아티스트지만, 아이돌의 직계라곤 하기 어렵다. 물론 문화는 다 영향을 주고받으니 후배들에게 영향을 줬을 수 있지만, 그 정도는 서양의 보이 밴드boy band나 일본의 아이돌 제작 방식이 더 큰 영향을 줬다고 할 정도로 미미하다.

이 괴리감은 무엇일까? 단순히 제삼자와 그 시대를 지나온 사람이 바라보는 시각의 차이일까? 마치 아이스 아메리카노를 커피라고 하고, 크림 범벅 파스타를 카르보나라라고 하는 한국인에게 분노하는 이탈리아 사람들의 반응 같은 것일까? 하지만 이것과도 조금 다른 느낌이다. 왜냐하면 "그래서 시초가 누군데?"라고 물어본다면 딱히 떠오르는 대답이 없으니까. 그러니까 이탈리아 사람들은 나름의 정답을 가지고 틀렸다고 흥분하지만, 우리는 그냥 아니라는 느낌만 있을 뿐이다. 그리고 이건 정확한 표현이다.

케이팝에는 전통이 없다. 케이팝은 그때그때 상황에 따라 적응한 결과물이다. 안 그래도 좁은 한국 음악 시장에서 인터넷의 확산으로 불법 복제가 횡행하자 기획사들은 해외에서 판로를 열어야 했고, 그 결과 지금의 아이돌과 케이팝의 원형이 생겨났다. 그건 생존과 직결된 문제였기에 전통이 아니라 전 세계 음악에서 차용할 수 있는 것을 차용하고 조합한 결과였다. 그렇기에 케이팝은 지독히 한국스럽지만 그 어디도 한국적이지 않다. 물론 그 자체를 역사성이라 볼 순 있겠지. 하지만 제작자든 수용자든 그 역사성에는 관심이 없다. 어쩌면 이것이 한국 문화의 전반적인 태도가 아닐까. 전통에 대한 무관심과 선진 문화에 대한 강렬한 열망, 전통이 없다는 것이야말로 어쩌면 한국 문화 산업의 가장 큰 전통일지도 모르겠다.

2000년대 초반 〈쓰리〉라는 영화 프로젝트가 있었다. 짧은 공포 영화 세 편을 묶은 옴니버스 방식의 시리즈였는데 1편은 한국, 홍콩, 태국 감독이, 2편은 한국, 홍콩, 일본 감독이 참여했다.* 제작자는 각 국가의 전통과 문화가 녹아 있는 공포를 기대하고 이런 식으로 영화를 기획했을 것이다. 감독들은 컨셉에 맞게 대부분 자국의 전통문화와 그 속에서의 귀신과 유령을 활용해 공포 영화를 만들었다. 하지만 오직 한 나라, 한국 감독들은 이 기대를 완전히 배신했다. 한국어로 만들어진 한국 영화였지만, 내용만 놓고 보면 그건 한국이 아니라 세계 어느 나라에서 만들었다 해도 전혀 이상하지 않은 무국적의 영화였다. 처음에는 다소 의아했는데, 앞의 맥락에서 보면 당연한 선택이다. 한국에서는 전통 귀신 영화를 만드는 게 더 어렵다. 구미호가 등장하고 무덤에서 일어나 "내 다리 내놔"를 외치는 귀신은 공포보다는 코믹에 가깝다. 공포란 것도 맥락이 있는데, 과거와 단절한 우리에게는 그런 정서가 없다.

최근 〈리키시力士〉라는 일본 드라마를 보면서 이 생각을 더 확고히 하게 됐다. 〈리키시〉는 일본 전통 스포츠인 스모를 배경으로 한 드라마다. 내용만 놓고 보면 〈슬램덩크〉식의 전형적인 스포츠 드라마라 할 수 있지만, 그 종목이 하필 스모다. 이건 중요하다. 스모는 현대적 관점에서 특별히 미적이지 않으며

---

* 1편은 김지운 감독이, 2편은 박찬욱 감독이 참여했다.

(놀림받기 딱 좋은 체구와 복장), 실용적이지도 않고(스모는 혼합 격투기 경기에서 가장 힘을 못 쓰는 종목 중 하나다), 심지어 올바르지도 않다(여성은 스모를 못 하는 건 둘째 치고 경기장에 발도 들여놓아서는 안 된다). 이건 내 말이 아니라 드라마 초반 등장인물들의 입을 통해 나오는 대사다. 드라마라서 좀 좋게 포장할 거 같지만 그런 건 없다. 일본 사람들도 이런 평가를 딱히 기분 나빠하지 않을 것이다. 왜냐하면 일본의 특유의 덕질 문화는 '그럼에도 불구하고' 스모 속에서 가치와 감동을 발견하고 이어가기 때문이다. 어쩌면 약점이 있기에 그들은 전통에 더 가치를 느낄지도 모른다. 드라마 초반에 스모를 우습게 여기던 주인공은 드라마가 끝나갈 즈음 스모에 더 없이 진심이 된다.

2019년 한국에서도 전통 스포츠인 씨름이 인터넷을 중심으로 갑작스런 주목을 받으며 흥행한 적이 있다. 물론 이 사실을 지금 이 글을 보고 알게 된 이들도 있겠지만, 아무튼 그런 일이 있었다. 시발점이었던 2018년 학산배 전국장사씨름대회 결승전은 유튜브에서 조회 수 400만을 기록했다. 그런데 이 흥행은 〈리키시〉와는 완전히 다른 유형의 태도를 보여준다.

남성 씨름에는 태백, 금강, 한라, 백두 총 네 개의 체급*이 있다. 일반적으로 격투기는 상위 체급에 더 많은 관심이 쏠리며, 씨름 역시 최고 명예라 할 수 있는 '천하장사'가 늘 한라급

---

* 태백은 80킬로그램 이하, 금강은 90킬로그램 이하, 한라는 105킬로그램 이하, 백두는 140킬로그램 이하다.

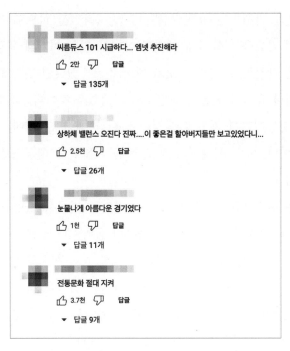

씨름듀스 101 시급하다... 엠넷 추진해라

👍 2만 👎 답글

▼ 답글 135개

상하체 밸런스 오진다 진짜....이 좋은걸 할아버지들만 보고있었다니...

👍 2.5천 👎 답글

▼ 답글 26개

눈물나게 아름다운 경기였다

👍 1천 👎 답글

▼ 답글 11개

전통문화 절대 지켜

👍 3.7천 👎 답글

▼ 답글 9개

학산배 전국장사씨름대회 결승 영상에 달린 시청자 반응. 출처: Youtube

과 백두급에서 나왔다. 그런데 당시 흥행은 특이하게도 아래 체급인 태백급과 금강급이 중심이 되었다. 왜 그랬을까? 이유는 단순하다. 훈련된 90킬로그램 이하 남성의 피지컬이 요즘 미적인 기준에서 그야말로 아름답기 때문이다. 사람들은 토르소 같은 신체를 가진 이들의 근육과 빠른 기술이 만들어낸 스피디한 게임에 매료됐다. 이 흥행에서 씨름이 한국의 전통 스포츠라는 건 전혀 중요한 게 아니다.

물론 "역시 전통이 최고야"라는 식의 추임새가 따라붙었지

만, 그건 의례적인 표현일 뿐이었다. 〈리키시〉식으로 전통을
존중해 감동을 만들어내는 것이 아니라 지금 여기의 관점에서
매력을 발견한다. 만약 스모가 한국 스포츠였다면 진작에 도태
되었거나 규칙과 전통의 상당수가 바뀌었을 것이다. 2019년 씨
름은 전통이라서 재발굴된 것이 아니라 매력적이기에 재발굴
된 것이다. 마치 서태지가 새로운 음악을 위해 태평소를 꺼내
썼듯이.

케이팝의 어떤 부분은 분명 우리의 과거에서 영향을 받았
을 것이다. 하지만 그건 다른 나라의 음악이나 장르와는 궤를
달리한다. 케이팝은 자신들에게 필요한 것이라면 무엇이든 습
득한다. 앨범마다 장르를 바꿔도, 어제는 힙합을 하다가 오늘
은 그런지grunge를 해도, 심지어 한 곡 안에서 수없이 장르를 오
가도, 전혀 이상하지 않은 세계 유일의 아티스트 집단이 있다
면 그것이 바로 한국 아이돌이다. 한국 문화는 근본 없이 받아
들여서 현재의 성과를 성취했다. 한국 문화가 빈약하다거나 아
티스트들이 역사성을 고민하지 않는다는 말이 아니다. 그냥 우
리 사회가 그런 것에 무관심하다. 우리가 문화를 대하는 태도
가 옳다거나 일본의 태도가 글렀다거나 혹은 그 반대라는 것도
아니다. 각각이 문화를 이루어낸 방식이 있는데 한국은 어쨌든
이런 방식으로 현재까지 굴러왔고, 그 이유가 무엇이든 정점에
올랐다.

　문화뿐 아니라 한국의 산업과 정치도 비슷하다. 우리는 생존하기 위해 새로운 것을 받아들이고 또 흉내 내며 발전했다. 그 과정에서 우리는 단절한다는 의식도 없이 과거와 단절했다. 이건 장점도 아니고 단점도 아니다. 그냥 현상이다. 현재 한국의 성공은 그런 태도를 가졌기에 성취할 수 있었다. 박정희는 일본의 계획 경제를 흉내 냈고, 김대중은 아시아식 민주주의를 외치는 주변 국가들을 무시하고 서구식 민주주의를 받아들여 동아시아 유일의 민주국가를 성취했다. '다이내믹 코리아'야말로 문화적으로든 경제적으로든 정치적으로든 한국을 가장 잘 표현한 캐치프레이즈다.

　그런데 지금의 한국 사회는 분야를 가리지 않고 복고가 열풍이다. 지난 6월 대한민국의 합계 출산율이 0.6명을 찍었다. 한국은 세계에서 가장 빨리 늙어가고 있다. 독일의 물리학자 막스 플랑크Max Planck는 이렇게 말했다. "새로운 과학적 진리는 반대자들을 설득하거나 감화시키지 않는다. 그보다는 반대자들이 다 죽고 나서 새로운 진리에 익숙한 새로운 세대가 나타날 때 비로소 승리한다." 이 때문에 과학계에는 다음과 같은 농담이 회자된다. "과학은 장례식을 통해 발전한다."

　한마디로 노땅들이 사라져야 세상이 발전한다는 소리다. 그런데 세상은 변했다. 막스 플랑크는 150년 전 사람이다. 노땅들이 사라져야 세상이 바뀐다고 말하기에는 우린 너무 오래 산다. 복고의 유행은 당연히 이런 측면에 기인한다. 젊은이는 이제 주류도 아니고 수적으로 새로운 문화를 창출할 정도도 안된다. 그러니 오히려 아버지 어머니 때의 좋았던 과거에서 그들은 새로움을 발견한다. 복고가 꼭 나쁘다는 건 아니다. 베스트 앨범은 잘 팔릴 뿐 아니라 퀄리티도 좋다. 하지만 안타깝게도 한국은 역사를 추억하는 순간 그 시점에서 서서히 몰락할 것이다. 왜냐하면 애초에 한국은 전통을 세우지 않음으로써 성공했으니까.

현 정부는 취임 초기부터 역사 바로 세우기에 몰입하여 초대 대통령을 국부로 세우고, 공산당 전적을 핑계로 독립운동가의 흉상을 치워버리려고 한다. 한 지자체에서는 국내 굴지의 대기업 창업자들의 흉상을 60미터 높이로 건립한다는 계획을 발표하기도 했다. A는 훌륭한 사람이니 기리는 것이 의미 있고 B는 그렇지 않다는 식의 가치 판단을 할 생각은 전혀 없다. 자신의 정치적 입장에 따라 의견이 있을 테고, 본인 편한 대로 믿고 살면 된다. 내가 지적하고 싶은 건 본질적인 것이다. 왜? 그러니까 왜 하필 지금인가? 어떤 열망이 사람들을 과거로 불러들여 역사에 집착하게 만드는가? 나는 역사 바로 세우기가 정치 버전의 복고 열풍이라고 확신한다. 그런 의미에서 현 정권을 비판하며 또 다른 우상을 소환하는 반대파들에게도 같은 문제의식을 느낀다. 언젠가부터 여야를 막론하고 정치가 제사를 지내고 있는데, 한국은 그런 식으로 미래를 창출한 적이 없다.

미국은 역사가 짧지만 전통은 확실한 국가다. 그들은 건국의 아버지로부터 미국을 물려받았다. 그래서 문제가 생기면 과거로 돌아가 문제를 해결한다. 하지만 한국에는 건국의 아버지가 없다. 물론 독립운동가도 있고 국가를 세운 사람도 있지만, 그들은 상징이 되었을 뿐이다. 한국은 독립운동가를 소외시키고 세워졌으며, 그들을 밀어내고 초대 대통령이 된 이승만은 국부가 아니라 독재자가 되어 끌려 내려왔다. 군사 정권은 시민의 법정에 섰으며, 가장 높은 지지율로 임기를 시작한 김영삼은 가장 인기 없는 대통령으로 임기를 마무리했다. 사랑받던 영애는 촛불 혁명으로 임기도 끝내지 못하고 감옥으로 끌려갔다. 다른 지도자들도 마찬가지다. 정치 평론가 김수민은 때아닌 역사 바로 세우기를 하는 정부를 비판하면서 이렇게 썼다.

"대한민국은 시작부터 레닌, 마오쩌둥, 김일성 같은 유아독존적 영도자를 거부했다. 그리고 국민들은 초대 대통령이라고 봐주는 법 없이 독재자를 축출했다. 이 나라 역사는 '우상 파괴'의 역사다. 그 우상을 다시 세우려는 것이 바로 '자학 사관'이다. '건국의 아버지'는 없다. 이것이 대한민국의 매력이다."

우리는 과거를 돌아보지 않는다. 건국의 아버지는 없다. 그것이 대한민국의 매력이자 저력이고 우리가 살아남은 방식이다.
한국뿐 아니라 전 세계가 늙어가고 있다. 선진국들은 모두 한국과 비슷한 처지고 심지어 젊은 국가의 대표 격으로 여겨지던 베트남조차 발전하기도 전에 늙을 것을 걱정하고 있다. 그런 면에서 복고가 세계적인 트렌드인 것도 당연하다.

이건 한국에게 좋기도 하고 나쁘기도 하다. 일단 좋은 건 우리의 늙음이 어느 정도 커버된다는 것이다. 나이란 건 언제나 상대적인 거니까. 나쁜 점은 늙어가는 세계가 국경을 걸어 잠그고 과거의 영광을 그리워한다는 것이다. 이런 분위기는 수출로 먹고사는 한국 같은 국가에게 재앙과도 같다. 어쩌면 출산율은 큰 문제가 아닐지도 모른다. 문제라 해도 방법도 없고. 출산율이 높아진다 해도 어차피 수출을 유지하지 못하면 한국의 몰락은 정해져 있다.

그런 의미에서 진짜 중요한 건 '우리가 어떻게 새로움을 유지하는가'이다. 우리는 이탈리아 같은 관광지도 없고, 미국이나 중국처럼 문화를 자랑스러워하지도 않으며, 일본처럼 별것도 아닌 문화를 특별하게 만들지도 못한다. 우리의 콘텐츠는 변화다. 끊임없이 새로워지지 않는다면, 우리는 세계 시장에서 가장 빨리 도태될 것이다. 그런데 이런 위기 상황에 대중은 과거를 그리워하고, 정치인은 위대한 역사를 바로 세우겠다고 말하고 있다. 이런 행위는 나라를 바로 세우는 것이 아니라 오히려 몰락을 앞당길 뿐이다.

그러니 없던 역사 만들어서 파는 짓 좀 하지 말자. 아이를 낳든 안 낳든 상관없다. 다만 늘 새로우라. 그것이 힘들다는 건 안다. 나이가 들면 사람은 향수에 젖게 되고 과거의 영광을 노래하게 되거든. 하지만 사회 전체가 그렇게 돌아가선 안 되며, 한국은 더더욱 그래서는 안 된다. 나라의 미래를 걱정하는 진정한 애국지사라면 동상을 세우고(혹은 철거하며) 우상을 만들 것이 아니라 지금 당장의 새로움을 고민해야 한다.

"역사를 잊은 민족에게 미래는 없다"라는 정체불명의 격언이 있다. 누가 했는지도 확실하지 않지만 아직까지도 당당히 인용되는 걸 보면, 분명 훌륭한 말일 게다. 하지만 나는 적어도 지금은 정반대로 말하고 싶다.

"역사를 추억하는 민족에게 미래는 없다."

2023년 9월

"역사를 추억하는 민족에게 미래는 없다."

오직 이 한 문장을 위해 쓴 글이 아닐까 싶다. 나는 기본적으로 아나키스트기 때문에 내셔널리즘이라고 하면 속에서부터 거부 반응부터 튀어나온다. 그래서 저 문장에서 '민족'이라는 단어 대신 다른 단어를 넣고 싶어 꽤 오랜 시간 고심했는데, 다른 단어는 맛이 살지 않아서 결국 그대로 사용했다. 대신 글 컨셉을 바꿨다. 조선 시대에 국왕께 상소를 올리는 충신 모드랄까, 마치 소설 화자가 작가는 아닌 그런 느낌? 이제까지 쓴 내 모든 글을 통틀어 가장 애국심이 '뿜뿜'하는 글이 아닐까 싶다. 하긴 《스켑틱》에 쓴 원고가 전반적으로 그런 태도를 취하고 있다.

언젠가부터 기념일이 돌아오듯 역사 논쟁도 반복된다. 사람들은 자신이 존경하는 혹은 상징으로 세우고 싶은 인물을 성역화하고 반대편 인물을 깎아내리며 시간을 보낸다. 나 역시 처음 뉴라이트New Right의 존재를 알게 됐을 때 광분했던 기억이 난다. 말도 안 되는 주장이니 곧 사라질 것이라 생각했다. 하지만 놀랍게도 그들의 목소리는 점점 더 커지더니 이제는 어느 정도 세를 이룬 것처럼 보인다. 논란은 더 커졌고 사람들은 더 열렬히 싸우고 있다. 그리고 대다수는 그냥 피로해졌다. 그리고 나는 아마도 이 싸움이야말로 그들이 바라던 그림이 아닐까 생각하고 있다.

이 문제에 대해서 각자가 생각이 있을 것이고 옳고 그름이 있을 것이다. 하지만 내가 궁금한 건 언제나 그렇듯이 '왜 이렇게 열심히 싸우느냐' 하는 것이다. 단순히 이권이 걸려 있다는 것만으로는 설명하기 어렵다. 나는 이 반복되는 논쟁이 우리 사회의 일면을 보여준다고 생각한다.

정치인들은 큰일을 하기 전, 혹은 선거에 나가기 전후에 자신과 같은 편이라고 생각하는 사회 원로를 찾아간다. 돌아가셨다면 무덤을 참배한다. 돌아가신 분은 편을 따질 수 없기 때문에 더 유용하다고 할 수도 있겠다. 어른을 찾아뵙는 것 자체는 나쁜 게 아니다. 살다 보면 원로의 조언이 필요한 일도 있고, 큰일을 하기 전에 돌아가신 분 앞에서 다짐을 하는 과정이 필요한 때도 있다. 그런데 우리가 여기서 생각해 볼 문제는 왜 그 과정이 모두 공개적으로 이루어지는가 하는 점이다. 그렇지 않은가? 아무리 유명인이라도 일거수일투족이 모두 공개되진 않는다. 그러니 그냥 언론 몰래 조용히 찾아가면 되는데 정치인들은 절대 그러지 않는다.

그러니까 누군가를 예방하고 참배하는 것 자체가 메시지로 활용된다. 왜 정치인들은 그런 메시지를 내는가? 당연한 말이지만 효과가 있으니 내겠지. 진짜 효과가 있는지는 모르겠지만 적어도 그들은 그렇게 생각하는 것 같다. 그렇다면 과연 이런 퍼포먼스가 사회적으로도 도움이 되는가? 나는 일말의 도움도 되지 않는다고 생각한다. 특히 한국에서는.

글의 취지와는 전혀 다르지만 나도 돌아가신 분에게서 영감을 얻어보겠다. 좌파 지도자였던 김대중은 우파 성향 인사인 자민련 김종필을 끌어들여 대한민국 역사상 처음으로 정권 교체를 이뤄

냈다. 지금이야 김대중과 김종필의 연대를 그냥 정치색이 다른 이들의 야합 정도로 여기겠지만 그 정도 수준이 아니다. 김종필은 박정희의 군사 쿠데타를 기획한 사람이고, 김대중은 그 군사 정권에 맞서 평생을 싸운 사람이다. 박정희는 유신을 반대하던 김대중을 납치해서 살해하려다 실패한 그야말로 철천지원수라고 할 수 있다. 김종필과 김대중이 직접적인 원한 관계는 아니지만 물과 기름처럼 섞이기 힘든 사람들이었다. 김대중의 연대 요청에 김종필은 연대의 조건으로 박정희 대통령을 재평가해 줄 것을 요청했다. 사실상 김대중이 평생을 싸워온 군사 정권을 인정해 달라고 요구한 셈이다. 김대중은 숙고 끝에 김종필의 제안을 받아들이고 대통령에 당선된 뒤 박정희 기념관을 건립해 자신의 약속을 지켰다.

이뿐만이 아니다. 김대중은 취임 후 전두환과 노태우 두 전직 대통령을 사면했다. 김대중 대통령이 신군부로부터 사형을 선고받았다가 겨우 살아남았다는 걸 생각해 보면 이 역시 의외의 선택이다. 물론 전두환과 노태우, 박정희의 죄는 꼭 김대중 개인에게 저지른 것이 아니므로 그가 대체 어떤 자격으로 용서를 한 것인지는 모르겠다. 하지만 정치적으로만 본다면 그의 선택은 그야말로 결단이라 할 수 있다. 그가 전두환을 진심으로 용서했는지, 박정희를 진심으로 인정했는지는 누구도 알 수 없다. 사실 알 필요도 없다. 그가 한 행동의 사회적 의미는 인정이나 용서가 아니다. 그는 국가의 멱살을 쥐고 그 역사적 사건을 넘어갔다. 과거를 넘어갔다. 그런 의미에서 김대중은 내가 본문에서 쓴 한국의 강점을 제대로 파악하고 할 일을 한 지도자였던 셈이다.

2024년 김대중 대통령 서거 15주기 추모식, 탄생 100주년 기념식에는 여야 대표를 포함해 유력 정치인들이 대거 모였다. 아이러니하지 않은가? 그들은 김대중을 그립다고 말하면서도 그가 했던 정치의 의미에 대해서는 완전히 무관심하다. 오히려 정반대로 하고 있다. 역사를 추억하는 이들은 사실 추억을 하는 것이 아니다. 자신의 입맛에 맞게 과거를 각색할 뿐이다.

다시 글로 돌아가서 결국 새로움에 관해 이야기를 했는데, 어떻게 계속 새로울 수 있는가에 대해서는 이야기하지 않고 끝났다. 한국식 새로움은 결국 다른 것을 끊임없이 받아들이고 혼용하고 변화하는 과정에서 발생했다. 여기서 한국의 선진 문화에 대한 추종이 빛을 발했다.

한국 편파적으로 문화 유행의 흐름을 보면, 유럽-미국-일본-한국 순서로 흘러왔다. 후발 주자는 앞의 문화를 받아들여서 오히려 더 완성도를 높였다. 미국은 유럽 문화를 받아들여 상업화에 성공했고, 일본은 서구 문화를 받아들임과 동시에 서구의 기준에 자신들의 문화를 끼워 맞췄다. 그리고 한국은 그 서양화된 일본 문화까지 모두 흡수한 다음 '힙'하고 자극적이고 재밌는 것만 골라서 가장 글로벌 스탠더드 같으면서도 본 적 없는 문화를 창출했다. 무분별한 차용, 역사 없음, 가벼움 등등 과거 우리가 단점이라고 지적했던 우리 문화의 특징이 알고 봤더니 세계가 열광하는 포인트였던 셈이다. 설치미술가 오묘초는 K-문화의 특성을 '팝업 스토어'에 비유했는데, 그 비유가 너무 찰떡이라 처음 들었을 때 무릎을 쳤던 기억이 난다.

그렇다면 한국이 새로움을 계속 간직하려면 어떻게 해야 할까? 별것 없다. 하던 대로 해야지. 그런데 이미 서양이나 일본 것은 충분히 가져다 썼다. 그러니 이제 새로움을 위해서는 후발 주자의 문화를 받아들여야 한다. 그런데 그럴 수 있을지는 모르겠다. 우리는 소위 선진적이라 생각하는 문화는 쉽게 받아들이는 반면, 그 반대에는 놀랍도록 차갑게 군다. 그런 면에서 아마도 제2의 봉준호나 박찬욱은 한국인이 아니라 한국으로 온 이민자나 2세대, 혹은 해외에서 K-문화를 즐기고 있는 이들이 될 가능성이 높다. 비율로 봤을 때는 동남아시아 쪽이 가능성이 높지 않을까 싶지만 두고 봐야겠지.

사실 나는 한국의 문화 콘텐츠가 승승장구하는 것에 특별한 관심은 없다. 물론 그러면 좋겠지만 아니어도 상관없다. 한국이 아니더라도 어쨌든 새로운 문화는 계속 튀어나올 테니까. 그 미래를 보고 싶다.

4장

더 나은 선택이라는 착각

성공에도
공식이 있을까

언젠가부터 인터넷 여기저기서 테무Temu라고 적힌 광고가 눈에 띄기 시작했다. 광고도 알고리즘이라고 하는데, 테무는 반쯤 제로 웨이스트zero waste를 실천해서 수익에 하등의 도움이 되지 않는 나 같은 실속 없는 고객의 광고 창에도 도배할 정도로 압도적인 물량 공세를 퍼붓고 있다. 광고의 내용은 식상하다. 몇십만 원 할 것 같은 물건을 만 원대로, 몇만 원 하는 물건을 천 원대로 판다는 내용. 심지어 지금 가입하면 물건을 공짜로 준다는 문구도 있다. 참고로 식상한 광고는 언제나 효과적이다. 할인은 참아도 공짜는 못 참지. 물론 인터넷에 닳고 닳은 나는 이 정도로 광고를 클릭하지 않는다.

테무의 공격적인 홍보는 비단 한국에서만 벌어지는 일이 아니다. 미국 미식축구 챔피언십인 슈퍼볼은 세계에서 광고비가 가장 비싸다고 알려져 있다. 2023년 기준으로 1초당 3억 원가량. 테무는 2023년 슈퍼볼에 30초짜리 광고를 여섯 차례 상영했다. 그럼 대체 한 경기에 얼마를 태운거야? 단순한 산수니 각자 계산해 보자. 가난한 기업이 영혼까지 끌어모아 슈퍼볼에만 광고를 한 건 아닐 테니, 아마 내가 시달리듯이 전 세계 모든 네티즌들이 테무의 압도적인 광고 공세에 시달리고 있다는 걸 상상해 볼 수 있다. 테무가 2023년 한 해 광고비로 지출한 비용은 약 17억 달러(약 2조 3000억 원)로 추정되며, 2024년에는 그보다 두 배 많은 금액을 쓸 것이라고 한다. 이 막강한 광고의 힘으로 테무는 미국 출시 6개월 만에 구글 플레이스토어와 애플 앱 스토어에서 다운로드 수로 1위까지 올라갔으며, 미국 전자상거래e-commerce 시장에서 부동의 1위인 아마존에 이어 2위로 올라섰다.

결국 나는 테무에 항복 선언을 할 수밖에 없었다. 광고를 클릭했다는 소리다. 광고 그 자체보다는 이 기세에 호기심이 생긴 건데, 이유야 뭐든 클릭했으면 진 거지. 역시 식상한 건 이길 수 없다. 한낱 개인의 제로 웨이스트 실천 따위가 어떻게 자본주의를 이기겠는가. 그래서 이미 진 김에 테무가 무엇인지 왜 내가 질 수밖에 없었는지 파헤쳐 보기로 했다.

대기업 시장에 뛰어든 초짜

테무, 영어 발음 규칙대로 읽자면 '티무'라고 읽는 게 맞는 것 같지만 다 "테무"라고 부르니 테무라고 하자. 테무는 중국 회사 핀둬둬拼多多에서 운영하는 해외 전용 쇼핑몰이다. 알리익스프레스AliExpress(이하 알리)와 비슷하다고 생각하면 된다.

혹시 알리가 뭔지 모르는 분을 위해 덧붙이자면, 수년 전부터 압도적인 광고로 물량 공세를 퍼부은 중국 쇼핑몰이다. 배우 마동석이 등장하는 광고를 인터넷이든 지하철이든 어디서든 한 번쯤은 봤을 것이다. 아니, 수없이 봤을 것이다. 테무의 등장 이후 알리도 덩달아 열심히라 요즘은 테무와 알리 광고만 번갈아 보인다. 덕분에 망해가는 줄 알았던 메타(페이스북과 인스타그램 소유)가 2023년 하반기 광고 수익만으로 어닝서프라이즈earning surprise*를 기록했다. 알리야 중국 IT의 상징 같은 기업인 알리바바Alibaba가 운영하는 곳이니 압도적으로 물량 공세가 그렇게까지 이상하게 느껴지진 않았다. 그런데 벼락같이 등장한 테무가 알리를 넘어서는 막강한 화력을 자랑하는 점이 이상하다 못해 무슨 음모가 숨어 있는 것은 아닌가 느껴질 정도다. 심지어 그 시기는 코로나19 이후 중국이 침체기에 빠져든 이후다. 대체 테무의 이 막강한 화력은 어떻게 생겨난 것인가.

테무를 운영하는 핀둬둬는 콜린 황Colin Huang(황정黃崢)이라는 사람이 창업한 전자상거래 회사다. 콜린 황은 핀둬둬를 창업하기 전에 구글을 비롯한 유수의 IT 기업에서 일하며 스톡

---

* 실적이 예상 기대치를 뛰어넘는 것을 뜻하는 말로, 우리나라에서는 "깜짝 실적"이라고도 한다.

옵션 등을 통해 꽤 많은 자금을 모았다. 그는 구글이 자신의 기여보다 훨씬 많은 돈을 줬다며, 구글이 직원들에게 너무 많은 돈을 주는 바람에 직원들이 딴생각을 하기 시작했고 오히려 중요한 시기를 놓쳤다는 농담 아닌 농담을 한 적이 있다. 아무튼 그 역시 회사를 다니며 딴생각을 했는지 퇴사 후 스타트업에 뛰어들었다. 그리고 몇 차례 투자금을 회수하는 데 성공해 큰 돈을 벌었다. 그리고 마지막에 차린 기업이 바로 핀둬둬다.

하지만 그가 핀둬둬를 창업한 2015년은 전자상거래 시장이 이미 성숙기에 접어들던 때였다. 중국 역시 마찬가지였다. 우리는 중국이나 동남아 국가들을 무시하는 경향이 있는데, 오히려 이쪽 국가들은 발전과 동시에 전자상거래 시장으로 직행해 한국이나 유럽보다도 앞선 측면이 있다. 당시 중국 전자상거래 시장의 선두는 알리바바가 운영하는 타오바오淘宝网로 시장의 절반 정도를 차지하고 있었고, 나머지 절반의 절반은 징둥닷컴 (JD.COM)이 점유하고 있었다. 시장이 성숙기에 접어든 만큼, 두 기업은 전자상거래 시장이 향후에도 꾸준히 성장하기는 하겠지만 과거처럼 폭발적으로 증가하지는 않을 것이라는 판단을 내렸다.

이럴 때 정답은 정해져 있다. 규모가 아닌 품질을 높이는 것이다. 두 기업 모두 이 길을 따랐다. 알리바바는 저렴하지만 질 나쁜 물건을 판다는 이미지에서 벗어나기 위해 유명 브랜드를 입점시키고 고객의 다양한 니즈를 충족시킬 변화를 모색했다. 징둥닷컴은 빠른 배송을 중요시하는 방향으로 확장했다.

우리도 쿠팡으로 체험하고 있지만, 빠른 배송의 이점은 제품을 소비하는 경험을 변화시킨다. 약간의 비용이 상승해도 편리함을 맛본 이들은 과거로 돌아갈 수 없다. 한마디로 두 회사는 모두 고급화 전략을 폈다. 두 회사의 전략은 지극히 상식적이며, 우리의 경험을 돌이켜 봐도 맞는 방향이라 할 수 있다.

그런데 콜린 황의 생각은 전혀 달랐다. 그는 여전히 저가 시장이 중요하다고 생각했다. 여기서 의아할 것이다. 저가 시장은 거래별 수익이 높을 수가 없다. 특히 택배를 이용해야 하는 전자상거래에서는 수익을 내기 더 어렵다. 무엇보다 2015년에는 알리바바나 징둥닷컴이 이미 저가 시장을 잡고 있었다. 수익이 잘 나지 않는 시장, 그것도 이미 대기업이 자리를 차지하고 있는 시장에 뛰어드는 스타트업이 있다고? 맞다. 그것이 핀둬둬다. 핀둬둬의 전략은 단순하다. 무조건 싸게 판다. 다른 기업은 저가지만 우리는 초저가다. 핀둬둬가 주목한 건 중국의 중하층 인민들이었다. 빈부 격차가 큰 중국의 경우 저가인 쇼핑몰조차 당시 주 고객이 대부분 중산층이었다. 80퍼센트를 차지하는 중하층의 경우 경제력도 없지만, 결제할 방법조차 마땅치 않았다. 신용카드 사용이 일상적인 한국과 달리 중국은 그 시스템이 갖춰져 있지 않았다.

그런데 핀둬둬가 사업을 시작할 즈음 위챗페이WeChat Pay 등 새로운 온라인 결제 시스템이 등장한다. 새 결제 시스템은 간편하기도 하지만, 신용카드에서 말하는 '신용'이 필요하지 않다. 이로 인해 중국의 중하층, 하위 80퍼센트도 온라인 시장의 소비자가 된다. 그런데 이들에게는 기존의 저가 제품이 전혀 저가가 아니었다. 바로 이들이 핀둬둬의 1차 타깃이었다. 핀둬둬는 위챗과 연계해 공동 구매 형태로 상품을 상상 이상의 저가로 가져온다. 테무의 이름 그대로 '여럿이 함께, 가격은 낮게 Team Up, Price Down'다. 하지만 저가 제품은 단순히 가난한 이들만이 선호하는 것이 아니다. 생각해 보라. 150만 원짜리 아이폰을 아무렇지 않게 살 수 있는 사람도 과일값이 올랐다고 광분하고, 100원이라도 싸게 사기 위해 쿠폰을 먹인다. 결국 저가는 계층을 가리지 않고 선호한다. 핀둬둬는 위아래를 가리지 않고 시장 점유율을 높여나간다.

중국산은 아주 오래전부터 저가 컨셉을 가지고 있었고, 실제로 저렴하게 판매된다. 그런데 핀둬둬는 그보다 더 저렴하다. 우리가 테무 광고를 볼 때 느끼는 충격(그 가격이 말이 되나?)을 중국 사람들도 느낀다. 공동 구매를 한 기업이 핀둬둬가 처음도 아닌데 어떻게 그들만이 초저가로 상품을 판매할 수 있을까?

첫 번째 비법은 의외로 싱거운데, 생산자와 직접 거래를 하는 것이다. 농작물을 팔 때는 시골을 직접 찾아간다. 공산품은 브랜드를 떼고 공장을 직접 찾아가서 제품을 받는다. 주문자상표부착생산Original Equipment Manufacturer, OEM만 하던 공장이 핀둬둬를 통해 명성을 올린 경우가 꽤 있다. 그런데 핀둬둬가 아니더라도 직거래를 하는 곳은 많다. 큰 규모의 쇼핑몰, 심지어 오프라인 매장도 대부분 그런 방식을 사용한다. 흔한 방식이지만 테무는 끝이 없이 파고든다. 그들은 중간 마진을 상상 이상으로 줄여버린다. 어느 정도로 줄이냐면 심지어 자신들조차 수수료를 받지 않는다. 전자상거래 시장이 성숙해지고 나면 더 빠르게 배송하고 수익을 올리기 위해 결제 시스템을 만들고 물류 창고를 통해 직접 배송을 한다. 그러면 쇼핑몰이 수수료를 받는 것이 용서가 된다. 하지만 핀둬둬는 그런 건 쿨하게 판매자에게 맡긴다. 수수료를 받지 않으니 설비를 갖추지 못했다고 비난할 것도 없다. 그래서 핀둬둬에는 대다수의 온라인 쇼핑몰에서 지원하는 장바구니 시스템이 없다. 어차피 개별 아이템을 구매하면 판매자가 보내기 때문에 합배송을 할 이유도 없고 할 수도 없다. 그런데 중간 유통 단계를 줄였다고 판매자가 큰 수익을 거두는 것도 아니다. 핀둬둬가 그렇게 놔두지 않는다. 저가 제품 중에는 개당 몇 원 수준의 아주 적은 마진을 올리는 제품도 많다. 판매자는 박리다매를 해야 겨우 수익을 남긴다.

수수료를 떼지 않으면 핀둬둬는 어디서 수익을 얻는가? 일단 광고가 있다. 모든 거대 쇼핑몰이 그렇듯이 핀둬둬의 매출 중 광고가 상당 부분을 차지한다. 또한 일종의 PB제품*을 만들어 약간의 수익을 올린다. 그리고 마지막으로 그들은 고객 정보를 판매한다. 고객의 소비 패턴 등 쇼핑을 통해 얻은 정보를 기

---

* private brand 상품을 뜻하는 것으로, 대형 마트 또는 편의점 등 판매사에서 자체적으로 출시하여 판매하는 제품을 뜻한다.

업에게 제공하고 돈을 받는다. 초기에 있었던 해프닝이긴 하지만, 심지어 소비자의 폰에 백도어backdoor*를 심어 소비자의 개인 정보를 빼낸 것이 들통나기도 했다. 지금은 이런 행위를 하지 않……겠지? 아무튼 꽤 큰 스캔들이었지만 핀둬둬는 이런 위기조차 가볍게 넘어섰다. 왜냐하면 어쨌든 저렴한 제품을 파니까.

핀둬둬는 오직 제품의 가격을 낮추기 위해 모든 걸 포기한다. 판매자뿐 아니라 직원들도 짜낼 수 있을 만큼 짜낸다. 연봉은 타기업보다 다소 많은 것으로 알려져 있지만, 노동 시간은 1.5배 이상이다. 중국 내 한 사업장은 월 300시간이 넘는 업무를 해 논란이 되기도 했다. 복지 혜택 같은 것도 없다. 복지는 고사하고 사무실에는 직원이 사용할 화장실조차 부족하다. 화장실을 가기 위해서 줄을 서야 할 정도. 이 때문에 회사에서 물을 마시지 않는다는 직원도 있다고 한다. 회사에서는 딴짓하지 말고 일만 하라는 거지. 우리가 익히 알고 있는 IT 기업의 환상적인 복지 혜택이 핀둬둬에게는 적용되지 않는다.

억만장자처럼 쇼핑하라

테무는 핀둬둬가 중국에서 자리를 잡은 이후인 2019년에

---

* 시스템 관리자가 사용자 인증 등 절차를 거치지 않고 사용자의 시스템에 접근할 수 있도록 연결해 놓는 것을 뜻한다.

시작한 해외판 서비스다. 물론 여기서는 해외 배송이라는 과정이 들어가기 때문에 자신들을 한 번 거쳐서 간다. 물건을 모아 모듬 배송을 하고 이 과정에서 약간의 수수료를 받는다. 그래서 핀둬둬에는 없는 장바구니가 테무에는 있다. 그렇다고 해서 이 절차에서 큰돈을 버는 건 아니다. 구입해 본 사람은 알겠지만, 테무는 무료 해외 배송을 해주기 때문에 수익이 거의 남지 않을 것이다. 수익이 아니라 적자가 난다.

골드만삭스는 2023년 테무가 배송을 한 번 할 때마다 약 7달러의 적자가 났다고 추정했다. 물론 이 적자에는 막대한 광고비도 포함된 것이겠지만, 무료 배송으로 인한 적자도 적지 않을 것이다. 이렇게 무식하게 적자를 낼 수 있는 건 모회사인 핀둬둬가 중국에서 안정적으로 수입을 올리고 있기 때문이다. 그들은 내수 시장에서 번 돈으로 해외에서의 적자를 감수하며 '치킨 게임'을 벌이고 있다. 이 게임에서 이기면 세계를 삼키는 것이고, 지면 중국으로 돌아가면 된다.

테무가 저가 가격을 유지하는 또 하나의 방법은 입찰 경쟁이다. 테무는 일주일마다 입찰을 진행한다. 한 번 입찰이 되더라도 다음 주에 또다시 경쟁해야 한다. 자신이 지금 판매하는 가격보다 더 낮은 가격을 적어내는 곳이 있다면 테무에서 바로 물건을 빼야 한다. 살 떨리는 경쟁이다. 상대방이 더 낮은 가격을 적어내면 바로 자신에게 알림이 온다. 그러면 판매자는 선택해야 한다. 가격을 더 낮출지, 포기할지. 테무에서 팔리는 수량을 감안해서 설비를 장만한 업체들은 이 경쟁에서 절대 져서는 안 된다. 지는 순간 공장 문을 닫아야 할지도 모른다. 그러니 시간이 지날수록 판매자들은 최소한의 수익, 기업이 망하지 않을 정도의 금액으로 물건을 판매하게 된다. 덕분에 소비자는 저렴한 가격에 물건을 살 수 있다. 테무는 판매자에게는 갑질을 일삼지만, 소비자에게는 한없이 관대하다. 가격은 미친듯이 저렴하고, 그 저렴한 물건을 90일 이내 묻지도 따지지도 않고 반품해 준다. 소비자로서는 구매하지 않을 수 없는 거지.

이렇게 압박하면 판매자들이 테무를 떠나지 않느냐고 반문할 수 있다. 물론 그럴 수 있다. 핀둬둬가 칼 들고 협박하는 건 아니니까. 하지만 핀둬둬가 테무를 시작한 2019년은 중국 경기가 최절정에서 침체기로 빠지는 시점이었다. 지난 20년간 세계의 공장이라 불리며 공산품의 생산량은 정점으로 치솟았는데 갑자기 판매가 안 되기 시작했다. 그리고 그 불황은 지금까지 이어지고 있다. 그러니 테무같이 많은 물량을 소비해 주는 곳을 판매자로서는 거부할 수가 없다. 불황은 테무를 매력적으로 만든다. 소비자들은 불황이어서 저렴한 테무에 끌린다. 판매자들은 불황의 구원자로 테무에 끌린다. 경기가 좋다면 기업들은 진작에 더 좋은 조건을 찾아 떠났을 수도 있다. 하지만 지금은 아니다. 더럽고 치사해도 붙어 있어야지. 그리고 이렇게 테무가 점점 더 커진다면, 경기가 좋아지더라도 판매자는 붙어 있을 수밖에 없다.

중국이 불황이어도 테무는 성공했다. 아니, 불황이기에 성공할 수 있었다. 2017년 나스닥에 상장한 핀둬둬는 2024년 1

월, 알리를 제치고 중국 전자상거래 업체 중 시가 총액 1위를 달성했다. 미국 언론들은 테무가 저렴한 가격을 바탕으로 전 세계 전자상거래 시장을 점령할 것으로 추측하고 있다. 각국 정부가 이를 지켜보고만 있지 않겠지만, 전혀 허튼소리로 들리지는 않는다. 옛 속담에 "싼 게 비지떡"이라 했다. 테무의 물건은 저렴한 중국산 제품이 그러하듯이 품질이 떨어지는 경우가 종종 있다. 그래서 다른 중국 기업들은 품질을 높이는 방향으로 갔다. 하지만 테무는 가격을 더 낮춰버렸다. 저렴한 것도 정도껏이지. 이 정도로 저렴하면 품질이 떨어지는 것조차 소비자들이 그대로 받아들인다. 천 원짜리를 쇼핑하는 데 뭘 그렇게 따져보겠어. 테무의 캐치프레이즈처럼 '억만장자처럼 쇼핑하는' 것이다. 한번 사보고 아니면 마는 거지. 문제가 발생하면 반품하면 되는 것이고.

성공 방정식은 존재하는가

테무를 광고하는 것은 아니고, 성공한 게 중요한 것도 아니다. 그냥 요즘 눈에 띄는 기업이라 예를 든 것뿐이다. 이번 칼럼의 주제는 성공이다. 무엇이 성공하는가? 어떻게 해야 성공하는가?

과학적으로 사고하는 사람이라면 이런 질문을 하기 전에 성공이 대체 무엇인가부터 정의해야 마땅하겠지만, 답하기 어려운 질문이니 대충 사람들이 생각하는 '그 성공'에 대한 것이라고만 말하고 넘어가자. 사람들은 흔히 성공에 규칙이 있다고 생각한다. 아니라고? 그럼 서점의 그 많은 자기계발서는 누가 사서 읽고 있겠나. 규칙이 있으니 그 규칙을 풀어놓은 안내서가 있는 거지. 실제로 그 규칙이 맞든 틀리든 간에 어쨌든 우리가 흔히 생각하는 성공의 조건이나 공식, 태도 같은 것이 있는 셈이다. 그런데 앞서 소개한 핀둬둬의 사례를 보면 일부는 이 전통적인 성공 방식에 부합하지만, 몇몇은 무관하며, 일부는 전혀 반대로 작동하는 것처럼 보인다. 하나하나 살펴보자.

핀둬둬가 등장한 2015년 이후를 기준으로 본다면, 핀둬둬의 방식보다 고급화와 빠른 배송을 추구한 알리바바나 징둥닷컴의 전략이 일반적인 성공 방정식에 더 가깝다고 할 수 있다. 중국산이라 욕을 먹고 있으니 욕 안 먹게 질을 올려야지. 그런데 아이러니하게도 정반대로 접근한 핀둬둬가 가장 많이 성장했다.

인재를 잡기 위해서는 근무 조건이 중요하다. 특히 IT 산업처럼 인력이 부족한 곳에서는 더 그렇다. 콜린 황은 구글이 직원에게 너무 많은 돈을 준다며 비아냥거렸지만, 구글이 괜히 돈을 많이 주고 으리으리한 사옥을 만들고 뛰어난 복지를 제공하는 것이 아니다. 다 필요하니까 하는 거지. 핀둬둬는 그에 비해 직원을 착취하다시피 일을 시키고 복지 따위 개나 줘버려……가 아니라 진짜 짐승이 사는 환경으로 만들었는데도 회사가 굴러간다. 직원들이 탁월한 인재인지는 모르겠지만 실적이 잘 나오고 있으니 잘하고 있다고 봐야 할 것이다.

판매자를 선정하는 것도 상식과 다르다. 핀둬둬뿐 아니라 어느 기업이나 처음 판매자를 고를 때는 깐깐히 살핀다. 당연하다. 하지만 관계를 구축하고 나면 신뢰를 쌓아 운영하는 것이 일반적이다. 이건 단순히 절차를 줄이는 문제가 아니다. 쇼핑몰이 판매자가 안정적으로 양질의 제품을 판매할 수 있게 해줘야 매출에도 도움이 되고 쇼핑몰 이미지도 좋아진다. 하지만 핀둬둬는 판매자와의 신뢰 관계보다는 그들을 압박해 최저가를 유지하는 것에만 전념한다. 테무는 매주 입찰을 붙여 파트너를 몰아붙인다. 입시를 준비하는 학생도 이 정도로 채찍질당하지는 않을 것이다. 이렇게 하면 단기간 최저가는 유지할 수 있겠지만, 장기적으로 봤을 때 신뢰나 안정성 측면에서 효율적이라 할 수는 없다.

핀둬둬는 표절에도 관대하다. 모든 기업은 창의성을 좇고 오리지널리티를 추구한다. 하지만 핀둬둬는 다르다. 그들은 판매자가 유명 브랜드의 대표 제품을 로고까지 베껴서 그대로 만드는 물건(일명 짝퉁)은 엄하게 단속하지만, 상표가 없다면 디자인이나 기능을 그대로 따라 해도 특별히 제지하지 않고 방치한다. 방치는 사실상 권장이다. 오히려 베껴서 저렴한 제품을 만드는 것이 소비자에게 좋은 것 아니냐고 반문한다. 윤리적인 기업은 훌륭하지만 그렇다고 성공하는 것은 아니다. 그 반대도 마찬가지다.

테무는 중국의 불황이라는 상황에 그대로 올라탔다. 갑질을 누가 하기 싫어서 안 하나, 하청업체에 갑질해서 몰아붙이고 싶지. 그런데 그렇게 하지 않는 이유는 사업을 이번에만 하고 치울 게 아니기 때문이다. 불황이 아니었다면 테무에 물건을 팔려고 판매자들이 줄을 서는 현상은 나타나지 않았을 것이고, 매주 진행되는 입찰을 참지도 않았을 것이다. 그리고 이런 포기는 양질의 판매자(다른 쪽으로도 충분히 기회를 만들 수 있는)에게서 먼저 나왔을 것이고, 테무의 신뢰는 점점 떨어졌을 것이다. IT 인재들도 불황이 아니었다면 굳이 화장실도 없는 악독한 핀둬둬에 모이지 않았을 것이다. 핀둬둬의 성공은 그런 면에서 특이한 케이스로 볼 수 있다.

그런데 곰곰이 생각해 보라. 세상의 모든 성공에는 모두 독특한 지점이 있다. 성공에 관한 글을 쓰면서 알게 된 유일한 규칙이 있다면, 성공에는 규칙이 없다는 것이다. 누군가는 자신을 적극적으로 알려서 성공하고, 누군가는 침묵을 지켜 성공한다. 누군가는 고급화로, 누군가는 대중적으로 퍼트려 성공한다. 대중의 열망에 올라타 성공한 이가 있는가 하면, 대중이 욕을 해도 자기 방식을 불도저처럼 밀어붙여서 성공하기도 한다. 누구는 공익을 위한 행동으로 성공하고, 누구는 법까지 씹어먹고 성공한다. 심지어 만고불변의 법칙이라는 '노력'도 무의미하다. 어떤 이는 성공에 대한 강한 열망으로 불타올라도 실패하고, 어떤 이는 가만히 있어도 성공이 굴러온다. 심지어 비슷한 상황에서 같은 해법을 내려도 누군가는 성공하고 누군가는 실패한다.

한 번 성공했다고 끝나는 것도 아니다. 지금은 "테무 테무" 하며 전 세계 언론이 호들갑이지만, 갑작스럽게 뜬 기업이 그 것보다 빨리 사라지는 경우를 우리는 수없이 봐왔다. 어제까지 찬사받던 무언가가 오늘 쓰레기통에 처박히는 것은 너무도 흔한 일이다. 오늘까지 테무를 성공으로 이끈 방식이 내일은 실패의 이유가 될 수도 있다. 설혹 그 방식이 통하더라도 자국 산업을 보호하기 위해 각국 정부나 국회가 테무나 알리의 영업을 막을 수도 있다.

자기계발서의 명과 암

그런 면에서 자기계발은 과학이 되긴 어려울 것이다. 실험이 안 되니까. 확률로 존재한다고 할 순 있겠지만, 이게 뭐 미시 세계에서 벌어지는 일은 아니니까. 그래서 성공의 방식을 파헤치려던 야심 찬 계획은 결국 성공이 얼마나 우연적인가, 혹은 역설적인가를 이야기하는 것으로 마무리됐다.

그렇다고 성공의 모든 것이 운에 의해 정해지니 아무것도 하지 말라고 말하는 것은 아니다. 그런 자포자기는 설혹 그 말이 맞다고 하더라도 사회적으로 좋을 게 없다. 어쩌면 우리는 평화로운 세상을 유지하기 위해 성공 방정식이 있는 것처럼 이야기하고 실제 성공을 그 공식에 끼워 맞추고 있는 것인지도 모르겠다.

어차피 한 번 사는 인생인데 성공을 꿈꾸는 게 뭐가 그리 나쁘겠는가. 우리는 모두 빈손으로 와서 빈손으로 간다. 모든 것은 공허하고, 모든 것은 사라진다. 지나고 나면 아무것도 아니다. 우리가 존경하는 인생의 스승들은 이런 비슷한 류의 명언을 많이 남겼다.

맞는 말이다. 존경받는 사람들은 그럴만한 이유가 있고, 보통 맞는 말을 한다. 그런데 모든 게 다 의미 없고 결국은 다 사라진다면, 어차피 사라질 거 한 번 움켜쥔다고 나쁠 게 있겠나. 태어났으니 성공 한 번 해봐야지.

그러니 성공을 위해 자기계발서를 읽으며 자신을 갈고닦으면 될 거 같은데, 여기에도 문제가 하나 있다. 우리를 둘러싼 환경이 끊임없이 변한다는 것이다. 성공이란 문제의 해답도 언제나 달라진다. 그러니 거기서 어떤 규칙을 찾아낸다는 건 사주팔자가 맞다고 하는 소리와 별반 다르지 않다. 사주팔자를 신봉하는 이들은 사주가 통계라고 주장하지만, 안타깝게도 그 통계를 낼 수가 없다. 그러니 틀렸다는 게 아니라 과학적이라는 말은 하지 말라는 소리다.

자기계발서가 모두 의미가 없다거나 헛소리라고 생각하진 않는다. 종종 사람들은 자신이 좋아하지 않는 것에 대해 맹목적인 비난을 할 때가 있는데, 정말 필요 없는 것이라면 그 정도의 사람들이 좋아할 리가 없다(고 믿고 싶다). 물론 시대를 떠들썩하게 했던 자기계발서의 저자 중 몇몇은 사기꾼으로 밝혀졌지만, 일부가 그렇다고 전체가 문제라고 몰고 싶진 않다. 그들

중 다수는 실제로 자신이 성공했기에, 타인도 그 방식을 따라 성공하길 바라기에 더없이 좋은 마음에서 책을 썼을 것이라고 믿는다. 자기계발서에는 저자가 생각하는, 혹은 사회에서 받아들일 수 있는 성공의 방식이 있고, 실천할 수 있다면 읽는 이에게도 나쁠 건 없다.

하지만 그게 정답이 아닐 가능성을 언제나 염두에 두어야 한다. 대한민국 국민이라면 "해봐서 아는데"라는 말이 얼마나 무서운지는 잘 알 것이다. 우리 각자는 개별적인 특성이 다르고, 처한 상황도 다르다. 당연히 그 해법도 모두 케이스 바이 케이스다.

성공은 슬롯머신과 같다. 잭팟jackpot이 터지면 대박이 나고, 모두가 그것을 바라며 달려간다. 하지만 당신이 어떤 태도와 자세를 가지고 어떤 기술을 사용해 돌리든 결과에 아무런 영향도 없다. 약간은 영향이 있을 수 있겠지만 적어도 그 규칙성을 발견할 순 없을 것이다. 물론 딱 한 가지 내가 줄 수 있는 확실한 팁이 있다. 많이 돌리면 어쨌든 확률은 높아진다.

하지만 당신도 알다시피 확률이란 건 개인에게는 무의미하다. 개인에게는 오직 100퍼센트와 0퍼센트만 있다. 한 번만 돌렸는데 터지는 경우가 있는가 하면 100번 돌려도 꽝일 수 있다. 물론 지금 이 조언은 아무런 의미가 없다. 왜냐하면 우리가 도박에 빠지는 이유는 그 '예측할 수 없음' 때문이거든. 예측되지 않으니 그 보상이 그토록 강렬한 것이다. 그러니 슬롯머신

앞에서 자세를 가다듬고 경건한 마음을 가지듯 성공을 위해 자기계발서를 읽고 자신을 가다듬는다면 말릴 생각은 전혀 없다. 혹시나 하는 마음으로 다음에는 손을 바꿔서 당기듯이 자기계발서를 대하는 태도 역시 좋다.

하지만 잊지 마라. 아무리 좋은 방법이라도 맹목적인 도그마가 된다면 그건 성공보다는 실패에 한 발 더 다가가는 것이 될 것이다. 그 성공은 당신의 방식이 아니다. 여기에 적당한 명언이 있다.

"책을 한 권도 안 읽은 사람보다 한 권만 읽은 사람이 더 위험하다."

여기서 '권'을 종류나 장르 혹은 매체로 바꿔도 좋을 듯하다.

2024년 3월

당신의 한 표를 위한
선거제도

"중대선거구제를 통해 대표성을 좀 더 강화하는 방안을 검토해 볼 필요가 있다."

윤석열 대통령이 2023년 신년 인터뷰에서 선거제 개편 이슈를 던졌다. 선거제 개편이 하루 이틀된 떡밥은 아니지만, 대통령이 총대를 메고 나선 것에 대해서 나름 높게 평가한다. 물론 대통령이 제안한("모든 선거구를 중대선거구제로 하기보다는 지역 특성에 따라 한 선거구에서 2명, 3명, 4명을 선출하는") 방식은 딱히 좋은 것 같지는 않지만, 그래도 말을 꺼낸 게 어디야. 2024년 총선이 있으니 그나마 덜 예민한 올해가 선거제도를 개선할 적기라면 적기다. 아무튼 판이 벌어졌으니 숟가락을 얹어보자.

한국 선거제도와 문제점

먼저 한국의 현행 선거제도에 대해 짚어보자. 국내 선거도 그 종류가 다양하니 국회의원 선거로 한정한다. 이미 다들 투표를 하고 있으니 잘 알겠지만, 방식은 간단하다(후술하겠지만 실은 매우 복잡하다). 지역구가 나뉘어 있고 출마한 후보 중 가장 많은 표를 받은 1등이 당선된다. 2등부터는 그냥 놀림을 받으면 된다. 얼레리 꼴레리⋯⋯. 이를 소선거구제라고 한다. 소선거구제에서는 2등 이하를 지지한 시민들의 표는 모두 사표死票가 된다. 이를 조금 그럴듯하게 표현하면, 정당의 득표율과 의석수 사이의 비례성을 보장할 수 없다. 예를 들어 한 정당이 전국적으로 20퍼센트의 지지를 받았다고 해보자. 국회의원 자리가 총 300석이라고 하면, 이 중 20퍼센트인 60석 정도를 얻으면 공정한 결과라고 할 수 있다. 하지만 이 정당이 전 지역구에 후보를 냈고 모든 후보가 지역구에서 20퍼센트 언저리의 지지를 받았다면, 그 정당은 단 한 자리의 의석도 얻지 못할 것이다. 반면 모든 지역구에서 51퍼센트의 지지를 받는 정당이 있다면 그들은 51퍼센트로 100퍼센트를 차지할 수 있다.

물론 소선거구제도 장점이 있다. 미국을 포함해 과거 영국의 영향권 아래 있었던 국가들 중에는 여전히 소선거구제를 운영하는 곳이 많은데, 이 나라들이 바보라서 아직까지 소선거구제를 유지하는 게 아니다. 가장 큰 장점은 일단 제도가 간단하다는 것. 무조건 1등을 하면 된다. 누구나 쉽게 이해 가능하고 조작이 발생할 경우 발견하기도 쉽다. 전산 시스템이 잘 갖춰지지 않거나 지역 간 거리가 멀 때, 혹은 정치가 미성숙한 상태일 때 소선거구제가 유리하다. 과거 우리나라가 민주화 운동을 할 때 대통령 직선제를 쟁취한 것도 비슷한 맥락이다. 너희끼리 어떻게 해 먹는지 모르겠으니 그냥 직접 투표해서 1등한테 시키겠다는 것이다. 물론 여기서 직선제라는 게 꼭 1등을 뽑는 방식을 의미하는 건 아니지만 어쨌든 당시 대중은 그렇게 인식했고 쟁취했다.

하지만 시대는 변했다. 감시는 꼭 필요하지만 그렇다고 부정 선거가 나올 만큼 한국은 호락호락한 곳이 아니다. 대다수 계산은 컴퓨터로 하며, 부정이 개입할 여지가 적다. 단순함이 과거만큼 큰 장점이라 보기 어렵다.

무엇보다 이렇게 승자가 모든 걸 독식하는 선거제도는 필연적으로 양당 구조를 고착하는데, 이는 많은 부작용을 낳는다. 과정은 대충 이렇다. 강한 정당(보통 여당)에 사람들이 몰려든다. 하지만 모든 것에는 명암이 있기 마련이고, 강한 지지만큼이나 강한 반대가 생긴다. 반대자들은 처음에는 다양한 모습을 띠지만 소선거구 내에서는 결국 1등을 해야 집권 세력을 엎을 수 있기에 힘을 모으게 된다. 자신의 자리를 유지하려는 기득권과 이를 엎으려는 반기득권의 세가 뭉쳐지며 힘센 두 정당이 모든 걸 흡수한다. 그나마 이 구조일 때는 괜찮다. 하지만 정권 교체가 몇 차례 진행되고 나면 기득권과 반기득권의 이미지는 사라지고 두 정당 모두 기득권이 된다. 그들은 상대방이 더 최악이라고 비난하면서, 최소 2인자 자리를 보장받는다. 이때부터 개혁의 이미지는 사라지고 격렬하게 싸우는 척하지만 실은 한 편이나 다름없는 양당제가 공고화된다. 이는 막상 생산적인 변화는 가져오지 못하면서 사회 분란만 가중시킨다. 그리고 지금의 미국이나 한국같이 적당한 시간이 지나면 응징과 같은 정권 교체만 반복된다. 지지자들 간의 혐오는 덤이다.

양당제하의 소선거구제에서는 민심이 제대로 반영되기 어렵다. 단순히 사표가 많다는 맥락이 아니다. 정치인 입장에서 생각해 보자. 어차피 두 당 중 한 곳에서 대부분 당선자가 나오므로 선거에서 이기기 위해 내 정체성이 어떻든 간에 일단 여당 둘 중 한 곳에서 공천을 받아야 한다. 공천을 받기 위해서는 당내 권력을 잡거나 당내 선거에서 이겨야 한다. 당내 선거에서 이기기 위해서는 역시 당의 절반 이상의 지지를 받아야 하는데, 당 활동이 많은 핵심 지지층의 지지를 받는 것이 가장 수월하다. 이들은 당의 여론을 장악하고 있기에 적은 수로도 영향력을 발휘한다. 이런 식으로 12.5퍼센트를 차지한 사람이 25퍼센트를 먹고 그들이 당내 경선에서 승리해 50퍼센트를 먹고, 선거에서 이기면 100퍼센트를 차지하게 된다.

핵심 지지층 일부를 제외하면 많은 경우 사람들은 반대 후보가 싫어서 우리 후보를 찍는다. 아무리 욕을 해도 선거에서 한쪽에 50퍼센트 가까운 득표가 나오는 이유는 절대 상대 후보가 당선되면 안 되기 때문이다. 이 과정에서 소수파의 의견은 묵살된다. 단합은 잘 되지만 그건 협치의 결과가 아닌 세력의 게임이다. 100을 차지하기 위해 50을 먹고, 그러기 위해서는 25를 먹어야 하고, 결국 한 줌의 세력이 꼬리를 쥐고 몸통을 흔든다.

과정이야 어떻든 결과만 좋으면 되지 않느냐고 생각할 수도 있다. 그럴 수도 있다. 그런데 보통 결과도 안 좋다. 핵심 지지층들은 정치에 관심이 많고 원하는 바가 확실하기 때문에 극단적인 성향을 띠게 마련이다. 그러니 양당 모두 극을 향해 달린다. 전 세계적으로 극단의 정치가 유행이긴 하지만 소선거구제하의 양당제에서는 이런 경향이 더 강하게 드러난다. 최근 국내 여론 조사를 보면 여당이든 야당이든, 대통령이든 야당 대표든 긍정적인 평가가 30퍼센트대에 머물러 있다. 과거에는 한쪽이 떨어지면 한쪽이 올라가는 식의 시소라도 탔는데, 이제는 그조차 되지 않는다.

이는 두 가지를 보여주는데, 일단 서로 욕하고 싸우는 건 극성 지지층뿐이라는 것이다. 극성 지지층은 우리 편이 아무리 잘못해도 상대방을 인정하지 않는다. 반대로 대다수 유권자들은 양측이 적이 아님을 안다. 최근 여론 조사에서는 무당층이 30퍼센트에 육박하는데, 이들이 중도 성향이어서 지지 정당이 없다고 말하는 것은 아니다. 사람들이 그냥 양측에 다 질려버렸다. 이건 현재 양쪽 대표 선수들이 (부정적인 면에서) 워낙 특출나기 때문이기도 하지만, 소선거구제의 필연적 결과이기도 하다.

물론 소선구제의 문제가 어제오늘 일이 아니기에 국내에서도 이를 보완하는 제도가 있다. 바로 비례대표제다. 지역구 선거와 별개로 정당 선호도를 투표해 받은 득표만큼의 비율대로 의석을 배분하는 것이다. 하지만 지금의 결과에서 알 수 있듯이 비례대표제는 제대로 된 역할을 하지 못하고 있다. 일단 비례의석이 지역구 의석의 20퍼센트도 안 된다. 또한 21대 선거 이전에는 본투표와 별개로 독립해 의석을 배분했기에 안 그래도 적은 의석을 나눠 가져 비례성을 확보하는 데 큰 도움이 되진 못했다.

당연히 이에 불만이 나왔고, 2019년 국회는 '준연동형 비례대표제'를 도입했다. 연동형 비례대표제란 지역구에서 의석을 얻지 못한 정당에 우선적으로 비례의석을 배분하는 제도다. 나쁘진 않은데 앞에 '준'이라는 수식어가 붙었다. 전체가 아니라 아주 일부만 연동해 주는 방식이라 여전히 의석이 적었고, 그마저도 캡을 씌워 그 적은 수를 다시 나눴다. 그러고도 거대 양당은 위성 정당이라는 꼼수를 사용해 연동성을 완전히 무력화했다.

당연히 불만이 나온다. 그렇다면 고쳐야지. 문제는 어떻게 고치냐는 거다.

대안1 독일식 정당명부 비례대표제

지난 총선까지 사람들 입에 가장 많이 오르내린 것이 독일식 선거제도다.

	새누리당	민주당	국민의당	정의당
정당 지지율	36.01%	27.45%	28.75%	7.78%
지역구 (242석)	105	110	25	2
비례 (47석)	17	13	13	4
계 (289석)	122	123	38	6

20대 총선 결과

이 방식은 간단히 말하면 기존 소선거구제에 비례대표제를 얹은 것이다. 유권자들은 기표소에 들어가 자신의 지역구 후보에 한 표, 지지하는 정당에도 한 표를 행사한다. 현재 한국 방식과 크게 다르지 않아 보이지만 엄청나게 큰 차이가 있다. 그건 바로 비례대표의 크기. 독일식은 비례성을 거의 100퍼센트 보장한다.

일단 한국과 마찬가지로 지역에서 1등을 차지한 사람은 무조건 당선된다. 이와 별개로 정당이 받은 지지율이 있을 것이다. 이 지지율에 맞춰 의석을 추가로 배분한다. 이해가 안 되는 이들이 있을 테니 한국 선거에 적용해 보자.

위의 표는 20대 총선 결과다. 당시 상황을 간단히 브리핑하면, 박근혜 정부의 실책으로 정부 여당인 새누리당(현 국민의힘)의 지지율이 바닥을 쳤다. 민주당은 이에 반사 이익을 얻었고, 안철수의 국민의당이 호남 지역을 중심으로 전국적으로 꽤 높은 지지를 받았다. 정의당 역시 약 8퍼센트의 지지를 받아 정당 지지율만 놓고 보면 다당제 비슷한 그림이 나왔다. 하

	새누리당	민주당	국민의당	정의당
정당 지지율	36.01%	27.45%	28.75%	7.78%
지역구 (242석)	105	110	25	2
비례 (87석)	4	0	62	21
계 (329석)	109	110	87	23

독일식 정당명부 비례대표제 적용한 20대 총선 결과

지만 정당 투표에서 국민의당과 정의당을 지지한 사람들도 지역구 투표에서는 당선 가능성이 높은 제1야당인 민주당 후보를 밀어줬고, 그 결과 지역구에서는 민주당이 대거 당선됐다. 국민의당은 정당 지지에서 민주당보다 높은 28.75퍼센트의 지지를 받았음에도 지역구에서는 25석, 총 242석 중에 약 10퍼센트를 얻는 데 그쳤다. 반면 민주당은 비슷한 지지를 받고도 지역구 전체 좌석의 45퍼센트를 넘는 110석을 따냈다. 47석의 비례를 다 합쳐도 새누리당과 민주당은 이득을 봤고, 국민의당과 정의당은 큰 손해를 봤다. 그럼 위의 표를 보자.

국회 입법 조사처가 20대 총선 결과를 독일식 정당명부 비례대표제에 대입한 것이다. 지역구 결과는 동일하지만, 비례의석을 정당 지지율에 따라 보상했다. 자신의 득표율보다 지역구 의석이 적은 새누리당, 국민의당, 정의당이 의석을 추가로 배분받았다. 당시 정치 구도상 민주당이 너무 큰 혜택을 받았기 때문에 숫자가 완전히 공정하게 바로잡히진 않았지만, 이 정도면 거의 정당 지지순으로 의석을 배분받았다고 볼 수 있다.

20대 총선에서 비슷한 정당 지지를 받은 민주당과 국민의당은 이후 전혀 다른 모습을 보였다. 민주당은 자신의 자리를 지켰지만 국민의당은 합당과 분당을 반복하다 완전히 사라졌다. 다양한 이유가 있겠지만 당시의 선거제도도 일정 역할을 했다고 할 수 있다. 현실적으로 의원 수는 당의 존립에 매우 큰 영향을 미친다.

독일식 정당명부 비례대표제는 현행 한국식 제도에 비하면 비할 나위 없이 훌륭하며, 투표 방식도 현재와 비슷해 이점이 많다. 전문가라 할 수 있는 선거관리위원회나 국회 입법 조사처가 독일식을 권고했던 데는 그만 한 이유가 있었던 것이다. 하지만 세상에 완벽한 건 없다.

독일식 제도의 한계

먼저 비례를 결과에 따라 맞춰줘야 하기 때문에 의원 수가 선거 때마다 달라진다. 큰 문제는 아니라고 할 수도 있지만 뭔가 찝찝하다. 제모를 했는데, 털 한두 개가 안 깎인 느낌? 깔끔하지 않은 게 흠은 아니지만 이런 부분은 시민들이 선거가 투명하지 못하다고 느끼게 만들 여지가 있다. 그리고 전체 수가 달라진다는 것은 보통 증가를 의미한다. 20대 총선에 대입한 걸 보면 지역구를 동일하게 유지했을 때 비례대표가 40석 가까이 늘어난다. 한국인들은 국회의원이 늘어나는 것에 그렇게 호의적이지 않다. 의원 수를 지금과 비슷하게 유지하면서 독일식 선거제도를 도입하기 위해서는 지역구를 큰 폭으로 줄여야 하는데, 이는 지역구 의원들에게는 자리를 뺏겠다고 협박하는 것이나 다름없기 때문에 그들이 그렇게 바꿀 리가 없다.

그리고 현행 비례대표제는 비례대로 의석을 배분한다는 점에서 민주적이지만, 그 후보를 정당이 정한다는 점에서 민주주의와 어울리지 않는 측면도 있다. 물론 이를 보완하기 위해 국내 대부분 정당이 당내 경선을 치르긴 하지만 이는 어디까지나 정당이 정한 규칙일 뿐이다. 그리고 선거란 규모가 작으면 작을수록 개입 여지가 커진다. 당내 경선, 특히 소수 정당이라면 이 문제가 더 커진다. 대표적인 것이 2012년 벌어진 통합진보당 부정 경선 사건이다. 이를 바로잡기 위해서 스웨덴이나 핀란드처럼 개방형 비례대표제를 도입할 수 있다. 비례대표를 투표할 때 지지 정당과 정당 내 후보에 대해서 함께 투표하는 것이다.

하지만 이렇게 가다듬어도 소선거구제에 얹은 비례대표제는 결과적으로 소수 정당을 위한 제도로 비칠 수밖에 없다. 아무리 기존의 불공정을 바로잡는 것이더라도 소수 정당이 지역구에서 패배하고 항상 비례대표에서 보정을 받는 식이 돼버리면, 시민들이나 거대 정당 입장에서는 소수 정당에 일종의 시혜를 베푸는 것처럼 느낄 수 있다. 그리고 이건 선거를 할 때마다 논란의 소지가 된다.

또한 아무리 개선해도 소선거구제가 가진 본질적인 문제는 그대로 남는다. 바로 지역성. 선거제도는 생긴 그 직후부터 지역과 묶여서 운영되어 왔다. 특히 소선거구제는 지역구가 더 좁다. 의원 수가 늘어난다면 더 잘게 쪼개질 것이다. 그런데 과연 지역 대표라는 개념이 현대 국회의원을 뽑기에 적당한 기준인가? 교통과 통신의 발달로 사람들은 과거처럼 지역에 얽매이지 않는다. 사는 곳과 직장이 다른 지역에 있는 경우가 많고, 심지어 주소지 자체가 다른 사람들도 꽤 많다. 내 경우, 서울이라는 전체 지역구로 생각한다면 지역 대표가 어느 정도 내게 영향을 줄 수 있지만 내 거주지가 있는 중랑구 면목4동의 대표가 과연 얼마만큼 나를 대변할 수 있을지 가늠이 안 된다. 미국처럼 지역별로 특색이 강하고 지방 분권이 잘 이루어진 나라는 다르겠지만 한국처럼 옆 동네나 우리 동네나 별반 차이가 없는 곳은 직업군이나 연령, 부의 격차에 따라 느끼는 정체성이 지역 차이보다 크게 작동하는 경우가 더 많다. 한국 선거에서 부동산이 그토록 중요한 이유는 지역 정체성으로 묶을 게 땅 정도밖에 없기 때문이다.

물론 지역 대표는 필요하다. 하지만 이는 시장이나 구청장, 시의원 등 지방 자치의 영역으로 넘겨야 한다. 오히려 국회의원 선거와 지방 선거를 모두 작은 지역 단위로 하는 바람에 국회의원이 지역의 보스처럼 굴고, 지방 의원들이나 구청장들이 국회의원의 하수인 노릇을 하는 부작용이 발생한다. 지방 정치와 중앙 정치를 구분하는 의미에서도 선거구 자체를 해체할 필요가 있다.

대안 2 중대선거구제

그래서 다른 방안이 떠오르고 있다. 바로 윤석열 대통령이 말한 중대선거구제다. 중대선거구제는 한 지역구에서 한 명씩 뽑는 소선거구제의 반대 개념으로 지역구를 합쳐 한 지역구에서 다수의 대표를 함께 뽑는 방식이다. 정확한 기준은 없지만 5명 이하를 한 번에 뽑으면 대충 중선거구제, 그 이상이라면 대선거구제로 볼 수 있다. 영어로는 구분 없이 'Multi-Member District(다수대표제)'라고 한다. 생소할 수도 있는데, 현재 국내에도 지방 의원은 중대선거구제로 뽑는 경우가 많다. 중대선거구제에 대해 한 당에서 한 명의 후보밖에 못 낸다고 잘못 알고 있는 이들도 있는데, 한 당에서 다수의 후보가 나올 수 있다. 한국에서는 지방 선거에서 일부 중선거구제를 시행하고 있는데, 같은 당에서 후보가 나오는 경우 1-가, 1-나 같은 식으로 기호를 분류한다.

중대선거구제 또한 여전히 지역으로 묶여 있지만, 범위가 소선거구제보다는 넓기 때문에 소선거구제의 편협함을 상당 부분 해소할 수 있다. 유권자 입장에서도 자신의 지역구에 다수의 의원이 생기기 때문에 각 안건의 성격이나 자신의 정치적 성향에 맞는 의원을 골라 민원을 제기할 수 있는 장점이 있다.

중대선거구제는 어떻게 시행하느냐에 따라 성격이 천양지차다. 가장 큰 기준은 몇 개의 지역구를 묶느냐는 것이다. 대통령이 말한 대로 2~4개 정도의 지역구를 묶는 경우가 있는가

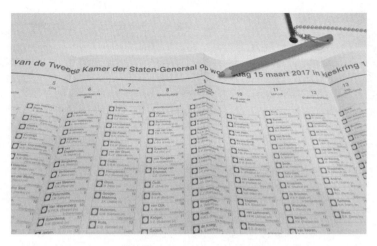

네덜란드의 투표 용지. 복잡할 거 같지만 복잡할 건 없다. 지지하는 후보를 찍으면 그만이다. 찾는 데 시간은 좀 걸리겠지. 출처: shutterstock

하면, 10개 이상의 지역구를 묶는 경우도 있다. 네덜란드의 경우 전국 151개 지역구를 모두 묶어 한 번에 투표한다. 이 말을 들으면 가장 먼저 드는 질문은 이거겠지. 실화임?

실화다.

중대선거구제의 투표 방식은 크게 두 가지다. 하나는 모든 후보가 참여해 득표한 순서대로 의석을 가져가는 단순다수제다. 현재 한국의 지방 선거에서 사용하는 방식이다. 그런데 이렇게 되면 문제가 있다. 가령 3명을 뽑는 지역구가 있다고 해보자.

A당이 3명, B당이 2명의 후보를 냈다. 지역내 A당과 B당의 지지율은 대략 6:4 정도라고 하자. 그러면 A당이 2명, B당이 1명

정당	후보	득표율	순위	당선 여부
A	1-가	40%	1	O
	1-나	12%	4	X
	1-다	8%	5	X
B	2-가	25%	2	O
	2-나	15%	3	O

중대선거구제(단순다수제)

정당	득표	당선 인원	후보	당내 순위	당선 여부
A	60%	2명	1-가	1	O
			1-나	2	O
			1-다	3	X
B	40%	1명	2-가	1	O
			2-나	2	X

중대선거구제(개방형 비례대표제)

이 당선되는 것이 가장 이상적이라고 할 수 있다. 그런데 투표 결과가 맨위처럼 난다고 해보자.

정당 A는 지지가 더 높지만 후보 간 표가 고르지 못해 1석 밖에 가지고 가지 못한다. 그러다 보니 정당은 분산 여부를 따져서 투표해 달라고 유권자에게 홍보를 하고, 유권자 역시 이를 감안해서 투표를 해야 하는 웃지도 울지도 못하는 상황이 발생한다. 이런 문제를 방지하는 아주 손쉬운 대안이 있다. 개방형 비례대표 방식을 도입해 투표 용지에서 1차로 정당을 고르고 2차로 그 정당 내 후보 중 마음에 드는 한 명을 선택하는 것이다. 일단 전체 정당 득표를 따져 각 당별 당선 의원 수를 먼저 확정하고 그다음 당내에서 득표를 많이 받은 순서대로 의원이 되는 것이다. 이렇게 하면 유권자나 정당이 굳이 머리 싸매고 고민하지 않아도 된다.

100여 년 전 유럽에서 처음 선거가 치러질 때는 모두 소선거구제였지만 지금은 상당히 많은 국가들이 중대선거구제로 형식을 바꿨다. 왜 바꿨을까? 그 이유가 중요하다.

일단 중대선거구제는 지역 구도 타파에 도움이 된다. 한국 상황으로 설명하면, 현재 경상도 지역은 '국민의힘', 전라도 지역은 '민주당' 의원이 대거 당선된다. 과장을 조금 섞어 말하면 시체도 당공천만 받으면 당선된다. 생각해 보니 이건 과장이 아니라 실제 있었던 일이다. 이런 상황이다 보니 서울에 사는 사람들은 마치 해당 지역에 사는 모든 시민들이 특정 정당을 지지하는 것처럼 보일 것이다. 하지만 선거 결과를 뜯어보면 반대편도 최소 10퍼센트의 지지는 받고, 40퍼센트 이상을 득표하는 경우도 많다. 하지만 소선거구제에서는 다른 후보가 얼마나 표를 받았든 이긴 쪽이 다 먹는다.

중대선거구제를 도입하면 이 죽은 표를 살릴 수 있다. 예를 들어 10개의 지역구를 묶어 10명의 의원을 한 번에 뽑는다고 해보자. 이 지역에서 A, B, C, D 당의 지지율이 각각 40퍼센트, 30퍼센트, 20퍼센트, 10퍼센트라고 한다면, A당은 4명, B당은 3명, C당은 2명, D당은 1명의 국회의원이 탄생한다. 이렇게 중대선거구제를 실시하면 지역 내 다수당은 그대로일 수도 있지만 그 다수당이 지지율보다 비대하게 의석을 쓸어버리는 현상은 막을 수 있고, 다른 당 의원들도 국회에 진출해 더 다양한 목소리를 낼 수 있다. 속된 말로 경상도에서도 민주당 의원이 나오고 전라도에서도 국민의힘 의원이 나올 수 있다.

이렇게 명확한데 왜 우리나라는 아직도 과거 방식을 따르고 있을까? 중대선거구제에도 단점이 있다. 일단 여러 명을 뽑는다는 것에 시민들이 익숙하지 않다. 지방 선거에서 일부 시행하고 있지만, 시민들은 총선이나 대선에 비해 지방 선거에 관심이 적어 잘 모른다. 더 큰 문제는 동시에 뽑는 의원 수가 너무 적으면 중대선거구의 장점이 잘 드러나지 않는다는 것이다. 취지에 맞게 비례성을 살리려면 10명 이상, 적어도 5명 이상은 한 지역구에서 뽑아야 한다. 그런데 대통령이 제안한 안은 2명에서 4명이다. 2명은 정말 피해야 하는데, 이 경우 양당이 그냥 나눠 먹게 될 확률이 높고, 그나마 벌이던 1 대 1 경쟁조차 하지 않아서 도태되기 딱 좋다. 오히려 1명을 뽑을 때보다 더 최악의 결과가 나올 수 있다. 실제로 지방 선거에서 중대선거구제가 시행된 후부터 2인 선거구에서 무투표 당선이 대거 나오고 있다. 양당 후보가 나눠 먹을 것이 뻔하니 다른 후보들은 출마조차 하지 않는 것이다. 3명을 뽑을 경우 양당이 2 대 1로 가져갈 확률이 높고, 4명을 뽑으면 2 대 2 혹은 2 대 1 대 1(소수 정당) 정도로 소수 정당이 겨우 한 자리를 얻는데, 이렇게 해서는 양당 구조를 혁파하기 어렵다. 또한 비례성에 대한 문제가 불거질 것이 뻔하기 때문에 이를 보완하기 위해 추가로 비례대표제를 운영해야 한다. 왜 굳이 한 번에 할 수 있는 걸 나눠서 복잡하게 하냐고. 추가적인 과정 없이 비례성을 올리기 위해서는 한 지역구에서 최소 5명, 가능하다면 10명 이상 뽑는 것이 이상적이다.

얼핏 생각해 보면 행정 구역상 도별로 묶어서 선거를 하면 어떨까 싶다. 도별로 인구가 달라 뽑는 의원 수는 다르겠지만 어차피 의원 수는 인구에 비례하니 큰 문제는 아니다. 서울이나 경기도처럼 다른 지역구보다 심각하게 인구가 많은 곳은 후보가 너무 많을 수도 있으니 두 구역 정도로 나누는 것도 괜찮다.

중대선거구제 역시 지역을 기반으로 한다는 단점을 극복하지는 못하지만, 적어도 훨씬 넓은 지역구를 다룸으로써 어느 정도 의미를 획득할 수 있다. 앞에서 말했듯이 면목동 대표가 내 대표라는 건 이상하지만 서울시 대표가 내 대표라면 그러려니 할 수 있다. 그리고 국회의원은 국가 대표지 지역 대표가 아니다.

그리고 오해하는 분들이 많아 덧붙이자면, 중대선거구제나 비례대표제가 절대 소수당에 유리한 것이 아니다. 이제까지의 정책이 불리했던 것이고 그걸 바로잡는 것이다. 만약 양당이 진짜 능력이 있고 충분한 지지를 받는다면, 비례성을 올려도 얼마든지 지금처럼 의석을 독점할 수 있다. 물론 지금 하는 행태를 보면 불가능할 거 같지만.

결선투표제와 선호투표제

모든 선거를 중대선거구제로 할 수는 없다. 대통령이나 시장처럼 어쩔 수 없이 한 명을 뽑아야 하는 선거도 있다. 일각에서는 선거구를 개편하면서 대통령을 없애고 의원내각제로 운영하자고 하지만 아마 쉽진 않을 것이다. 한국 대다수 유권자들은 선거를 인물 중심으로 보는 경향이 있고, 조직을 운영하는 데 있어서 특정 상황에서는 1인 체제가 유리할 때도 있다. 또한 지방 정치처럼 관심이 적은 곳은 그나마 대표 한 명이 얼굴을 걸고 하는 것이 나을 수도 있다. 물론 언젠가 바뀌어야겠지만 이번 한 큐에 가기는 어려울 것 같다. 그러면 한 명을 뽑는 선거를 할 때는 사표 문제를 어떻게 해결할 수 있을까?

가장 대표적인 것이 결선투표제다. 일단 모든 후보가 나와서 1차 선거를 치른 후에 표를 많이 받은 상위 두 명을 추려 최종 결선을 치르는 것이다. 프랑스가 대표적으로 소선거구에 결선투표제를 시행하고 있다. 결선투표제의 장점은 후보가 난립한 경우 이를 정리해 최종적으로는 과반수 이상의 국민이 지지한 후보가 당선될 수 있게 해준다는 것이다. 한국 상황으로 예를 들면 1987년 대선에서 노태우 후보가 36.64퍼센트로 1등, 김영삼(28.03퍼센트)이 2등, 김대중(27.04퍼센트)이 3등을 차지했다. 당시 정권 교체의 열망이 높았으므로 만약 결선투표제도가 있었다면, 1차에서 김대중을 지지했던 표가 결선에서 김영삼에게 쏠리면서 노태우가 아닌 김영삼이 당선됐을 확률이 높다. 결국 이후 김영삼도 대통령이 되니 결과적으로 크게 달라질 게 없다고 생각할 수도 있지만, 당시 김대중의 표로 김영삼이 당선되었다면 적어도 영호남 사이의 감정은 지금보다 다소 누그러지지 않았을까 하는 상상을 해본다.

결선투표제는 결국은 한 명을 뽑는 제도기 때문에 비례성이 더 올라간다고 볼 순 없다. 하지만 적어도 표가 옮겨가는 과정이 드러난다. 단순 소선거구제에서는 결국 당선될 가능성이 높은 양당에 처음부터 표가 집결하는데, 양당 후보들은 그게 순전히 자신의 표라고 착각하는 경향이 있다. 이게 정말 재수 없다. 결선투표일 경우, 첫 번째 투표에서는 당선 여부와 무관하게 자신의 의사대로 투표를 하기 때문에 표가 이동하는 과정이 어느 정도 드러나는데, 이것만으로도 정치 지형이 변할 수 있다. 프랑스의 경우 소선거구제를 해도 소선거구제를 시행하는 다른 국가에 비해 다당제 경향이 높고 정당 간 연합이 잘 이루어지는데, 이는 결선투표제를 통해 서로의 영향력을 확인하기 때문이다.

그리고 결선투표제는 극단적인 후보를 걸러내는 장치가 될 수 있다. 가령 첫 투표에서 극우 후보가 1위를 차지하더라도 결선투표에서 다른 후보의 지지자들이 극단적인 후보를 막기 위해 상대 후보에 표를 던질 수 있다. 같은 극우 열풍이 불어도 2017년 미국에서는 도널드 트럼프가 당선됐지만, 프랑스에서는 마린 르펜Marine Le Pen이 당선되지 않은 이유다. 결선투표제에서 최후의 승자가 되기 위해서는 호감도를 올리는 것만큼이나 비호감도를 줄이는 게 중요한데, 극단적인 후보들은 그러기가 쉽지 않다. 오해를 막기 위해 덧붙이자면, 극단적인 후보가 항상 나쁘다는 말은 아니다. 다만 사회를 운영하는 데 있어 불안함이 가중된다는 거지.

그럼 선호투표제는 무엇인가? 결선투표제의 가장 큰 단점은 투표를 한 번 더 해야 한다는 것이다. 선호투표제는 이 문제를 해결하면서도 선거를 더 흥미롭게 한다. 방식은 간단하다. 투표를 할 때 지지 후보를 찍는 것이 아니라 후보 전체의 선호도를 1위부터 꼴찌까지 모두 적는 것이다.

그러면 어떻게 당선자를 고르는가? 일단 1위 표를 모두 집계한다. 그러면 후보별 순위가 나올 것이다. 그중 꼴찌를 떨어뜨린다. 후보 A가 떨어졌다고 해보자. 그럼 A를 찍은 유권자의 2순위를 개별 확인해 나머지 후보에 각각 더해준다. 그리고 나머지 후보들로 다시 순위를 매기고 다시 꼴찌를 떨어뜨린다. 이번에는 B가 떨어졌다고 하자. 그럼 B를 찍은 표의 2순위(만약 A를 찍었다가 2순위로 B를 찍었다면 3순위)를 다른 후보들에 더한다. 이런 식으로 최후의 1인이 남을 때까지 반복한다. 이 경우한 번의 투표로 결선투표를 한 것과 동일한 결과를 낼 수 있다.

선거제도는 수학이다

선거법으로 오랜 시간 떠들다 보면 늘 같은 질문을 마주한다.

"다 좋아요. 근데 그게 가능하겠어요?"

이 질문은 두 가지 방향에서 생각해 볼 수 있다. 하나는 '민도'가 낮은 대한민국 국민들이 바뀌는 선거법을 이해하지 못할 것이라는 밑도 끝도 없는 부정론이다. 하지만 단언컨대 이건 괜한 걱정이다. 해외에서 시행하는 대부분의 선거법은 한국에 얼마든지 적용할 수 있다. 한국 사람들이 잘 인정 안 하는 게 있는데, 한국은 선진국이다. 세계적으로 한국 정도의 교육수준을 갖춘 나라는 몇 군데 없다. 우리가 못 하면 그 누구도 못 한다. 그리고 복잡하기로는 누더기가 되어버린 한국의 현행 선거제도도 뒤지지 않는다. 솔직히 고백하자면 나는 아직도 준연동형 비례대표제를 잘 계산하지 못한다. 그렇다고 투표를 못 하는 건 아니지 않은가? 마찬가지다. 유권자 중 일부가 선거 방식을 제대로 이해하지 못한다 해도 지지하는 정당과 후보를 찍는다는 대전제는 동일하다. 도입 초기 한동안은 혼란이 있을 수 있지만 잠시뿐이다. 오히려 시민들의 수준을 얕잡아 보고 "민도" 같은 헛소리를 하는 비관론자들이야말로 새로운 제도를 막는 걸림돌이다.

두 번째는 결국 지금의 국회의원들이 선거법을 바꿔야 하는데, 그들이 받아들이겠냐는 회의론이다. 이건 반은 맞고 반은 틀렸다. 분명 국회의원들은 선거제 변화를 반기지 않는다. 하지만 중대선거구제든 비례대표제든 현재 다당제로 운영되는 국가들도 과거에는 양당제하에 소선거구제를 가지고 있었다.

그런데 그곳의 국회의원들은 어느 순간 합의해서 선거법을 바꿨다. 왜 그랬을까?

소선거구제가 거대 양당에 유리하지만, 치명적인 위험도 가지고 있다. 어떤 이유로든 선풍적인 인기를 끄는 신당이 나타나 선거에서 한 번이라도 2등 안으로 들어가면 오히려 기존 정당이 완전히 밀려난다. 영국 자유당이 대표적인 경우다. 원래 영국은 보수당과 자유당이 양당 체제를 이뤘으나 노동당이 한순간에 치고 올라와 자유당을 대체해 버렸다. 자유당은 지금도 남아 있지만 정말 티끌 같은 지지를 받고 있다. 2017년 프랑스에서는 에마뉘엘 마크롱Emmanuel Macron 대통령이 만든 신당 '앙 마르슈!En Marche!(현 르네상스)'가 중도주의 노선을 표방하며 기존 양당인 공화당과 사회당을 모두 밀어내 과반수 이상 의석을 차지한 일이 있었다. 이후 프랑스는 극우와 극좌가 흥하면서 현재 극좌, 중도, 극우의 3당 체제의 모습을 띠고 있다. 공화당과 사회당은 완전히 찌그러졌다. 공교롭게도 영국은 소선거구제, 프랑스는 결선투표제가 있지만 어쨌든 소선거구제를 가지고 있다.

이미 잊었겠지만 10년 전쯤 '친박'이라는 세력이 큰 권력을 누릴 때가 있었다. 친박이니 진박이니 찐친박이니 아주 가관이었지. 지금 그들은 조용히 지내고 있다. 물론 몇몇은 여전히 시끄러운 것 같지만 사람들이 관심을 기울이지 않는다. 만약 한국이 비례성이 인정되는 다당제 국가였다면 친박은 독립해서 여전히 10퍼센트 정도의 일정한 지지를 받고 안정적으로 의석을 확보했을 것이다.

이런 사례를 보고 있노라면 양당제가 정치 개혁에 더 적합한 것 같다는 생각도 든다. 어쨌든 한 번의 바람으로 과반을 넘기면 쓸어버릴 수도 있으니까. 즉 소선거구제는 일반적으로 양당에게 유리하지만, 어느 국면에서는 독이 될 수 있다. 반면 비례성이 높으면 안정적으로 당을 운영할 수 있다. 그래서 많은 국가들의 다수당이 비례성이 높은 제도를 스스로 받아들인 것이다. 물론 나 역시 이번에 선거법이 제대로 만들어지기 어려울 것이라 생각한다. 하지만 세상일은 모르는 거니까 준비를 해둬야지.

어찌되었든 선거제는 더 안정적이고 비례성을 높이는 방향으로 바뀌어야 한다. 이 방향을 잘못됐다고 생각하는 이는 없을 것이다. 그런 면에서 독일식이든 중대선거구제든 모두 지금보다는 더 나은 제도다. 수학적으로 시민들의 사표를 줄이고 더 많은 이들의 의견을 나타낼 수 있기 때문이다.

그럼 가장 중요한 질문. 비례성이 더 높은 방식으로 선거제도가 바뀌면 우리나라가 더 살기 좋은 나라가 되느냐? 그건 알 수 없다. 앞에서도 말했듯이 독재자가 잘할 때도 있고 민주 국가가 분열로 후퇴할 때도 있다. 하지만 우리가 민주주의를 신뢰하는 한 가야 할 방향은 정해져 있다.

당신이 진보든 보수든, 극우파든 극좌파든 혹은 '다 싫어, 무당파'든 간에 당신의 한 표는 소중하다. 이건 정치적 입장이 아니라 수학이다.

2022년 12월

21대 선거에서 선거제 개혁은 예상대로 이뤄지지 않았고, 내 글의 생명력은 4년 연장됐다. 부디 다음 총선 때는 이 글이 쓸모없어지길 빌지만, 역시나 연장될 것 같다. 어쩌면 내 글 중에 가장 오래도록 남을 것만 같아 벌써부터 가슴이 답답하다.

일부일처제라는 환상, 일부일처제가 환상이라는 환상

세상에는 매우 다양한 종류의 성정체성과 성적 지향이 있다. 하지만 이번에 다룰 이야기는 남성과 여성이라는 식상한 정체성을 가진, 그중에서도 이성애를 하는 지루한 지향성을 가진 사람들에 대한 이야기다. 그러니 이에 해당하지 않는 성소수자분들은 이번 장을 통째로 건너뛰어도 좋다. 물론 그대로 읽어도 좋다. 왜냐하면 연애란 원래 남의 이야기가 더 재밌는 법이니까.

직장 생활을 시작하고 가장 놀란 점 중 하나는 정말 많은 사람이 불륜을 저지르고 있다는 사실이었다. 이상했다. 모두가 뒷담화를 했지만 내심 그러려니 하는 분위기랄까? 불륜을 주제로 한 드라마 〈부부의 세계〉와 〈밀회〉는 대중의 폭넓은 사랑을 받았다. 사람들은 마치 레포츠를 즐기듯 불륜 스토리를 소비했다. 이어 인터넷을 휩쓸었던 '템잔님' 사건 이후 나는 불륜에 관심을 가지고 조사하기 시작했다.

불륜을 지속적인 교류로 보느냐, 일회성이더라도 성관계를 한 경우로 보느냐에 따라 설문 결과는 조금씩 달랐지만, 대략 기혼 남성의 절반, 기혼 여성의 20퍼센트가 불륜 경험이 있다고 응답했다.

그러니까 아무리 낮게 잡아도 기혼 남녀 네 명 중 한 명은 불륜 경험이 있는 셈이다. 그러니 직장에서 불륜 이야기가 끊임없이 나오는 것도 이상한 게 아닌 셈이지. 왜냐하면 오늘도 누군가는 '내가 하면 로맨스'인 불륜을 즐기고 있을 테니까.

또 몇 년 전부터 '폴리아모리polyamory'라는 개념이 유행(?)하고 있다. 여럿을 뜻하는 그리스어 'πολύς'에서 유래한 'poly'와 사랑을 의미하는 라틴어 'amory'의 합성어로 독점적 일부일처제를 뜻하는 '모노가미monogamy'의 반대 개념이라 할 수 있다. 단순히 여럿을 만난다는 의미가 아니라 서로를 독점하고 구속하는 가부장적 일대일 관계를 벗어난다는 것에 더 큰 의의가 있다. 당연히 상대를 속이는 바람이나 불륜과는 다른 개념이다. 물론 사람들 대다수는 폴리아모리를 '공개적인 바람' 정도로 이해하고 열심히 악플을 달고 있긴 하지만 말이다. 아무튼 이런 개념이 지상파 방송에 공공연히 언급되는 것만 봐도 (비록 부정적으로 그려지지만) 우리가 이를 대하는 태도가 얼마나 달라졌는지 알 수 있다. 20세기 중반까지도 폴리아모리스트들은 각종 편견에 시달렸고 자신의 정체성을 숨겨야 했다. 물론 만남을 가져야 했기에 커뮤니티 활동을 했지만 모두 폐쇄적인 그룹이었다. 하지만 지금은 인터넷에서 검색만 하면 바로 커뮤니티에 가입할 수 있다.

사람들은 말한다. 일부일처제는 인간의 본성에 적합하지 않다고. 그래서 누구는 바람을 피우고, 누구는 폴리아모리를 한다. 하지만 여전히 많은 사람이 일부일처제에 기반한 일대일 관계를 유지하며 영원한 사랑을 꿈꾼다. 그렇다면 과연 우리의 본성은 어디에 있는 걸까?

어둠 속의 일탈

1973년 심리학자 부부인 메리Mary M. Gergen와 케네스Kenneth J. Gergen는 독특한 실험을 진행한다. 쿠션으로 바닥과 사면이 이루어진 가로 3미터, 세로 3.6미터 방 두 개를 만들고 각 방마다 생면부지의 사람 8명(남자 4명, 여자 4명)을 넣는다. 그리고 한 방은 전등을 완전히 제거해 깜깜하게 만들고, 한 방은 조명을 그대로 남겨뒀다. 그리고 한 시간 동안 두 방을 방치했다. 표본이 적었으므로 다른 피험자를 대상으로 총 여섯 번 동일한 실험을 수행했다.

한 시간 뒤에 어떤 일이 벌어졌을까? 일단 불이 켜진 방부터 살펴보자. 아무 할 일이 없는 성인 남녀 여덟 명이 아주 좁은 방에 들어가 무엇을 했을까? 뭘 하긴 뭘 해. 동그랗게 둘러앉아서 이야기를 나누지. 매우 좁은 방이었지만 시야가 확보되었기에 이들이 실수로 옆 사람 신체를 접촉한 비율은 극히 낮았다(5퍼센트). 이들은 한 시간 만에 사이가 매우 좋아졌는데, 실험 참가자의 30퍼센트가 성적인 흥분을 느꼈다고 밝혔다.

그럼 불이 꺼진 방 사람들은 어땠을까? 이들은 100퍼센트 다른 사람과 접촉했다. 불이 없으니 당연하다고 할 수 있다. 그런데 이들은 의도적으로 상대방에게 스킨십을 한 경우가 90퍼센트나 되었다. 참고로 상대방이 싫다는 내색을 할 경우 터치할 수 없었다. 그런데도 실험 참가자 대부분이 전혀 모르는 상대와 스킨십을 했다. 50퍼센트는 그 수위가 포옹까지 올라갔으며, 30퍼센트는 키스를 했다. 실험 참가자의 80퍼센트가 성적인 흥분을 느꼈다고 응답했다. 한 번 더 이야기하지만, 이 사람들은 이전에 서로를 전혀 알지 못했고 같이 있던 시간은 딱 한 시간이었다.

50년이나 지난 실험을 지금 언급하는 이유는 윤리적 문제로 이제는 이런 미친 실험을 할 수 없기 때문이다(딱 들어만 봐도 문제의 소지가 있지 않나?). 사람들은 이 실험을 예로 들며 인간이 본능적으로 얼마나 스킨십을 좋아하는지 설명한다. 또한 가부장제에 기반한 일부일처제가 얼마나 인간의 본성에 맞지 않는지 이 실험으로 설명하기도 한다.

결혼하는 커플이 다섯 쌍이라고 할 때, 대략 두 커플이 이혼을 한다. 그리고 나머지 세 커플 중 두 커플은 자신들이 불행하게 산다고 말한다. 단순하게 행복을 성공이라고 본다면 결혼의 성공 확률은 대충 20퍼센트 정도밖에 안 되는 셈이다. 아무리 인생은 고통이고 누구나 불행하다지만, 인생을 걸고 배팅을 하기에는 결혼의 성공 확률은 썩 좋지 않다. 끊이지 않는 외도, 늘어나는 폴리아모리, 그렇다면 일부일처제는 인간의 본성에 어긋난다고, 바꿔야 하는 구습이라고, 검은 머리가 파뿌리가 되도록 한 사람과 사랑하는 건 환상이라고 결론을 내려야 할까?

원시인도 일부일처를 했을까

우리는 수컷은 여기저기 씨를 퍼트리려고 하고, 암컷은 가장 능력 있는 수컷과 교미해서 자식을 낳고 보호하려고 하는 것을 동물의 본성이라고 배워왔다. 만약 이것이 동물의 유일한 성적 본성이라면 세상 모든 동물은 일부다처를 해야 한다. 실제로 동물 세계를 보면 일부다처에 가까운 생활을 하는 개체가 많다. 일부일처를 하는 동물은 포유류 중 4퍼센트, 영장류 중에는 18퍼센트뿐이다. 포유류 중에는 늑대, 너구리, 들쥐, 긴팔원숭이, 비버, 조류 중에는 백조와 사랑앵무, 황제펭귄, 진박새, 기러기 정도가 일부일처를 한다(괜히 우리가 돈 벌어다 주는 아빠를 기러기 아빠라고 부르는 게 아니다). 이 수치도 그나마 인간을 일부일처를 하는 동물로 분류하기 때문에 나온다. 인간을 빼고 개체 수를 따지면 비율은 훨씬 떨어진다. 일부일처를 영위하는 동물 중 인간을 제외하면 대부분 멸종 위기 종이다.

'인간이 무슨 일부일처야? 바람을 얼마나 많이 피우는데?' 라고 생각할지도 모르겠다. 여기서 일부일처에 대한 여러분의 환상을 버릴 필요가 있다. 우리가 생각하는 일부일처제는 다른 이성은 바라보지도 않고, 한 파트너에게만 헌신하는 걸 말한다. 기간도 가능하다면 '영원히'를 바란다. 이런 일부일처를 하는 개개인은 존재하겠지. 하지만 종 내의 모든 개체가 이런 생활을 하는 동물은 세상 어디에도 없다. 우리가 흔히 일부일처를 한다고 생각하는 동물들도 새끼를 조사해 보면 30퍼센트가량은 다른 수컷의 유전자를 가지고 있다. 인간의 단어로 하자면 외도가 있었다는 뜻이다. 동물들이 유전자 검사 결과를 볼 수 없어서 그나마 다행이다. 그러니 여러분이 생각하는 엄밀한 의미의 일부일처를 하는 동물은 세상에 존재하지 않는다. 자신의 파트너에게 너무도 충실한 동물조차, 가끔은 바람은 피우는 인간적인 면이 있는 것이다. 그러니까 인간이 종종 바람을 피우고 이혼을 하고 재혼을 한다고 해서 일부일처를 하지 않는다고 말할 수는 없다.

일부일처 동물과 일부다처 동물의 차이

우두머리 수컷이 암컷을 독점하는(일종의 일부다처를 하는)

298

동물들은 암컷과 수컷이 다르게 생겼다. 외형도 다르고 덩치도 다르다. 사자를 보면 수컷은 갈기가 있지만 암컷은 없다. 화려하기로 유명한 공작 수컷은 암컷과 아예 다른 종으로 보인다. 수사슴은 뿔이 있지만, 암사슴은 없다. 하렘을 형성하는 코끼리물범의 수컷은 암컷보다 체구와 몸무게가 4~5배 차이가 나는데, 이 때문에 성관계 중 암컷이 압사당하기도 한다.

반면 일부일처를 한다고 알려진 동물들은 암수의 외형이 비슷하다. 보통 성기를 확인해 보지 않는 이상 암수의 구분이 어렵다. 인터넷에서 일부일처 동물이라고 검색하고 사진을 보면 대부분 비슷하게 생겼다.

그럼 인간은 어떨까? 일부일처를 하는 다른 동물에 비해서는 남녀가 외형적으로 어느 정도 차이가 난다. 키나 체구도 다르다. 하지만 이 차이가 일부다처를 하는 동물들처럼 극단적이지 않다. 보이시한 여성도 많고 페미닌한 남성도 많다. 사실 이런 구분 자체가 우습다는 게 인류 진화의 방향이다.

그런데 이 외형의 차이는 원인이 아니라 결과에 가깝다. 일부다처를 하는, 즉 우두머리 수컷이 암컷을 독점하는 세계에서는 수컷들의 경쟁이 치열하다. 당연히 무언가 하나는 뛰어나야 한다. 다른 수컷을 힘이나 덩치로 제압하고 암컷을 독점하기도 하고, 수컷 공작처럼 아름다움으로 무장해 많은 암컷의 선택을 받기도 한다. 성 선택에 따른 진화다. 암수의 외형이 달라서 일부다처를 한 게 아니라, 종이 일부다처를 하다 보니 외형이 달라진 것이다.

그럼 또 다른 특징을 찾아보자. 일부다처 형태를 띠는 동물들은 새끼를 보통 암컷이 키운다. 사실 수컷들은 수컷 내 싸움과 짝짓기 외에는 대부분 엎어져서 힘을 비축한다. 당연히 먹이를 구하고 새끼를 키우는 일은 암컷들이 도맡는다. 암컷들은 혼자서 자녀들을 돌보기도 하고 무리를 이뤄 공동 육아를 하기도 한다.

일부다처의 형태를 수컷이 우위에 있다고 생각할 수도 있지만, 정반대로 볼 수도 있다. 암컷들은 육아를 온전히 책임짐으로써 수컷을 고르는 데 있어 자신의 성적 취향을 확실히 드러낼 수 있다. 그리고 수컷들은 암컷의 취향을 맞추기 위해 독특한 미적 특성을(그것이 강한 힘이든 아름다운 꼬리이든 간에) 강화하게 된다. 일처다부나 다부다처 형태를 띠는 동물도 마찬가지다. 육아에 대한 부담이 없으면, 원하는 성적 지표를 명확히 표시한다. 그러니 우리는 이런 추정을 할 수 있다. 경제적 성평등이 이루어지면 이루어질수록 여성들은 남성의 외모를 중요하게 여길 것이다.

이런 모습은 과거에도 종종 찾아볼 수 있었다. 중국 소수민족인 모수오족摩梭族은 모계를 중심으로 한 다부다처 관계를 갖는다. 집안의 가장 큰 어른은 외할머니이고, 아이는 어머니의 성을 따른다. 재산도 어머니에서 맏딸로 이어진다. 모수오족은 사랑이 지속되는 동안만 관계를 유지한다. 청춘 남녀가 마을 축제에서 마음에 드는 상대를 찾으면, 여자는 밤에 남자가 자신의 방에 들어올 수 있도록 대문이나 창문을 열어

놓는다. 남자가 찾아오면 둘은 사랑을 나누고 남자는 동이 틀 무렵에 집으로 돌아간다. 이렇게 한동안 밤에만 연애를 하는데, 이를 '야사혼'이라 한다. 모수오족 여성은 열세 살이 넘으면 야사혼을 치를 수 있다. 야사혼을 맺었다고 해서 의무가 생기는 것은 아니다. 마음이 변하면 밤에 문을 닫거나 남자의 짐을 넣은 가방을 문 앞에 걸어둔다. 챙겨서 '꺼져'라는 뜻이다. 야사혼은 꼭 한 사람과 할 필요는 없다. 성향에 따라 하루에도 여러 명의 남자를 집으로 불러들이는 여성이 있는가 하면, 일평생 한 남성과 야사혼을 지속하는 여성도 있다. 남성도 마찬가지다. 모수오족에게는 부인과 남편의 개념이 없으며 아버지라는 호칭도 없다. 여성이 아이를 가져도 어차피 아이는 외할머니와 이모, 외삼촌이 책임진다. 그러니 아버지가 누군지 알 필요도 없다. 일부일처를 하지 않는 동물과 마찬가지로 양육의 부담을 부부가 지지 않으니 연애가 자유로운 것이라 볼 수 있다.

반면 일부일처를 하는 동물은 새끼를 기르고 먹이를 구하고 집을 구하는 일에 대해 암수 분업을 잘 이룬다. 각자의 역할이 있으므로 당연히 혼자 살기 어렵다. 그러니 외적인 요소가 일부일처 동물에 비해 상대적으로 적게 작용하고 가족에 대한 헌신이 훨씬 중요한 요소로 작동한다.

만약 이 설이 맞다면, 일부일처라는 것이 환경에 따른 필요에 의해 이루어지는 것이라 볼 수 있다. 조류의 일부일처가 이를 잘 보여준다. 일부 조류들은 일부일처를 하긴 하는데, 딱 2

년 정도만 한다. 파트너와 2년 정도 함께 살다 헤어지고 다시 다른 파트너를 만나서 2년을 보내는 식이다. 그들이 하필 2년간 만남을 유지하는 이유는 새끼를 낳고 새끼가 성체가 될 때까지 필요한 시간이기 때문이다. 그래서 그들은 딱 그 정도만 관계를 유지하며 협동해서 새끼를 키우다, 새끼가 독립을 하고 나면 쿨하게 지저귀고 새로운 파트너를 찾아 떠난다.

인류학자 헬렌 피셔Helene Fischer는 이런 동물의 습성을 보고 원시 시대 우리의 조상들이 5년짜리 일부일처를 반복했을 것으로 추정한다. 인간의 경우 다섯 살 정도가 되면 유아기를 벗어나 또래 활동을 시작하는데, 그때가 되면 남녀가 각자의 길을 떠났다는 말이다(아기는 대부분 동물이 그렇듯 엄마를 따라갔을 것으로 추정한다.)

그럼 현대 인류는 어떨까? 문명 탄생 이후 인간의 양육 시간이 크게 늘어났다. 적어도 20년, 최근에는 30년까지도 잡아야 한다. 자녀 양육만으로도 부부가 20년을 함께 살아야 하는 것이다. 20년이 지난 뒤에 새들처럼 쿨하게 헤어지려고 하면, 이미 나이를 너무 많이 먹어 오갈 데가 없어지니 자의 반, 타의 반으로 오순도순 살아간다. 최근 황혼 이혼이 늘어난 것도 이런 맥락으로 보면 이해가 된다. 의료 기술의 발달로 수명이 늘어났고, 그로 인해 양육이 다 끝난 후에도 새 삶을 시작할 시간이 충분한 것이다.

가부장제와 일부다처라는 환상

물론 인류 역사를 돌이켜 보면 모든 문화가 일부일처를 하진 않았다. 앞에서 언급한 모수오족 같은 특별한 사례도 있지만, 일반적으로 떠올리는 건 가부장을 중심으로 한 일부다처제다. 하지만 이런 문화는 우리 생각처럼 흔하지는 않았다. 우리가 과거에 일부다처가 흔했다고 착각하는 이유는 사실 사극 때문이다. 사극의 주인공은 대부분 지배층이고, 그들은 권력이 있었기에 여러 부인을 거느렸다. 하지만 사회의 절대 다수인 평민은 대부분 일부일처였다. 현재도 아랍에미리트나 이집트 등 일부 이슬람 국가에서는 남성 한 명당 최대 네 명의 부인을 거느릴 수 있지만, 두 명 이상의 부인을 얻는 이는 소수의 부자들뿐이며 대다수 남성은 한 명의 부인을 얻는다. 일부다처를 하는 동물 세계를 살펴보면 우두머리 수컷을 제외하고 대다수 수컷은 짝을 구하지 못한다. 심한 경우 무리에서 쫓겨나 홀로 죽는다. 하지만 인간 역사에서 지배층이 일부다처를 한다고 해서 나머지 사람이 짝을 못 구할 정도로 열악한 환경에 처한 적은 없었다.

그러니까 일부일처는 꽤 오래된 인류의 풍습이다. 지금의 일부일처제가 가부장제의 유산인 건 맞지만, 그렇다고 가부장제가 없었다고 일부일처제가 아니었을 것이라 추정하기도 어렵다. 일부일처가 필요한 측면이 있었고, 어쩌면 이것이 본성이라고 추측할 수도 있다.

앞에서 이야기한 어둠 속의 일탈 실험을 다시 생각해 보자. 일부일처제가 본성에 어긋난다고 주장하는 사람들은 해당 실험 결과를 자신의 근거로 끌어다 쓰지만, 인간은 결코 그런 상황에 놓일 수 없다. 도시화 이후 인류가 자유연애를 하게 된 것도 어쩌면 도시의 익명성과 관련이 있을 수 있다. 매일 밤 클럽에서 벌어지는 일이 조금 비슷할 순 있다. 하지만 그것이 어둠 속의 일탈처럼 극단적이진 않다. 익명성이 완전히 보장된 상태에서 누군지도 모르는 사람들과 어둠 속에서 스킨십을 마음 놓고 했다고 해서, 그것이 인간의 본성이라 단정 짓긴 어렵다. 실험의 제목대로 그건 그냥 일탈이다. 왜냐하면 인류는 단 한 번도 그런 환경에서 살아간 적이 없으니까. 내가 이야기하고 싶은 건 우리는 그럴만한 환경이 되면 그럴 수도 있다는 거다.

그럼 이대로 일부일처제가 우리의 본성이다. 탕탕탕! 결론을 내리고 끝내야 할까? 그러기엔 아직 지면이 남았다.

연애, 섹스, 결혼, 출산이 분리된 시대

우리 뇌가 원하는 사랑은 크게 세 가지로 구분할 수 있다. 하나는 '성욕'이다. 우리는 성욕이 있기 때문에 적극적으로 파트너를 찾아 나선다. 현실에서는 주로 '섹스'라는 행위로 나타난다. 두 번째는 '로맨틱한 사랑'이다. 우리는 누군가를 특별하게 만들어서 그 사람과의 관계에만 집중한다. 현실에서는 '연애'로 나타난다. 마지막은 '깊은 애착'이다. 파트너와 오래도록 함께 있고 싶은 욕망이다. 그래서 자식을 낳고 키우는 것이 가능하다. '결혼'과 '출산'이 이에 해당한다.

1990년대까지만 해도 이런 구분은 무의미했다. 왜냐하면 연애, 섹스, 결혼, 출산은 한 세트였기 때문이다. 물론 당시에도 시대를 앞서간 이들이 있었지만, 대부분은 이 사이클이 함께 굴러가는 삶을 살았고, 대중 매체에서도 그런 삶을 당연한 것으로 묘사했다. 근대 이전에는 결혼과 출산이 가정의 일이었으므로 연애와 분리되어 있었지만, 결혼의 의미가 워낙 강력했기 때문에 연애가 별로 중요한 대소사가 아니었다. 또한 제대로 된 피임법이 없었으므로 연애를 즐기기도 어려웠다. 근대 이후에는 연애결혼이 대세로 자리 잡으면서 연애와 섹스, 결혼, 출산은 하나의 사이클로 돌아갔다.

하지만 이제는 변했다. 몇 년 전 4B 운동이 이슈였던 적이 있다. 4B란 비혼, 비출산, 비연애, 비섹스를 뜻하는 신조어다. 한자 非(비)를 알파벳으로 표현할 이유는 전혀 없지만, 원래 신조어란 뒤섞여야 제맛이니까. 인터넷에 검색해 보면 이 용어는 '래디컬 페미니즘에서 만든 표어'라고 나온다. 하지만 연애를 하고 싶어 하는 사람을 운동으로 막을 순 없다. 이건 운동이라기보다는 우리 시대가 무엇이 가능한지를 보여주는 것이다. 4B까진 아니어도 비혼, 비출산을 공식적으로 천명하는 사람이 주변에 꽤 많다. 비연애, 비섹스도 말은 안 하지만 은근히 쉽게 발견할 수 있다.

이제 더 이상 연애-섹스-결혼-출산의 사이클은 돌지 않는다. 콘돔과 피임약의 개발은 인류의 연애를 가속화시켰으며, 연애를 결혼, 출산과 분리했다. 연애를 해도 섹스를 하지 않을 수 있고, 섹스를 해도 연애를 안 할 수 있다. 결혼이나 출산은 훨씬 더 다양한 이유로 할 수도 하지 않을 수도 있다. 각 단계에는 각각의 이유가 필요해졌고, 사이클을 그대로 따라간다 하더라도 각 사이클을 넘어갈 때마다 이유가 필요해졌다. 당연히 전통적 의미의 일대일 관계는 더 이상 절대적인 것이 아니다. 결혼율과 출산율이 떨어지고, 심지어 연애하는 젊은 세대의 비율조차 떨어지는 것에는 경제적인 이유 못지않게 이런 인식의 변화가 크다.

그 외에도 현대에 일어나는 성과 관련된 다양한 현상들, 정자은행, 난자은행, 대리모, 결혼하지 않는 연인들, 낮은 출산율, 포르노의 대중화, 전통적인 가족의 해체, 폴리아모리, 에이섹슈얼리티asexuality(무성애) 모두 이와 관련이 있다. 비연애와 폴리아모리가 정반대인 것처럼 보이지만, 실은 비슷한 맥락에서 등장한 것일 수 있다. 물론 이 모든 것은 과거부터 음지에 존재했지만, 지금처럼 흔해진 건 기술의 발달과 더불어 인식의 변화, 그 속에서 욕구를 추구하는 인간의 욕망이 합쳐져 드러나게 됐다. 그런 의미에서 현대 사회에서 일부일처제에 기반한 일대일 방식을 고집하는 건 꼰대나 다름없다. 그러면 이대로 결론을 내야 할까? 미안한 말이지만, 아직도 갈 길이 멀다.

독립적 개인에 대한 환상

여러분에게 전해드릴 깜짝 놀랄 소식이 있다. 새로운 연애
와 사랑의 형태, 삶의 형태가 등장했지만, 그럼에도 사람들 대
부분은 여전히 전통적인 일대일 방식으로 잘 산다는 것이다.

현대인들은 '독립적인 개인'을 중시한다. 그래서 자존감 같
은 말로 자신을 포장한다. 혼자서 주체적으로 살아가는 법에
대한 수많은 지침서가 시중에 나와 있다. 하지만 이런 충고는
맞는 말일지는 몰라도 실현 가능성은 별로 없다. 독립적인 개
인이 현대인의 이상적인 형태겠지만, 안타깝게도 우리의 본성
과는 한참 떨어져 있다. 인간관계가 전혀 없는 독립적인 개인
은 존재하지 않는다. 우리의 자존감은 이름의 뜻과 다르게 타
인과의 관계에서 형성된다. 아무리 스스로를 독립적인 인간이
라고 세뇌시키더라도 우리는 타인의 애정을 욕망하는 나약한
존재다.

심리학자 존 볼비John Bowlby는 애착이 우리의 본성이라 주장
한다. 선사 시대를(그리고 그 이후 역시) 생각해 보라. 무리에 속
하지 않고 독립적으로 생활한 사람은 생존이 어려웠을 것이다.
반면 무리를 이루고 함께한 사람들은 대체로 오래 살아남았을
것이다. 이들은 당연히 번식에 유리했으며, 친밀함을 선호하는
유전자를 자손에게 물려주었을 것이다. 자연스레 인간은 주변
인 가운데 일부를 특별히 아끼도록 진화적으로 프로그래밍되
었을 것이다.

우리의 뇌 속에는 부모나 자식, 파트너 같은 애착 대상과의 관계를 생성하고 유지하는 일만을 하는 메커니즘이 따로 존재한다. 그만큼 특별한 존재를 만들고, 그 존재와 가까이 지내고 싶은 욕구는 인간에게 중요하다. 주 양육자(보통은 부모지만 다른 사람일 수도 있다)와 떨어진 아기가 극도로 흥분하고 우는 이유가 이 때문이다. 이를 '항의 행동protest behavior'이라 하는데, 애착 대상과의 친밀감을 회복하기 위해 과도하거나 적대적인 행위를 하는 것을 말한다. 그런데 아이만 그럴까? 어른이 돼도 마찬가지다. 어른도 사랑하는 사람과 떨어지게 되면 극심한 불안에 시달리다 멍청한 짓을 저지른다. 애착을 느끼는 두 사람은 단순히 정서적인 차원을 넘어서 생리적으로 연결된다.

버지니아 대학교 제임스 코언James Coan 박사 연구 팀의 실험은 이를 단적으로 보여준다. 연구진은 실험을 위해 기혼 여성들을 모았다. 그리고 그녀들에게 자기공명영상Magnetic Resonance Imaging, MRI으로 뇌를 촬영할 계획인데, 촬영 중에 가벼운 전기 충격을 줄 것이라고 알려줬다. 당연히 생명을 위험하게 하거나 상처가 생길 정도는 아니었다. 하지만 따끔할 건 분명했다. 당연히 이 말을 들은 사람들은 불안감에 떨며 스트레스를 받았다. 여기서 스트레스란 주사를 맞을 때, 간호사가 준비한 주사기를 꺼내서 주사를 놓기 직전 환자가 느끼는 긴장감 같은 것이다. 우리는 주사기가 나를 죽이지 않을 것임을 잘 알고 있지만 그럼에도 긴장하지 않는가.

코언은 총 세 번 실험을 진행했다. 한 번은 여성들이 혼자서 이 스트레스 상황에 놓이는 경우, 또 한 번은 전혀 모르는 사람이 손을 잡아준 경우, 마지막은 남편이 손을 잡아준 경우다. 사람은 스트레스를 받으면 시상하부가 활성화된다. 예상대로 혼자서 스트레스를 받을 때 시상하부가 가장 크게 반응했다. 그리고 모르는 사람이 손을 잡아 줬을 때는 반응이 반으로 줄었다. 마지막으로 남편이 손을 잡아 줬을 때는 스트레스가 거의 감지되지 않았다. 사전 조사에서 결혼 생활에 만족한다고 답변한 여성일수록 더 낮은 반응을 보였다. 손을 잡는다고 해서 물리적 고통이 줄어드는 건 아니다. 당연히 피험자들도 그 사실을 알고 있었겠지만, 그럼에도 결과는 드라마틱하게 달라졌다. 믿을만한 사람이 손을 잡아주는 것만으로도 이렇게 결과가 달라지는데, 어떻게 우리가 타인과 동떨어진 개별적 존재라고 말할 수 있겠는가?

우리는 애착과 개인의 독립성이 대립하는 것으로 생각하지만 꼭 그렇지는 않다. 놀이기구가 많은 낯선 곳에 아이를 데리고 갔다고 상상해 보자. 만약 무리에 아이와 친밀한 사람이 없다면, 아무리 재미난 놀이기구가 많아도 아이는 그곳에서 즐겁게 놀지 못할 가능성이 높다. 노는 건 고사하고 엄마를 찾으며 울지라도 않으면 다행이다. 반면 신뢰하는 보호자가 놀이공원 입구에서 편하게 기다리고 있다면, 아이는 그 공간을 뛰어다니며 새로운 놀이를 즐길 것이다. 즉, 보호자가 있다는 안정감이 아이로 하여금 새로운 도전에 나서게 하는 것이다. 이 경우 아이의 활발함은 의존성에서 나온다.

파트너는 생존 능력에 강력한 영향을 미친다. 단순히 자존감뿐 아니라 희망을 품고 꿈을 쫓는 노력에도 영향을 미친다. 베이스캠프가 확실해야 우리는 새로운 일에 자신감 있게 도전할 수 있다. 애착 이론은 우리가 연애와 결혼에서 얻는 만족감을 잘 설명해 준다. 애착 욕구를 채워주고 베이스캠프 역할을 성실히 수행하는 파트너를 둔 사람은 정신적, 육체적으로 훨씬 건강하며 실제로 수명도 길다. 앞서 대부분의 결혼은 실패한다고 이야기했지만, 행복조사를 해보면 부부인 사람들은 부부를 이루지 않은 사람들보다 평균적으로 행복한 것으로 나온다.

완벽한 사랑에 대한 환상과 결혼의 안정성

물론 꼭 일부일처의 일대일 관계에서만 이런 만족감이 발생하는 것은 아니다. 실험적인 관계에서도 얼마든지 서로의 욕구를 충족할 수 있고 안정감을 얻을 수 있다. 하지만 이런 관계에서는 현실적으로 어려움이 많다. 주변의 응원이나 제도적 밑받침이 없기에 훨씬 많은 노력이 필요하다. 사실 새로운 관계를 실험하는 건 여간 피곤한 일이 아니다. 맞든 틀리든 사회적 통념은 따르는 것만으로도 심적으로나 경제적으로 편해지는 측면이 있으며, 이는 에너지를 줄여서 다른 일에 집중할 수 있게 해준다. 현실적으로 그런 안정감을 얻는 가장 쉬운 방법은 평범한 연애와 평범한 결혼이다. 여전히 대다수 사람이 기존의 방식을 선택하는 건 그러고 싶지 않은데 사회에 굴복하는 게 아니라 그냥 그게 편한 거다.

이 전통적인 관계가 꼭 섹슈얼한 의미의 사랑에 기인할 필요도 없다. 우연히 알게 된 한 50대 여성이 있다. 이분은 좋은 대학을 나왔고 모델을 할 정도로 외모도 출중하다. 다만 집안 형편이 어려워서 20대 초반에 나이가 열 살 이상 많은 소위, 조건 좋은 남성을 만나 결혼을 했다. 누군가는 그녀의 선택을 비난할지 모른다. 하지만 내가 볼 때 중요한 건 이 부부가 현재 매우 잘 살고 있다는 점이다. 부인은 간간이 모델 활동과 약간의 집안일을 하고 나머지 시간엔 새로운 것을 배우고 취미 생활을 하며 여유롭게 보낸다. 남편은 집안을 잘 운영하는 아내를 둔 덕분에 일에 집중할 수 있었고, 지금은 이름만 대면 아는 큰 회사의 중역으로 일하고 있다.

한번은 섹스에 관한 이야기를 나눴는데, 그녀가 "저는 남편을 존경하지만, 성적으로 끌렸던 적은 한 번도 없어요"라고 고백했다. 내가 "인생은 한 번뿐이잖아요. 혹시 지금이라도 뜨거운 사랑을 해보고 싶진 않아요?"라고 물었더니, 그녀는 이렇게 답했다.

"저는 지금의 삶에 만족해요. 연애의 흥분을 경험해 보고 싶기도 하지만, 지금의 삶을 포기할 생각은 없어요. 그리고 저는 어려운 시절 저를 도와준 남편을 배신하고 싶지 않아요."

누구도 완벽히 이상적인 결혼 생활을 하지 않으며, 그런 관계를 구축할 수도 없다. 일부일처제를 공격하는 사람들은 부부

관계가 완벽하지 않다고 비난하는데, 사실 인간 사회의 어떤 관계도 완벽하지 않다. 중요한 건 관계를 통해 자신이 갖는 만족감이다. 이 여성과 그녀의 남편은 믿을 수 있는 상대를 만나 삶의 베이스캠프를 마련했다. 그러니 사랑 좀 안 하는 것이 무슨 큰 문제이겠는가.

사랑이 있든 없든 간에 정신적, 육체적으로 한 명의 남편 혹은 부인에게 초점을 맞추고 가족, 친구, 이웃, 나아가 잠깐 만나는 캐주얼한 섹스 파트너와 전남편 혹은 전처까지 양파 껍질처럼 차곡차곡 쌓인 울타리를 만듦으로써 우리 삶은 안정되고 행복해질 수 있다.

기혼자들의 만남을 주선하는 '애슐리 메디슨Ashley Madison' 이라는 사이트가 있다. 흔히 사람들은 불륜을 조장하는 사이트라고 부른다. 그런데 흥미로운 점이 있다. 이 사이트의 이용자를 대상으로 한 조사를 보면, 이들 중 현재의 가정을 깨고 싶어 하는 사람은 거의 없었다. 그들은 그냥 디저트 같은 데이트와 섹스를 원할 뿐이다. 그들은 가정을 벗어나고 싶은 것이 아니라 안정적인 울타리 내에서 그냥 여가를 즐기고 싶은 것뿐이다. 그런 의미에서 나는 바람피우는 건 일부일처제에 종속된 방식이라고 생각한다. 물론 파트너를 속이니 비겁하다고 할 수는 있지만, 그들은 가정을 깰 생각이 없다. 여전히 대다수 사람은 일부일처제를 원하며 안정적인 파트너를 원한다. 심지어 다른 이와 데이트를 즐기고 있더라도 말이다.

이쯤 되면 독자들은 내 글이 계속 돌고 돌고 돌고 있다는 사실을 깨달았을 것이다.

"그래서 일부일처가 본성이라는 거야, 아니면 자유로운 연애가 본성이라는 거야?"

사실 인간의 본성이 무엇인지는 이제 아무 상관이 없다. 각 집단이 처한 상황이 있고, 그에 따라 우리가 본성이라고 부르는 것도 적응하고 변한다. 일부일처제든 일부다처제든 일처다부제든 집단혼이든 난혼이든 간에 어떤 것이 자연스러운 것인지 평가하는 건 늘 당시의 가치관이다. 이제까지 길게 설명했듯이 인류는 그럴만한 상황이 되면 그런 형태를 취한다. 어둠 속의 일탈을 떠올려보라. 시대에 따라 사회적으로 옳다고 여겨지는 연애의 형태가 있을 뿐이다.

가령 암컷 사마귀는 짝짓기 중 25퍼센트의 확률로 수컷을 잡아먹는다. 그중 63퍼센트는 머리부터 뜯어먹는다. 그럼에도 수컷 사마귀는 성행위를 멈추지 않는다. 여러분의 눈에는 이것이 이해가 가는가? 하지만 이런 행동에도 이유가 있다. 수컷을 잡아먹은 암컷과 잡아먹지 않는 암컷을 비교해 봤더니 수컷을 잡아먹은 암컷이 알을 두 배 정도 많이 낳았다. 수컷은 자신의 몸을 영양분으로 제공해 자식을 퍼트린 것이다. 우리 눈에는 전혀 이해되지 않지만, 이 과정 자체가 적응이고 본성이다. 각 종이 환경 안에서 만들어온 방식이 있는 것이다.

그러니 일부일처제도 환상이고, 일부일처제가 환상이라는
것도 환상이다. 한 명을 만나 백년해로를 하든 여러 명과 사랑
을 나누든 혹은 그 시간에 맛있는 케이크를 먹든지 간에 자신
의 방식에 충실하면 그만이다. 그러니 남 뒷담화할 시간에 자
기 연애나 열심히 하자. 세상 모든 일에 회의적이라고 하더라
도 내 감정에까지 회의적일 필요는 없다. 똑똑한 사람일수록
사랑 앞에서는 무모해져야 매력적인 법이다. 그것이 인생을 송
두리째 망치더라도 말이지.

2021년 9월

범죄자
lives matter

　　진보와 보수, 혹은 좌파와 우파를 어떻게 구분
할 수 있을까?*

　　쉽게 사용하는 표현이지만 한 개인의 성향을 칼같이 구분
한다는 것은 생각보다 어려운 일이다. 가령 경제는 보수적인
정책을 지지하지만 인권 문제에 있어서는 진보적 입장에 서거
나 혹은 그 반대의 경우를 주변에서 흔히 찾아볼 수 있다. 특히
지금처럼 여러 계급과 층위가 뒤섞인 상황에서는 경우의 수가
더 많아졌다. 보수적인 사람이라도 노동자 계층이라면 경제 문
제에 있어서 진보적인 의견에 동의할 수 있고, 여성 연대를 외

---

* 엄밀하게 따지자면 진보와 좌파, 보수와 우파는 다른 개념이지만 사회적으로 통
용해서 사용하니 이 글에서는 진보와 보수라고 통칭해 사용한다.

치는 페미니스트라도 강남에 집이 있으면 종부세를 반대할 수 있다. 반대로 가난할 때는 자유시장 경제를 지지했다가 우연히 부자가 되어보니 시스템의 문제를 발견하고는 진보적으로 변하기도 한다. 각자 경험이 다른 상황에서 단편적인 의견만 보고 그 사람의 성향을 구분하기는 어렵다. 평균으로 따져야겠지만 그 평균이라는 것도 쉽지 않다. 흔히 "복지 천국"으로 부르는 북유럽 3국(스웨덴, 노르웨이, 덴마크)은 경제나 인권에 있어 진보적 의견을 가진 이의 비율이 한국보다 높은데, 그렇다고 그들이 한국인보다 태생적으로 더 진보적이라고는 할 수 없을 것이다. 사회 분위기와 받아온 교육의 차이가 평균의 차이를 만들었다고 보는 것이 합리적이다.

나에게는 진보와 보수를 나누는 나름의 기준이 있다. 정확히는 '찐'진보를 구분하는 테스트다. 당연한 말이지만 어떤 공신력도 없으며 순전히 나의 기준이다. 혹시나 오해할 분들을 위해 덧붙이자면 진보가 옳다거나 혹은 그 반대라는 의미는 아니다.

그래서 그 기준이 뭐냐? 세 가지 이슈에 대한 입장이다. 이 이슈에 대해 모두 진보적 입장을 취한다면 그 사람을 진보적이라고 평가한다. 반면 모두 부정적이라면 보수적이라고 보고, 이슈마다 입장이 갈린다면 태생은 보수적이지만 진보적 입장을 일부 체득한 정도로 이해한다. 밑밥을 좀 깔자면 이 기준을 모두 통과하는 이는 매우 매우 적다.

첫 번째 기준, 보편증세를 찬성하는지 여부다. 기본적으로 진보는 복지 확대를 지향한다. 그런데 복지라는 게 다 돈이다. 세금이 필요하다. 그래서 통상적으로 진보 성향의 유권자들은 증세에 찬성한다. 다만 딱 한 가지 예외가 있는데, 그건 바로 자기가 내는 세금이 늘어나는 경우다. 그러니까 상위 1퍼센트든 10퍼센트든 나와 상관없는 부자나 기업에 세금을 매기는 것에는 다수가 찬성하지만, 자신까지 포함해 모두에게 증세를 하자고 하면 입장이 미묘하게 달라진다. 서민들의 삶이 어렵고 블라블라. 세금은 모두에게 거둔 다음 필요한 곳에 사용하면 된다. 가난한 이가 세금을 내더라도 그 이상으로 돌려받을 테니 문제될 게 없다. 이에 동의한다면 세금에 반대할 이유가 없지만, 세금을 걷는다고 하면 일단 손사래부터 치게 되는 것이 인지상정이다. 이걸 이겨낼 수 있다면 1단계는 통과한 셈이다.

두 번째는 이민자 이슈다. 생명체는 자신과 생김새가 다르면 경계하도록 설계되어 있다. 너무 당연한 진화의 결과라 이민자에 대해 반감이 생기는 건 어느 정도 자연스러운 현상이다. 또한 여기서 말하는 이민자는 보통 한국보다 경제적으로 어렵고 정치적으로 불안한 곳에서 오는 이들을 의미한다. 결국 그들과 파이를 나눌 수 있느냐 하는 것인데 이는 보편증세와 마찬가지로 민감할 수 있는 부분이다. 진보의 성지나 다름없던 유럽에서도 결국 이민자 이슈로 극우가 득세하게 되었으니 꽤 결정적이라고 할 수 있겠다. 그래도 여기까지는 꽤 많은 이들이 진보적 입장을 취한다. 하지만 최후의 관문이 하나 있다.

범죄자도 약자일까?

세상에는 수많은 소수자가 있다. 그 많은 소수자 중에서 가장 약한 이들은 누구일까? 난민? 성소수자? 장애인? 하청업체 노동자? 노인? 어린아이? 정해진 답은 없지만 모두 각자의 어려움이 있을 것이다. 하지만 내 기준에서 세상에서 가장 약한 집단은 범죄자들이다.

그렇다. 진보적 성향을 평가하는 마지막 기준, 그건 바로 범죄자 인권에 대한 태도다. 벌써부터 짜증 내며 페이지를 넘기는 소리가 들린다. 이상하게 다른 이슈는 의견이 달라도 토론이 되는데 이 이슈는 듣지도 않으려고 한다. 그런데 그런 부분이야말로 범죄자들이 소수자 중의 소수자라는 증거다. 다른 약자들은 최소한 동정과 위로를 받는다. 그래서 도와주지는 못하더라도 안타까운 마음은 가지게 마련이다. 장애인 출근길 시위에 대해 부정적으로 생각하는 사람들조차 장애인 개개인을 나쁜 사람들이라고까지 생각하진 않는다. 하지만 범죄자의 권리에 대해 이야기하면 일단 욕부터 박고 시작한다. 그들이 열악한 환경에 감금되어 있다고 해도 인과응보 정도로 여길 뿐 심각하게 받아들이지 않는다. 그건 당연하고 그들에게 세금을 써서는 안 된다고, 심지어 그냥 죽여버리는 게 낫다고 말하는 이들도 심심찮게 찾아볼 수 있다. 물론 사람들이 그렇게 반응하는 것에는 그럴만한 이유가 있다고 생각한다. 하지만 그럼에도 범죄자의 인권은 다른 이의 인권 못지않게 중요하다.

나는 이 글에서 감정을 배제하고 내가 할 수 있는 한 최대한 합리적으로 그들의 인권을 보호하는 것이 사회에 유익하며 정의롭다는 논지를 쌓아나갈 것이다. 물론 끝까지 정독한다고 해도 대다수 독자는 내 입장에 동의하지 않을 것임을 이미 경험으로 알고 있다. 그럼에도 끝까지 읽어주실 분들에게 미리 감사의 인사를 전한다. 다른 의견을 경청할 수 있다는 것만으로도 당신은 존중받을 만하다.

온전히 개인이 저지르는 범죄는 없다

기본적인 것부터 시작해 보자. 죄를 짓고 잡혀서 사법 기관을 통해 유죄 판결을 받으면 공식적으로 범죄자가 된다. 억울한 누명을 쓴 경우가 없진 않겠지만, 대부분의 범죄자는 분명 잘못이 있다. 그런데 우리는 여기서 불편한 질문을 하나 해야 한다. 그러니까 범죄자의 범죄를 꼭 개인의 문제라고 할 수 있는가 하는 점이다.

죄가 명백히 밝혀진 범죄자의 재판 과정을 유심히 지켜보면 흥미로운 장면을 목격할 수 있다. 죄는 명확하니 처벌 수위를 놓고 변호사와 검사 사이에 말의 전쟁이 벌어진다. 변호사는 범죄자가 정신적으로 얼마나 나약한지, 경제 형편이 얼마나 어렵고, 부모가 어떤 쓰레기고, 얼마나 불우한 어린 시절을 보냈고, 사회적으로 어떤 차별을 받고 있는지 이야기한다. 그러면서 그 범죄자가 스스로 판단을 내릴 수 없는 상황이었음을 강조한다. 반대로 검사는 그 범죄자가 얼마나 치밀하게 그 범죄를 계획했는지, 어떻게 스스로 판단했는지를 증명하려고 한다. 별생각 없이 보면 당연한 과정이다. 하지만 곰곰이 생각해 보면 이 장면은 엄청난 아이러니를 품고 있다. 그러니까 범죄자 편인 변호사는 범죄자를 스스로 선택을 내리지도 못하는 무능력한 사람으로 만들고, 상대편인 검사는 오히려 범죄자를 자유로운 인격을 가졌으며, 책임을 질 수 있는 어른으로 대우한다. 만약 검사의 주장대로 범죄자가 자유로운 인격으로 판단된다면 그는 강한 처벌을 받을 것이요, 반대라면 약한 처벌을 받을 것이다.

《이기적 유전자》로 유명한 진화생물학자이자 과학 저술가인 리처드 도킨스Richard Dawkins는 《위험한 생각들》이라는 책에 "범죄자가 아니라 범죄자의 유전자를 벌하라"라는 파격적인 제목의 글을 실었다. 역시 원조 '어그로꾼'다운 제목이라 하겠다. 유튜브 썸네일이라면 안 눌러볼 수가 없지. 내용은 제목만 봐도 대충 상상이 가능할 테니 패스. 도킨스가 말했으니 진리라고 주장할 생각은 없다. 솔직히 도킨스가 언제적 도킨슨가. 《이기적 유전자》는 이제 과학책이라기보다는 철학서에 가깝다. 범죄 유전자가 특정되어 있는 것도 아니고 같은 일란성 쌍둥이라고 둘 다 범죄자가 되는 건 아니지 않은가. 모든 것을 유전자가 결정한다면 우리가 왜 그토록 빡세게 교육을 시키겠는가. 유전자와 환경 중 무엇이 얼마나 중요한가에 대해서는 학자와 시기별로 의견이 다르므로 그에 대한 논쟁을 벌일 생각은 전혀 없다. 하지만 어쨌든 우리가 처한 환경은 유전자 못지않게 중요하다. 그러니까 범죄자는 유전자만으로 만들어지지는 않는다. 환경 역시 유전자 못지않게 중요하다. 그런데 여기서 꼭 짚어야 할 부분이 있다. 교육이든 주변 환경이든 아무튼 그 모든 것이 합쳐진 것을 환경이라고 했을 때, 그렇다면 그 환경은 개인이 선택하는 것인가?

흥미로운 사례가 있다. 캐나다의 성형외과 의사인 에드워드 루이슨Edward Lewison은 범죄자의 얼굴이 일반인들보다 장애가 많으며 미적으로도 떨어진다는 사실을 발견한다. 그는 성형외과 의사로서 일종의 사명감을 느끼고 20년간 450여 명의 재소자에게 코 수술, 귀재건 수술, 턱교정 수술 등 성형 수술을 무상으로 제공했다. 재소자들의 삶에는 어떤 변화가 있었을까? 일단 성격이 변했다. 자신감이 생기고 과거보다 자신의 의견을 쉽게 표현하게 되었으며 교도소에서 하는 교육에도 적극적으로 참여한다. 무엇보다 루이슨의 수술을 받은 재소자들은 출소 후 다른 재소자에 비해 재범률이 절반 가까이 낮게 나타났다. 루이슨의 예측이 정확히 맞아떨어진 것이다. 외모는 우리가 가진 수많은 요소 중 하나에 불과하다. 한 사람이 범죄를 일으키는 데는 그 외에도 수많은 요소가 작동한다. 그런데 그 작은 요소 하나, 그것도 극히 일부가 바뀐 것만으로도 범죄 확률이 드라마틱하게 달라졌다. 한번 생각해 보자. 범죄가 발생하는 수많은 요소 중에서 범죄자 자신이 선택한 것은 얼마나 될까? 거의 없을 것이라 확신한다. 유전자가 더 중요하든 환경이 더 중요하든 간에 개인이 선택하지 않았다는 점에서 달라질 건 없다.

앞의 약자 이야기로 돌아가 보자. 사람들은 왜 범죄자를 약자라고 생각하지 않는가? 간단하다. 다른 약자들은 본인이 선택하지 않은 요소(장애, 성별, 성정체성, 나이, 인종 등)로 차별받지만, 범죄자는 자신이 저지른 죄로 인해 처벌받는 것이라고 생각하기 때문이다. 하지만 도킨스의 말처럼 범죄자의 범죄도 선택이 아닐 수 있다. 어디까지 환경과 유전의 영향이고 어디부터 개인 선택인지는 사건별로 따져봐야겠지만, 어쨌든 사람들이 분노하는 것보다는 범죄자 개인의 책임은 작을 수 있다.

그래서 범죄자를 처벌해서는 안 된다고 주장하는 것이 아니다. 범죄자를 처벌하지 않는다면 어떻게 사회가 제대로 운영되겠는가? 본인 잘못이든 아니든 죄를 지었으면 처벌을 받아야 시스템이 굴러간다. 과실 치사를 생각해 보라. 의도가 없었더라도 사람을 해하면 벌을 받는다. 이것이 우리가 맺은 사회 계약이다. 물론 개인이 계약서를 쓰진 않았지만, 암묵적으로 동의하고 있다. 이런 방식이 정당한지는 생각해 봐야겠지만 적어도 효율적이긴 하다. 어쨌든 사회는 운영되어야 하니까. 중요한 건 사법 제도는 결국 사회적으로 필요하기 때문에 만들어졌다는 것이다. 우리는 이 부분을 명확히 인식해야 한다. 옳고 그름 이전에 범죄자들은 사회적으로 필요하기 때문에 처벌을 받는다.

범죄자들의 학교, 교도소

사회의 안정을 위해 처벌을 하기로 했다면 그 방법이 필요하다. 물론 처벌이라고 표현은 했지만, 현대 국가에서는 범죄자를 처벌하지 않는다. 우리는 단지 '교화'를 한다. 그래서 민주주의가 발전한 대부분 국가는 사형이나 신체적 폭력은 사용하지 않는다. 간단한 범죄라면 벌금이나 교육, 심각한 범죄라면 징역을 살게 한다.

그런데 아주 사소한 문제가 하나 있다. 그들이 징역을 살 공간, 교도소를 운영하는 데는 많은 비용이 들어간다는 것이다. 한국의 교정 시설은 좋지 않다. 좁고 더럽고 밥은 맛이 없고, 관리할 인력도 부족하다. 당연히 통제도 잘 안 된다. '이래서 한국은 인권 후진국이야'라고 말하고 싶지만, 사실 일부 선진국을 제외하고는 세계 교정 시설 대부분이 낙후되어 있다. 동남아 국가에서 어쩌다 감옥에 갇힌 사람들의 썰을 들어보면 그곳은 7대 지옥보다 끔찍한 곳이다. 단순히 저개발국만 그런 것도 아니다. 민영화의 천국인 미국은 놀랍게도 교도소도 민영화되어 있는데, 실태가 흥미롭다 못해 무서울 정도다. 미국 교도소의 현실이 궁금하다면 기자인 셰인 바우어Shane Bauer가 쓴 논픽션 《아메리칸 프리즌》을 읽어보길 추천한다. 이 책을 읽다보면 한국의 교도소는 '혜자 중의 혜자'처럼 느껴지겠지만, 그렇다고 해서 한국의 교도소가 절대적으로 좋은 곳이라고 하긴 어렵다.

더 큰 문제는 그 낙후된 교도소조차 부족하다는 것이다. 그

깟 범죄자들 그냥 쑤셔 넣으면 되지 않느냐고 생각할지도 모르겠다. 문제는 다들 그렇게 생각하기 때문에 교도소는 애초에 만들 때부터 공간 자체를 좁게 설정한다. 안 그래도 좁은데 수용 인원보다 많은 재소자가 있으니 당연히 문제가 발생한다. 한국은 이제 세계 표준을 무시하기에는 너무 발전한 국가다. 한국에는 명확한 법 규정은 없지만 법무부 예규 등을 통해 수용 정원 산정기준을 2.58제곱미터당 1명으로 정하고 있다. 참고로 1평이 3.3제곱미터다. 매우 좁은 공간이지만 이조차도 나눠서 사용하고 있다.

2016년 헌법재판소는 교정 시설의 과밀수용행위에 대해 위헌 판결을 내렸다. 당시 문제가 된 수용자 1인당 사용가능면적은 1.06제곱미터에 불과했다. 고故 노회찬 의원은 2017년 국정감사에서 신문지 2장을 깔고 그 위에 눕는 퍼포먼스로 이 상황을 극적으로 표현하기도 했다. 헌법재판소는 현재 교정 시설이 "평균 신장인 사람이 팔다리를 마음껏 뻗기 어렵고 모로 누워 칼잠을 자야 할 정도로 매우 협소한 공간"이라고 지적하면서 "인간으로서 최소한의 품위를 유지할 수 없을 정도의 과밀수용행위는 인간 존엄과 가치를 침해하는 것으로서 위헌"이라고 판단했다. 그리고 "국가가 수용자 1인당 적어도 2.58제곱미터 이상의 면적을 확보해 주어야 한다"라고 덧붙였다. 하지만 이후에도 상황은 크게 나아지지 않았다. 국가인권위원회는 거의 매년 교정 시설의 과밀 문제를 지적하고 있지만, 부족한 예산 탓에 해결은 멀기만 하다.

2021년 재소자 3명이 국가를 상대로 손해배상을 청구했다. 주 논지는 자신들이 2제곱미터 이하의 좁은 공간에서 수감되어 인권유린을 당했다는 것이다. 우리같이 범부가 생각하기에는 범죄자가 교도소가 좁다고 국가를 고소하는 게 가당키나 한 일일까 싶겠지만, 실화다. 그리고 놀랍게도 이 재소자들은 승소했다. 대법원은 과밀수용 문제에 대한 국가 책임을 인정하고 배상을 명령했다. 배상 금액은 수용 기간에 따라 50만 원, 150만 원, 300만 원으로 금액 자체는 크지 않았지만 판례로 남았다는 것이 중요하다. 2023년에는 재소자 50여 명이 국가를 대상으로 집단 소송을 했고 역시 승소했다.

법원이 판결도 내렸고 국가는 이제 시설 확충을 해줘야 한다. 그런데 그 돈은 누가 내는가? 당연히 시민들이 낸 세금에서 해결해야 한다. 대중은 약간의 죄만 지은 사람도 다 처넣으라며 분노하지만, 막상 교도소 운영에 세금이 쓰인다고 하면 좋아하지 않는다. 정부로서는 곤혹스러운 부분이다. 대중의 요구도 맞춰야 하고 교도소 운영도 제대로 해야 한다. 그래서 낸 아이디어가 재소자를 줄이는 것이다. 공간을 늘릴 수 없으니 안에 사람을 줄이는 거지.

문재인 정부는 교정 시설의 과밀화 문제를 해결하기 위한 방편으로 재소자의 가석방 기준을 완화했다. 그 결과 2017년 26퍼센트였던 가석방 비율이 2020년에는 40퍼센트까지 늘어났다(현재는 30퍼센트대). 당연히 풀어준 만큼 교도소의 수용률도 줄어들었다. 2017년 교도소의 과밀화율은 115퍼센트를 넘었으나 2021년에는 106퍼센트까지 떨어졌다. 물론 여러분은 그렇게 생각할 것이다. 범죄자를 더 잡아 처넣어도 시원찮을 판에 형기를 다 안 채웠는데도 풀어준다고?

하지만 풀어주는 것이 교정에 더 도움이 될 수도 있다. 교도소는 교정을 위한 공간이지만 정반대의 역할을 한다. 교도소를 흔히 '학교'라는 별칭으로 부르곤 하는데 이건 단순한 농담이 아니다. 교도소에서 범죄자들은 범죄 수법을 배우고 인맥을 넓히고 새로운 범죄를 모의한다. 텔레그램Telegram* 비밀 채팅방이 범죄의 온상이 되어가는데 국가가 나서서 오프라인 채팅방까지 만들어주는 셈이다. 안 그래도 교도소 관리가 잘 안 되는데 과밀화까지 되어 있다 보니 마치 세균이 번식하듯 범죄도 번식한다. 모범수에게 가석방이라는 인센티브를 주는 것이 오히려 범죄 예방에 더 도움이 된다. 실제로 모범수의 재범률은 일반 재소자의 1/3 수준이다. 만약 그럼에도 여러분들이 그들을 풀어주고 싶지 않다면, 범죄가 더 퍼지지 않도록 그들에게 매우 쾌적한 환경을 제공하고 관리하는 인원을 대폭 늘리면 된다. 하지만 앞에서 말했듯이 시민들은 범죄자에게 세금을 쓰는 것을 좋아하지 않는다.

안심하지 못할 분들을 위해 첨언하자면 선진국이라 할 수 있는 일본과 캐나다의 가석방률은 50퍼센트에 이른다. 유럽은

---

* 영국 텔레그램 메신저(Telegram Messenger Inc.)가 운영하는 인터넷 메신저로 문자나 사진을 암호화해서 전송할 수 있고, 대화 내용의 흔적을 남기지 않을 수 있다.

가석방률은 높지 않지만, 수감률 자체가 원래 낮다. 웬만한 범죄로는 교도소에 가지 않는다. 그건 그 나라들이 인권 선진국이어서가 아니라 그렇게 운영하는 것이 훨씬 효과적이며 그 나라들도 우리와 마찬가지로 교도소가 부족하기 때문이다. 아무튼 정부가 나름 노력하고 있지만 앞서 봤듯이 과밀화율은 여전히 100퍼센트가 넘는다. 사회 변동 등으로 교정 시설 수요가 갑자기 늘어나는 상황도 대비해야 하니 95퍼센트 정도로 유지하면 좋겠는데 한국은 100퍼센트 밑으로 떨어진 적이 없다. 그러니까 지금도 누군가는 그 좁은 공간을 나눠서 사용하고 있다.

가장 기본이라고 할 수 있는 공간이 이 정도 수준이니 다른 부분도 훌륭할 것 같진 않다. 작은 집에 살아보신 분들은 다 알겠지만, 집이 좁으면 아무리 물건을 잘 정리하려고 해도 깔끔해지지가 않는다. 사람들의 요구는 갈수록 복잡해진다. 재소자들이라고 그러지 않을 이유가 없다. 지금은 단순히 공간 문제만 지적되지만, 조금 시간이 지나면 식사나 일과, 관리, 환경 등 폭넓은 지적과 반발을 마주할 것이다. 그렇다고 그들에게 최소한만 해주자는 말은 아니다. 나는 그들에게 그 이상을 해줘야 한다고 생각한다.

누구를 위한 격리인가?

이런 이야기를 하면 사람들은 왜 우리가 범죄자에게 돈을 써야 하는지를 묻는다. 여러 대답을 할 수 있겠지만, 내 사례로 설명을 해보고 싶다.

우리 아버지는 술을 좋아하신다. 술을 좋아하는 건 그냥 취향인데, 문제는 절제를 못하고 술버릇이 더럽다. 다행히 아직까지 타인에게 물리적인 폭력을 행사하진 않았지만, 욕설을 하고 기물을 파손하는 경우는 흔하게 있었다. 물론 여기까진 그러려니 할 수도 있다. 그런데 잠도 자지 않고 밤새 했던 말을 끊임없이 반복하는 최악의 버릇을 가지고 있다. 당연히 다른 사람도 못 가게 붙잡는다. 이게 진짜 사람 미치게 한다.

올해 추석에도 이런 상황이 반복됐다. 당연히 분위기는 싸늘해졌고, 친척들이 하나둘 자리를 떠났다. 나는 아버지를 방에 모신 뒤(라고 썼지만 사실상 끌고 가 침대에 눕힌 뒤) 방문을 닫고 문을 열지 못하게 밖에서 잡고 있었다. 일종의 감금을 한 셈이다. 아버지는 문을 열라며 욕을 하고 발길질을 했지만, 성인이 된 아들을 힘으로 이기긴 어려웠다. 그렇게 30분 정도가 지나자 아버지는 지쳐 잠드셨고, 집은 평화를 되찾았다. 내 입장에서 좋게 포장했지만, 아버지 입장에서는 호래자식이 따로 없겠지. 아무튼 아버지를 격리함으로써 나와 가족은 평화를 되찾았다.

자, 그럼 한번 생각해 보자. 아버지를 감금한 것은 누구를 위한 것인가? 아버지에게도 좋고 다른 가족들에게도 좋은 일이라고 생각은 하지만, 그래도 굳이 따지자면 아버지를 제외한 다른 가족을 위한 행동이었다. 나는 범죄자를 교도소에 가두는 것도 마찬가지라고 생각한다. 각 개인에게는 자유가 있다. 아버지에게는 술주정을 부릴 자유도, 집 안을 돌아다닐 자유도 있다. 문제는 아버지의 자유가 다른 가족에게 피해를 끼친다는 것이다. 그렇기에 나는 아버지의 자유를 제약했다. 물론 아버지가 자신의 죄(술주정)에 대해 응당한 처벌을 받는다고 생각하는 이도 있을 것이다. 그런 측면도 없진 않다. 하지만 어쨌든 감금 자체는 다른 가족을 위한 것이고 아버지의 자유를 제약했다는 사실이 달라지지는 않는다.

유전 때문이든 환경 때문이든 교화가 불가능한 연쇄살인범이 있다고 해보자. 이 사람이 풀려난다면 누군가를 죽일 가능성이 매우 높다. 그렇기에 우리는 그를 교도소에 감금한다. 마찬가지로 사기꾼이 있다고 해보자. 이 사람은 입만 열면 거짓말을 하고 사람들에게 피해를 끼친다. 우리는 또 다른 피해자를 막기 위해 사법 제도라는 정당한 절차를 거쳐 그를 교도소에 가둔다.

내 논지를 단순화하면 이렇다. 우리는 범죄자의 자유를 박탈한다. 왜냐면 그들이 사회에 있으면 다른 범죄를 일으켜 불특정 시민에게 피해를 입힐 수 있기 때문이다. 그러니까 범죄자를 교도소에 가두는 이유는 범죄자를 위해서가 아니라 결국 바깥에서 살아가는 우리를 위해서다. 아무리 정의의 이름으로 이를 포장한다고 해도 본질은 달라지지 않는다. 범죄자가 희생하고 있다는 표현은 이상하지만 그런 측면이 없다고 할 수 없다. 모두는 각자의 자유를 누릴 권리가 있다. 사람들은 죄책감을 느끼기 싫어한다. 그 상대가 악한 사람이라면 더 그럴 것이다. 그래서 범죄자가 악하기에 그를 가둔다는 논리를 자동으로 연결시킨다. 하지만 그사이 생략된 '우리를 위해'라는 수식어를 잊지 말아야 한다.

앞에서 말했듯이 범죄자의 범죄 중 상당 부분은 자신이 선택한 것이 아니다. 마찬가지로 대다수 시민이 선량한 것도 스스로 선택한 것이 아니다. 흔히 운에 따라 성공과 실패가 좌우된다고 한다. 우리가 사회적 약자를 배려하고 복지 정책을 만든 이유가 단순히 그들이 불쌍하기 때문은 아니다. 그들의 불행이 그들의 잘못만으로 이루어진 건 아니기에, 우리가 언제든 그들과 비슷한 처지가 될 수 있기 때문에, 보호책을 마련해 두는 것이다. 그렇다면 같은 원리로 사회의 안전을 위해 자신의 자유를 박탈당한 이들을 위해 우리가 어느 정도 대우를 해줄 수 있지 않을까? 아버지가 술을 먹고 행패를 부려서 반나절 방에 가둬두긴 했지만, 그렇다고 그 방이 최악의 시설일 필요까진 없지 않은가. 오히려 그 안에서 안락하게 보낼 수 있다면 호래자식인 내 마음도 조금은 편할 것이다.

선진국으로 분류되는 북유럽 국가들의 교정 시설을 살펴보면 좋아도 너무 심하게 좋다. 이를 보여주는 영상에는 "우리 집보다 좋다", "저런 곳이라면 일부러라도 들어가겠다" 같은 댓글이 수없이 달려 있다. 그 나라들에 가보지 않아서 모르겠지만, 아마 그 나라들은 기본적인 사회 인프라가 잘 갖춰져 있어서 교도소도 그만큼 좋은 것일 거다. 하지만 한번 생각해 보자. 교도소가 설혹 집보다 좋다고 해서 당신은 자유를 버리고 교도소에 들어가겠는가? 그런 사람도 일부 있을 수 있겠지만 대부분은 그러지 않을 것이다. 그만큼 자유는 중요하다. 군대를 다녀온 사람이라면 군 생활을 떠올려보라. 우리가 그 시절을 그토록 싫어하는 이유는 군 생활 자체가 힘들어서가 아니라 사회와 격리되어 있기 때문이다. 그러니까 어떤 이유에서든 누군가를 감금한다면 아무리 잘해준다고 해도 자유를 빼앗은 것을 대신할 수 없다. 그런 면에서 재소자들의 불만은 당연하다. 아무리 대우해 줘도 그들은 만족하지 않는다. 그게 감금이니까.

당신의 분노가 정당할지라도

추석 기간 동안 화제였던 영화 〈베테랑2〉와 〈무도실무관〉에는 복사한듯 비슷한 장면이 하나 등장한다. 흉악 범죄를 저지르고 수감되었다가 형기를 채우고 출소하는 강력범의 집 앞에서 군중들이 반대 시위를 하는 장면이다. 군중은 분노에 차서 범죄자에게 당장 떠나라며 죽여버리겠다고 소리친다. 이상하게도 범죄가 일어나는 장면보다 그 장면이 더 괴기스럽고 무섭게 느껴졌다. 영화적으로 과장해 연출한 것이겠지만, 그런 장면이 대중 영화에서 등장한다는 것은 적어도 대중들의 정서는 비슷하다는 의미일 것이다.

사람들은 범죄에 분노한다. 그건 지극히 당연하다. 하지만 그 감정이 정당하다고 해서 범죄자에게 아무렇게나 행동해도 된다는 뜻은 아니다. 재판을 받고 정해진 형기를 채운 범죄자는 사회적으로는 책임을 다한 것이다. 물론 나 역시 흉악범들의 형기가 너무 짧게 느껴질 때가 있다. 그들이 다시 저지를지도 모르는 새로운 범죄가 걱정된다. 앞에서 말했듯이 범죄가 자신의 선택이 아니었다면 추가적인 범죄 역시 언제든 일어날 수 있다. 한국의 교정 시설이 딱히 교정에 효과적인 것도 아니고, 설혹 제대로 된 교육이 이루어진다고 하더라도 범죄가 타고난다면 실효성이 얼마나 있는지도 의문스럽다. 강력범을 가까이서 연구한 프로파일러들이 하나같이 흉악범에게는 형기 이상의 추가적인 격리가 필요하다고 강조하는 것을 심각하게 받아들일 필요가 있다.

그런데 중요한 건 그들이 형기를 그 정도밖에 살지 않은 건 그들의 잘못이 아니라는 거다. 그들은 법에 따라 형기를 받았고 이를 채웠다. 만약 추가적인 수감이 필요하다고 생각한다면, 우리는 그들의 집이 아니라 국회에 가서 시위를 하는 것이 합리적이며 올바른 방식이다.

대중들의 과도한 분노와 공포는 이상한 정책을 만들어내기도 한다. 대표적인 게 피의자 신상을 공개하는 것이다. 지금도 인터넷에 들어가면 내 거주지 주변에서 살고 있는 일부 강력범을 확인할 수 있다. 그런데 대체 이게 우리의 삶에 무슨 도움이 되는가? 재발 가능성이 있는 범죄자에게 위치추적장치를 달아서 관리하는 것은 합리적이라고 생각하며 꼭 필요한 제도라고 생각한다. 하지만 일반 시민들까지 그 사실을 알 필요는 없다. 대체 내 주변에 범죄자가 거주한다는 걸 알아서 도움이 될 게 무엇이 있는가?

이런 이야기를 하면 "흉악범이 네 옆집에 살아도 그렇게 말할 수 있냐"라고 하며 따지는 이들이 있다. 그런데 정확히 그렇기 때문에 모르는 게 낫다는 거다. 나는 범죄자의 인권을 위해서 그들의 신상을 공개하지 말라고 하는 것이 아니다. 나도 거주지 근처에 범죄 가능성이 높은 사람이 살고 있다면 기분이 좋지 않을 것이다. 그러니까 제발 알려주지 말라고. 성범죄자가 주변에 산들 아이를 학교에 안 보내겠나, 학원에 안 보내겠나. 그냥 기분만 나쁘고 걱정만 더 할 뿐이다. 이런 정책은 전형적인 포퓰리즘이며 대중의 분노와 공포를 자극할 뿐 사회에 아무 도움도 되지 않는다.

인터넷에는 정의의 이름으로 사적 제재가 끊임없이 벌어진다. 은폐된 사건에 대한 폭로를 제외한다면 이런 사적 제재 중에 사회에 도움되는 것은 하나도 없다. 특히 이미 법 집행이 끝난 사건을 다시 언급하며 과거 범죄자를 괴롭히는 것은 정의의 탈을 쓰고 벌이는 집단 따돌림이나 다를 바 없다. 이런 말을 하면 "피해자의 심정으로 생각해 봐라", "네가 피해자여도 그렇게 말하겠냐"라고 하며 분노하는 이들이 있다. 그 사람들 말대로 나 혹은 내 주변 사람이 피해자가 된다면 나 역시 분노할 것이다. 피해자와 그 주변 사람들의 분노는 정당하다. 그 분노와 폭로를 지적하는 게 아니다. 피해자가 가해자의 처벌이 부족하다고 느껴서 복수를 감행한다면 우리는 충분히 공감할 수 있다. 사적 복수는 합법은 아니지만, 그렇다고 그 행위가 도덕적으로 잘못됐다고 생각하진 않는다.

하지만 우리가 그 피해자는 아니지 않은가. 지금 인터넷에서 벌어지는 사적 제재는 피해자와 전혀 관련 없는 제삼자들이 몰려들어서 벌이는 마녀사냥과 다를 바 없다. 왜 남의 일에 그렇게 관심이 많은가? 피해자에게 감정 이입을 한 것이라면 피해자를 위로해 주는 선에서 만족하라. 아무짝에도 도움이 되지 않고 심지어 자신조차 파괴하는 일에 몰두하지 말고. 솔직히 동네에 강력범이 거주하는 것보다 정의를 앞세워서 집단 린치를 가하는 사람이 떼로 있다는 게 더 섬뜩하다. 한 사람이 미쳐 있으면 가두면 그만인데 사회 전체가 떼로 미치니 어찌할 방법이 없다.

우리가 정의를 외치며 굳이 출소된 범죄자를 괴롭히지 않아도 그들은 충분히 어렵게 살아간다. 빨간 줄도 없는 우리도 먹고살기가 이렇게 힘든데, 빨간 줄 간 사람이 얼마나 힘들겠는가. 격리된 기간만큼 사회적으로 뒤처졌기에 가만히 놔둬도 적응하기 어렵다. 안 그래도 힘든데 사회적으로 왕따까지 당한다면 자포자기하고 다시 범죄의 유혹에 빠질지도 모른다. 당신은 범죄자를 응징한다고 말하겠지만 그 행동은 오히려 새로운 범죄를 부추기고 사회를 더 불안하게 만든다.

여기까지다. 어디까지 동의할지 모르겠지만, 범죄자의 인권에 대해 한 번쯤 생각해 보는 계기가 되었으면 좋겠다.

　과거 강력범죄에 관한 연구 기사를 보다가 친구와 사형제에 관해 나눴던 대화가 생각난다. 기사의 주 내용은 범죄자 중 일부는 그 성향을 타고날 수도 있다는 것이었다. 나는 범죄자가 타고난다면 그건 본인의 선택이 아니라는 측면에서 사형제가 폐지되어야 마땅하다고 주장했다. 반면 내 친구는 타고난다는 건 교화 가능성이 없다는 의미이므로 그냥 사형을 집행하는 것이 사회적으로 옳다고 주장했다.

　그 말을 하고 나와 내 친구는 동시에 웃음을 터트렸다. 동일한 정보를 놓고 정반대의 결론에 도달한 것이다. 내 판단이 옳고 친구가 틀렸다고 말할 생각은 없다. 두 주장 다 각자의 세계관에서는 지극히 합리적인 결론이다. 그래서 당신이 어떤 개념을 받아들여서 어떻게 사고하든 잘못됐다고 할 순 없다. 하지만 우리가 자신의 시각을 선택할 수 있다면 조금은 더 따뜻한 쪽이 좋지 않을까? 우리 모두 오지랖 좀 그만 부리고 편하게 살자. 범죄자를 위해서가 아니라 나와 내 주변 사람들을 위해서.

2024년 9월

계엄에 관한
몇 가지 상상

"자유 헌정질서를 지키기 위해 비상계엄을 선포합니다."

2024년 12월 3일 밤 10시, 윤석열 대통령은 대국민 긴급 담화를 통해 계엄을 선포했다. 대통령은 앞뒤가 맞지 않는 말을 구구절절 뱉었는데, 심지어 어느 정도 멀쩡해 보이는 저 마지막 멘트조차 전혀 앞뒤가 맞지 않았다. 계엄의 사전적 의미가 '비상 상황에서 군대를 동원해 시민의 자유를 일시적으로 제한하는 것'인데, 자유 헌정 질서를 지키기 위해서 계엄을 한다니……. 노벨문학상 수상자를 배출한 국가답게 문학적 허용으로 이해해 주고 싶지만, 아무리 생각해도 그런 테크닉을 사용할 분위기는 아니었다.

국내 정치에 대한 글은 웬만하면 쓰지 않으려고 하는 편이다. 하지만 출판사의 요청도 있고 무엇보다 '웬만하지' 않은 일이 벌어졌으니 평소 강조하던 배려심 같은 건 빼고 한번 이야기해 볼까 한다. 아마도 이 글은 이 책에서 가장 유통기한이 짧은 글이 되겠지만, 지금 이 시기에 출간되는 인문 교양서가 이 사건을 언급하지 않는 것도 직무유기니까.

참을 수 없는 존재의 가벼움

12·3 계엄 조치에 대한 첫인상은 공포나 분노가 아니라 어처구니없음, 그것도 실소였다. 계엄이라기보다는 내란이라는 표현이 더 적합한 것 같지만, 대통령이 스스로 계엄이라고 네이밍했으니 계엄이라고 불러주자. 이 역사적 순간에 게임을 하고 있던 나는 한 시간쯤 뒤에 소식을 전해 듣고는 곧장 국회로 달려갔다. 당시 친구에게 전화를 걸어 정확히 이렇게 이야기했다(다소 과격한 표현이지만 내가 받은 인상을 전달하기 위해 그대로 적겠다).

"야, 대통령이 (정치적으로) 자살한다는데 구경 가자."

민주주의를 지키자는 정의로움이 전혀 없진 않았겠지만, 솔직히 말해서 내가 국회로 간 가장 큰 이유는 다시없을 그 역사적 순간을 직관하고 싶었기 때문이다. 당시 국회 앞은 언제든 위험 구역으로 변할 수 있었다. 실제 군대가 국회를 습격했고 일부 충돌도 있었다. 그런데 나는 국회로 가면서 전혀 안위를 걱정하지 않았다. 친구가 속한 동네 메신저에는 계엄이 터진 지 한 시간이 지나기도 전에 안창살 공동구매에 대한 대화가 오갔다고 한다. 계엄은 계엄이고 소고기는 못 참지. 친구는 사람들이 어떻게 그럴 수 있느냐며 한탄했다. 하지만 어쩌면 그 주민이나 나의 행동이 이번 계엄을 가장 잘 보여준 그림인지도 모르겠다. 내가 왜 태연하게 국회 앞에 구경을 하러 갔는지, 친구의 동네 주민은 왜 평온하게 안창살을 구매했는지, 그 이유를 명확히 설명할 수는 없다. 하지만 대다수 대한민국 국민은 계엄이라는 그 엄청난 상황에서도 별일 없이 지나갈 것이라는 어떤 확신이 있었다고 생각한다.

그리고 실제로 계엄은 두 시간 만에 끝이 났다. 경미한 부상을 입은 이들이 몇몇 있었지만 사망자는 나오지 않았다. 많은 학생은 기대(?)와 달리 다음 날 정상 등교했고, 직장인은 출근했다. 그리고 "대통령 미친 거 아냐"라고 하며 마치 드라마 리뷰하듯 계엄을 리뷰했다. 환율이 오르고 코인 가격이 출렁이고 주식 시장이 충격을 받긴 했지만, 전날 밤 계엄이 벌어진 국가에서 다음 날 아무렇지 않게 주식 시장이 열린 것 자체가 이 계엄이 얼마나 무력했는지를 반증한다. 사람들은 놀라고 분노하고 일부는 밤잠을 설쳤지만, 일상에는 아무런 변화도 없었다. 그러니 실소가 날 수밖에. 12·3 계엄은 역사상 가장 우스꽝스러운 계엄이었다. 그리고 장담할 순 없지만 앞으로도 이런 바보 같은 계엄은 다시는 벌어지지 않을 것이다. 아이러니하게도 이번 계엄이 확인시켜준 건 딱 한 가지, 이제 한국에서는 불법 계엄이 불가능하다는 것이다. 대통령을 지지하는 이들은 이번 계엄을 '고도의 통치 행위'라고 옹호하기도 하는데, 통 크게 양보해서 계엄이 대통령의 통치 행위였다고 하더라도 그게 '고도'의 수는 절대 아닌 것 같다. 국가는 물론 자신의 앞날까지 완전히 망쳐버리는 선택을 어떻게 고도의 수단이라고 하겠나. 하수도 이런 하수가 없지.

어크로스 더 유니버스

워낙 바보 같은 계엄이었기 때문에 종종 어떻게 하면 대통령이 이 계엄을 성공시킬 수 있었을지, 혹은 성공은 못하더라도 어떻게 하면 자신에게 정치적으로 유리하게 만들 수 있었을지, 그 방안을 상상해 보곤 한다. 그런데 이 상상을 하면서 깨달았다. 대통령은 의외로 여러 번 기회가 있었다.

일단 계엄을 실행한 방식부터가 잘못됐다. 윤석열 대통령은 '야당의 입법 독재가 극에 달했고 국회가 범죄자 소굴이 되었다'며 계엄을 발표했다. 그런데 법적으로는 그 '범죄자'들이 계엄 철회를 요구하면 계엄을 철회해야 한다. 그리고 대통령은 그렇게 행동했다. 이 얼마나 우스운 상황인가. 자신의 주장대로라면 범죄자들에게 굴복한 것이 아닌가. 그것도 고작 6시간 만에. 만약 대통령이 진짜 국회가 문제가 있다고 판단해서 통치 행위를 한 것이라면 위법이라 한들 끝까지 밀어붙였어야 한다. 그랬으면 인명 피해가 발생하고 국가적 비극에 빼도 박도 못하고 내란범이 됐겠지만, 적어도 자신의 주장 안에서의 완결성과 합리성을 가질 수 있었다. 그리고 그건 오히려 정치적으로 상황을 유리하게 만들어 줄 수도 있었다. 만약 법을 지키기 위해서 대통령이 국회의 요구를 받아들인 것이라고 변명한다면, 애초에 국회에 군대를 보내지도 말았어야 한다. 그러니까 법대로 할 거면 처음부터 법대로 하고 국회가 문제니 법을 초월해서라도 밀어붙이겠다고 결심했다면 그대로 달렸어야 했다. 하지만 대통령은 목표도 이루지 못하고 범죄는 범죄대로 저질렀다. 그리고 하룻밤이 지나기도 전에 꼬리를 내렸다.

만약 대통령이 국회와 싸우기로 마음을 먹었다면, 계엄을 발표하기 전 국회 장악 및 주요인사들의 체포와 구금이 먼저 이루어졌어야 한다. 군대가 국회를 장악했다면 국회의원들이 무슨 수를 쓰더라도 회의장으로 뚫고 들어오긴 어려웠을 것이다. 고지를 점령한 군대를 민간인이 무슨 수로 탈환하겠는가. 그런데 계엄군은 의원들보다도 늦게 도착했다. 군대 출동이 늦어진 이유에 대해서는 여러 증언이 나오고 있는데 정확한 이유는 차차 밝혀질 것이고, 아무튼 상황이 어려웠다면 대통령은 계획을 철회했어야 한다. 헬기를 타고 오는데 택시보다 느리면 뭣하러 군대를 투입하나. 안 그래도 위법한 상황인데 그마저 계획대로 돌아가지 않으니 군인들도 명령에 복종하지 않은 것이다.

국회를 선 장악하고 주요 인사를 구금한다면 불법이 아니냐고 반문할 수 있겠지만, 앞서 말했듯이 국회를 막은 것부터가 이미 불법인데, 먼저 하느냐 늦게 하느냐가 무슨 큰 차이가 나겠는가. 차라리 초반에 확실한 우위를 점했다면 오히려 유리한 입장에서 후속 조치를 취할 수 있었을 것이다. 물론 국민 정서를 감안해 보면 아무리 군대가 빠르게 투입되고 작전이 성공했다 하더라도 계엄이 오래 지속되긴 어려웠겠지만, 적어도 이렇게 우습게 끝나진 않았겠지. 오늘도 더 나은 내일을 꿈꾸며 악행을 저지르고 있을 수많은 악당들에게 조언을 하나 해주자면 불법은 언제나 합법보다 빠르고 신속해야 한다.

여기까지는 불법을 가정한 것이고, 법 테두리 내에서 계엄을 진행할 방법은 없을까 상상해 보자. 여러분도 알다시피 계엄 자체는 법대로만 한다면 대통령의 권한이다. 이번 상상은 계엄사령부가 발표한 포고령에서 아이디어를 얻었다. 포고령(제1호) 다섯 번째 항목을 보면 "전공의를 비롯하여 파업 중이거나 의료 현장을 이탈한 모든 의료인은 48시간 내 본업에 복귀하여 충실히 근무하고 위반 시에는 계엄법에 의해 처단한다"라는 문구가 있다. "처단한다"라는 과격하고 올드한 표현이 논란이 됐는데, 앞서 말했듯이 이 계엄군들은 누구를 처단할 정도의 심지가 없었기에, 이건 그냥 40년 전 포고령을 참고해서 쓰다 보니 나온 단순한 해프닝이 아닌가 싶다. 물론 그 문구가 이상하다는 것을 느끼지 못하고 발표한 것에서 그들의 무능을 확인할 수 있지만, 아무튼 그 자체가 특이하진 않았다. 오히려 특이한 건 다섯 번째 항목의 내용이다. 40년 전 포고문에는 없던 내용으로 2024년 초부터 지속된 의료대란을 염두에 두고 추가로 넣은 문구다.

이들이 의식적으로 이 문구를 넣었다는 건 그만큼 의료대란이 심각한 상황이라는 것을 인지하고 있다는 의미다. 그렇다면 차라리 의료대란을 계엄령 전면에 내세웠다면 어땠을까? 의료대란이 이어진 지 1년이다. 전공의가 떠난 이후 의료 현장이 전쟁터가 되었다고 언론에서 떠들고 있는데, 그 비유 그대로 전쟁에 준하는 상황으로 판단하고 국민들의 안전을 위해서 계엄을 선언하는 거지. 일단 이렇게 되면 국회와 국회의원을 직접 공격한 것이 아니기에 여당과 협조할 수 있고, 야당도 지금처럼 격렬하게 비판하지는 않았을 수 있다.

무엇보다 정치 싸움에서는 명분이 중요한데, '종북세력' 같은 소리를 해서는 지지는커녕 반감을 사게 된다. 계엄 세력이 뒤늦게 찾아낸 것이 부정선거 이슈인데, 종북보다는 대중적으로 먹힐만한 소재라고 생각하지만, 국회의 정당성을 공격하는 것이므로 역시나 국회의 동의를 받아내기 어렵다. 무엇보다 대통령 본인도 선거라는 시스템을 통해 당선됐고, 자신이 행정부 수반으로 있는 상황에서 진행된 국회의원 선거에서 야당이 선거를 광범위하게 조작했다고 하는 것이 과연 대중을 설득할 수 있는지 모르겠다. 반면 의료개혁은 대통령의 주요 국정 과제 중 하나였고 어쨌든 국민의 목숨과 관계된 것으로 위급한 상황이라 판단할 수 있다. 의료대란은 이번 정부가 여론전에서 유일하게 대중적 지지를 받은 사안이기도 하다. 물론 그럼에도 의료대란이 계엄을 할 정도는 아니라고 대다수 국회의원과 시민들이 판단하겠지만, 대통령의 절박함에 대한 이해가 달랐을 것이다. 그러니까 지금 반응이 "내려와, 이 내란범아"라면, 명분만 잘 세웠어도 "이해는 하지만 계엄은 너무했어" 정도로는 바뀌었을 수 있다. 그러면 결론적으로 계엄은 철회되었겠지만 적어도 지금 같은 위기가 아니라 그야말로 고도의 통치 행위로 작동했을 수 있다. 탄핵이 국회를 통과하기도 어려웠을 것이고, 국회를 통과하더라도 헌법재판소에서 부결 날 가능성도 지금보다 훨씬 높았을 것이다.

계엄이 실패한 뒤에도 대통령은 여러 차례 기회가 있었다. 승부를 던지고 실패했을 때, 가장 좋은 수는 깔끔하게 관두는 것이다. 이건 예나 지금이나 마찬가지다. 대통령은 바로 다음 날 대국민 담화를 통해 스스로 사의를 표했어야 한다. 구구절절 설명할 필요도 없고 "절박한 마음에 상황 파악을 잘못했다. 국민 여러분께 사죄드린다. 대통령으로서 모든 책임을 지고 물러난다"라고 했으면 사건은 생각보다 조용히 마무리되었을 것이다. 내란죄는 가담만 해도 최소 5년의 형을 살아야 하는 중범죄다. 내란 수괴라면 무기징역 확정이다. 당연히 법대로 처벌을 하는 것이 옳지만 법의 주체는 사람이고 이는 판결에 영향을 미친다. 과연 스스로 물러난 대통령에게 내란죄를 물을 수 있었을까?

하지만 안타깝게도 대통령에게 사과란 계엄을 내리는 것보다 더 어려운 일이었나 보다. 그는 반성은커녕 오히려 자신은 잘못한 게 없다고 주장하고 있고 사법기관의 조사를 전면 회피 중이다. 아마 앞으로도 대통령의 입장은 달라지지 않을 것 같다. 이렇게 되면 사람들은 그를 끌어내리기 위해서라도 그의 잘못을 더 파고들고 더 크게 따져 물을 수밖에 없다. 당연히 내란죄로 처벌받을 확률도 올라간다.

각 단계별로 대통령에게는 항상 더 나은 선택이 존재했다. 물론 최고의 가정은 '그러니까 계엄을 안 했어야지'로 종결되지만. 대통령은 스스로 무덤을 파는 정도가 아니라 관을 짜고 들어가 전동 드릴로 나사까지 박았다. 한국은 계엄이 일어날 수 있는 상황이 아니었다. 계엄이 벌어지자마자 시민들은 국회로 달려가 민주주의를 지켜냈다. 시민들은 손으로 총구를 잡고 몸으로 장갑차를 막았다. 많은 시민들이 거리낌 없이 국회로 뛰쳐나갈 수 있었던 것은 역설적으로 한국에서는 계엄이 성공할 수 없을 것이라는 확신이 있었기 때문이다. 적어도 나는 그날 아무 일도 없을 것이라고 확신했다. 그렇다고 시민들의 용기를 폄하할 생각은 전혀 없다. 왜냐면 그런 환경을 만든 것 자체가 우리가 쌓아 올린 민주주의의 힘이니까. 대통령은 지금도 자신의 행동을 정당하다고 주장하고 있지만, 아마 책장 뒤에서는 미래의 윤석열이 "가만히 있어stay"* 라고 외치고 있을 것이다.

쓸데없는 가정들을 해봤는데 결국 우리는 한 가지 질문에

---

* 영화 〈인터스텔라〉에서 주인공 쿠퍼가 딸 머피와 헤어지기 직전인 과거의 자신에게 떠나지 말라며 모스 부호를 보내는 장면에서 한 대사다.

도달한다. 계엄이 일어난 이후 모든 시민과 언론이 가지고 있을 그 궁금증.

대체 왜 대통령은 이런 무리수를 뒀을까?

불안은 영혼을 잠식한다

계엄이 실패로 돌아가고 하루가 채 지나기도 전 세계 언론은 계엄의 이유를 분석하기 시작했다. 계엄을 발표하면서 대통령이 직접 이런저런 이유를 발표했지만, 알다시피 언론은 사람 말을 곧이 듣지 않는다.

다수의 언론이 영부인의 비리, 그리고 명태균 공천개입 스캔들로 위기가 커지자 계엄이라는 카드를 쓴 것이라고 해석했다. 실제로 그랬는지는 대통령 본인만 알겠지만 일단 언론의 추정이 맞다고 해보자. 그러면 이해가 되지 않는 부분이 있다. 그러니까 그는 탄핵(혹은 아내의 처벌)이 두려워 계엄을 했다는 건데, 사실 계엄령만 내리지 않았다면 그는 절대 탄핵당하지 않았을 것이다.

당시 상황을 한번 떠올려보라. 대통령이 계엄을 하기 전에 야당 측에서 이미 탄핵을 거론하며 대규모 야외 집회를 여러 차례 진행한 후였다. 집회에는 꽤 많은 인파가 모였지만 박근혜 탄핵을 요구하던 때와는 분위기가 사뭇 달랐다. 민주당이 주도적으로 조직한 시위였기에 야당 성향의 시민들만 참여했다. 반대편에서는 이재명 대표가 감옥에 가기 싫어서 벌이는 방탄 집회라며 비아냥거렸고, 그게 꼭 틀린 말도 아니었다.

명태균 측이 추가로 큰 건을 터트릴 계획이었기에 그에 앞서 계엄을 선포한 것이라는 찌라시도 있었는데, 그 건이 얼마나 큰지는 모르겠지만 설혹 터졌다 해도 정세가 크게 달라지지는 않았을 것 같다. 대통령의 지지는 이미 바닥이었고, 명태균 스캔들이 가져올 리스크도 정점을 찍은 상태였다. 같은 이슈로는 더 떨어질 것도 없었다. 시민들이 정치에 느끼는 염증은 극에 달해 있었다. 사람들은 대통령을 좋아하지 않았지만, 굳이 적극적으로 나서서 쫓아낼 의지도 없었다. 그러니까 계엄만 하지 않았다면 그는 그냥 욕먹는 대통령을 3년 더하면서 외국 순방 잘 다니고 편안히 임기를 채웠을 것이다.

이미 대통령을 끌어내린 경험이 있는 한국에서 탄핵은 시민들이 충분히 생각할 수 있는 경우의 수다. 그래서 민주당도 (자신들이 다수당임에도) 국회가 아니라 거리로 나와 탄핵을 외친 것이다. 그런데 왜 대통령이 내란을 일으키기 전까지 시민들은 탄핵에 호응하지 않았을까? 대통령 윤석열이 박근혜보다 더 나았는가? 전혀 아니다. 솔직히 윤석열 대통령의 행태를 보고 있노라면 박근혜 대통령을 탄핵한 게 미안할 정도다. 경제, 안보, 정치, 민생 어느 것 하나 박근혜 때보다 좋은 게 없다. 김건희에 비하면 최순실은 제갈공명이다. 미신이 판치고 영부인은 심각한 비리 혐의에 휩싸였다. 뇌물을 받은 것 자체가 문제인데 그게 가방인지 파우치인지를 논쟁해야 할 정도로 도덕성이 처참한 수준이었다. 그런데 국민권익위원회는 당사자가 아닌 배우자가 받은 선물은 뇌물이 아니라는 놀라운 결론을 내며 수사를 종결해 버렸다. 그리고 더 놀라운 건 이 사건은 윤석열 정부의 잘못 중에 사소한 것에 지나지 않는다는 것이다. 그런데도 시민들은 탄핵에 시큰둥했다. 왜? 이에 대한 분석은 여러 가지가 있는데, 제1야당인 민주당 탓도 있다. 이제까지 만난 독자층을 고려해 봤을 때 아마도 이 글은 진보 성향의 독자들이 많이 읽을 것 같으니 진보 진영도 한번 두들겨보자(개인적으로 민주당이 진보라고 생각하진 않지만, 일반적으로 그렇게 구분하니 여기서도 그렇게 하겠다).

민주당 지지자를 포함해서 진보 진영에서는 잘 인정하지 않는 게 있는데, 한국 정치 지형은 일반적 편견과 달리 진보가 살짝 유리하다. 과거에는 보수가 유리했는데, 아무래도 시간이 흐르면서 공고했던 보수 지지자들이 상당수 돌아가셨고, 민주화 세력의 주축이었던 4050이 사회 주류가 되면서 분위기가 진보 진영으로 넘어왔다. 젊은 층이 과거보다 보수화됐다고 평가하기도 하지만 어쨌든 젊은 세대는 진보 성향이 조금 더 많다. 그 결과 지난 10년간 있었던 전국 단위 선거에서 진보 진영은 모두 승리했다. 딱 한 번 졌는데 그게 지난 대통령 선거다. 그럼 그 선거에서는 왜 졌는가? 크게 두 가지 이유가 있을 텐데, 하나는 문재인 정권에 대한 실망이고 또 하나는 이재명 후보에 대한 비토veto다. 박근혜 대통령을 탄핵하고 등장한 문재인 정권은 초창기 범국민적 지지를 받았다. 새로운 정치에 대한 희망이 사회적으로 불타오를 때다. 그런데 이 열망이 실망으로 바뀌기까지 5년이 걸리지 않았다. 문재인 정부 평가에 대해서는 입장에 따라 다를 수 있지만, 반 이상은 나쁘게 본 것 같다. 그러니 정권 재창출에 실패한 거겠지.

거기에 이재명 대표의 사법리스크가 얹혔다. 탄핵을 밀어붙이려면 확실한 대안이 있어야 한다. 박근혜 대통령이 탄핵될 당시에 문재인, 이재명, 박원순, 안희정의 인기와 이미지를 생각해 보라. 놀랍게도 지금 이들의 평가가 모두 나빠졌지만, 당시만 해도 그렇지 않았다. 이들을 지지하진 않더라도 적어도 싫어하진 않았다. 그런데 지금의 이재명 대표는 지지자들을 제외하고 나면 전혀 확신을 주지 못하고 있다. 윤석열은 임기 내내 낮은 지지율에 시달렸는데, 민주당의 지지율 역시 지지부진했다. 계엄이 터지기 전까지 민주당 지지율은 여당과 엇비슷했고 더 적게 나오기도 했다. 사실상 양당제 국가인 한국에서는 다소 특이한 그림이었다. 대통령이 인기가 없으면 야당의 지지율이 높아야 하는데 전혀 그렇지 않았다. 이재명의 사법리스크는 실체가 있든 없든 유권자들에게는 확실히 인식되고 있다. 그런 면에서 윤석열과 이재명은 적대적 공생 관계이자 영혼의 단짝이다. 윤석열이 그 많은 폭거에도 어쨌든 정권을 유지할 수 있었던 건 이재명 때문이었고, 이재명이 그 많은 리스크에도 민주당이 다수당이 된 것은 윤석열 때문이다.

아무튼 그런 이유로 시민들은 계엄령 이전에는 탄핵에 적극적이지 않았고 그렇게 흘러갈 분위기였다. 특별히 식견이 탁월해서 하는 말이 아니라 당시 상황을 조금만 유심히 살펴봐도 누구나 알만한 그림이었다. 아마 대통령 주변에도 그런 조언을 해주는 이가 분명히 있었을 것이다. 그러니까 대통령은 그냥 하던 대로 했으면 된다. 그런데도 그는 무리수를 뒀다. 비판을 받을 때마다 히스테릭한 반응을 보이며 변명을 해댔다. 사람들은 윤석열 대통령을 무데뽀, 불도저 같은 식으로 평가하지만, 그는 대중의 여론에 비이성적으로 반응했다. 진짜 불도저들은 비난을 감수하고 간다. 하지만 그는 언제나 비난을 참지 못하고 과민 반응했다. 그러다 결국 계엄이라는 어처구니없는 상황에 이르렀다. 나는 그가 원래부터 계엄령을 내릴 만큼 극단적인 사람은 아니었을 거라고 생각한다. 하지만 불안함은 그를 점점 더 극단으로 몰았다. 그는 계엄을 합리화하기 위해 북한을 필요 이상으로 자극했고 국정을 완전히 망쳐버렸다.

피해의식은 이성을 마비시킨다. 비단 현 정부만의 이야기도 아니다. 문재인 정부 시절 그리고 지금까지도 민주당은 검찰개혁에 목을 맨다. 나는 늘 의문이었다. 검찰개혁은 필요할 수 있고 추진할 수도 있다. 하지만 시민들의 삶에 직접적인 영향을 주는 사안이 아니었는데, 민주당은 첫 번째 국정 과제로 검찰개혁을 내세웠다. 민주당의 피해의식은 조국 전 법무부장관 자녀의 입시 비리가 터져 나왔을 때 극에 달했다. 입시 비리는 정치와 거의 무관한 안건임에도 민주당은 이 사건과 검찰개혁을 세트로 묶었고, 조국 수호 같은 소리를 하며 거리 집회까지 불사했다. 그 결과는 참담했다. 개혁은 일부 이루어졌으나 개혁을 하기 전보다 검찰은 더 엉망이 되었고 심지어 수사 능력도 더 떨어졌다. 그리고 검찰이 정치 전면에 떠오르면서 검찰의 정치화는 더 심각해졌다.

민주당은 왜 그렇게 비이성적으로 행동했을까? 결론은 마찬가지다. 현재 민주당의 정체성은 권위주의 시절 민주화 운동을 통해 확립됐다. 그들에게 검찰이란 없는 범죄를 날조하고, 자신들을 잡아들여 고문하고 거짓 자백을 받아내는 존재들이었다. 현재 검찰에 그런 성격이 일부 남아 있을 수는 있겠지만, 민주화 운동 시절의 검찰과 지금의 검찰은 같은 선에서 이야기할 수 없다. 그런데도 민주당은 현실 인식에 실패했고, 결국 윤석열 당선의 일등공신이 되었다. 사실 윤석열만큼, 어쩌면 그 이상 한국 검찰을 망친 건 민주당이다.

서울의 봄

아무튼 사건은 벌어졌다. 이제 수습을 해야 한다. 첫 단계는 새 대통령을 뽑아 정상 국가가 되는 것이다. 그런데 여전히 윤석열 대통령을 지지하는 순수한 분들은 헌법재판소 판결이 미뤄지거나 혹은 부결이 날 것을 기대하고 있다. 그럴 확률은 매우 낮다고 생각하지만 세상일이란 게 맞닥뜨리기 전까지는 알 수 없으니 그들의 기대대로 부결이 될 수도 있겠지. 하지만 그렇다고 해서 달라질 건 없다. 과연 돌아온 윤석열 대통령이 대통령 업무를 할 수 있겠는가? 누가 그의 말을 듣겠는가? 그건 그냥 대한민국 전체를 지체시킬 뿐 아무런 의미도 갖지 못할 것이다. 시간이 지나면 국민들의 여론이 달라지지 않겠느냐고 '희망회로'를 돌리는 이들이 있는데 분노는 앙분이 풀려야 가라앉는다. 탄핵되지 않으면 보수 진영은 이자까지 더해서 분노를 받게 될 것이다.

이건 진보 보수를 따질 문제가 아니다. 계엄이 옳았느니 탄핵이 잘못됐느니 하면서 괜히 시간 끄는 것보다는 탄핵에 적극적으로 나선 다음 보수를 규합하는 것이 보수 세력에게도 더 나은 선택일 것이다. 종종 이재명 대표가 판결을 받은 뒤에 선거를 해야 한다고 주장하는 이들이 있는데, 이재명 대표는 선거에 나오는 것이 여러모로 좋다. 아니, 대한민국을 위해서 꼭 나와야 한다.

생각해 보라. 이재명 대표가 유죄 판결을 받고 피선거권이 박탈된다면 그 과정이 아무리 공정했다고 하더라도 지지자들은 이를 정치 보복이라고 선언할 것이다. 대체 공정하다는 것을 누가 어떻게 증명할 것인가? 이때는 내란 이상의 혼란이 발생할 수 있다. 물론 민주당 지지자들이 내란을 일으키지는 않겠지만, 양측 지지자들 사이에 감정의 골은 더 깊어질 것이고 이는 심각한 사회 문제가 될 수 있다. 미국 트럼프의 사례에서 봤듯이 가장 유력한 대선후보가 재판을 받아야 한다면, 그 판결은 법원이 아니라 선거라는 콜로세움(그게 당내 경선이든 본선이든)에서 결정되어야 한다. 대중이 손가락을 올릴지 내릴지

지켜볼 수 밖에 없다. 공정하다곤 할 수 없지만, 정치가 극단적으로 양분화된 곳에서는 역설적으로 그렇게 해야만 사회가 안정을 유지할 수 있다.

그리고 이건 보수에게 꼭 불리한 것도 아니다. 이번 선거는 어쨌든 야당 후보가 유리하다. 누가 나오든 야당 후보가 이길 것이다. 그래도 그나마 보수가 희망을 가지려면 사법리스크가 있는 이재명 대표와 맞붙어야 한다. 앞서 말했듯이 이재명에 대한 거부감은 광범위하게 퍼져 있다. 무능하고 부패한 대통령이 있어서 그의 지지가 유지됐는데, 대통령이 무너지고 나면 대중의 분노는 그에게 향할 수 있다. 반면, 이재명 대표의 피선거권이 박탈되면 오히려 보수는 진보를 절대 이길 수 없다. 왜냐고? 이재명 후보를 지지하는 사람은 이재명 후보의 억울함을 풀어주기 위해서 진보 후보를 지지할 것이고, 이재명 사법리스크 때문에 진보에 표를 주기 꺼리던 진보와 중도 성향의 유권자들도 진보 후보에 표를 던질 테니까. 이건 생각할 것도 없는 간단한 산수다.

나도 아는 걸 정치 일선에 있는 이들이 모를 리가 없다. 그러니까 지금 탄핵을 반대한다고 떠드는 정치인들은 윤석열을 지키거나 보수를 지키기 위해서 그렇게 행동하는 것이 아니다. 그냥 자신의 안위를 위해 탄핵을 저지하는 척하고 있는 것뿐이다. 정말 탄핵을 막으려고 했다면 두 번째 탄핵 표결에도 참여 자체를 하지 않았겠지. 그런 면에서 이들을 설득하는 것은 불가능하다. 나바호족의 속담처럼, 잠든 사람은 깨울 수 있어도 잠든 척하는 사람은 깨울 수 없다.

그리고 아무도 없었다

마지막으로 이번 계엄이 우리 사회에 남긴 것을 정리해 보자. 가장 큰 문제는 언제나 그렇듯이 경제인데 이건 또 장문을 써야 할 것 같으니 넘어가고, 정치 이야기만 해보자.

이번 계엄 장난질로 한국 정치가 군사정권 시절로 돌아갔다고들 하는데, 그렇진 않다. 물론 과거로 돌아가긴 했는데 그때는 아니다. 사실 이번 계엄은 앞에서 여러 차례 말했듯이 한국에서 계엄이 불가능하다는 사실을 증명했다. 한국의 민주주의가 얼마나 성숙했는지를 외려 보여줬다. 그러니 우리는 군사정권으로는 못 돌아간다. 대신 시계를 민주화 운동 시절로 돌려놓았다. 독재정권에 항거하던 그 시절, 모든 이슈가 정치에 매몰되던 그때 말이다. 산업화 세력이든 민주화 세력이든 심지어 군사정권조차 각자 자신들이 처한 시대 아래서 나름의 변화를 추구해 왔다. 옳든 그르든 국익의 측면에서 모두 시대가 요구한 역할이 있었고 일정 부분 해냈다. 중요한 건 한국은 이미 그 과정을 지나왔다는 것이다.

제대로 된 지도자는 국가를 미래로 나아가게 한다. 실패할 수도 있지만 새로운 청사진을 제시한다. 김대중이 그랬고, 노무현이 그랬고, 김영삼이 그랬다. 초기의 박정희가 그랬고 심지어 군사정권의 마지막 대통령이었던 노태우조차 과거와 결별하며 새로운 미래를 제시했다.

하지만 멍청한 지도자들은 늘 과거로 회귀한다. 이번 정부에서 이승만 대통령 복원 사업 같은 거 이야기할 때 진작에 알아봤어야 했다. 그러니까 헤어진 옛 연인 같은 거다. 아리아나 그란데부테라Ariana Grande-Butera의 노래처럼 "Thank u, next"하고 넘겨야 하는데, 한국 정치는 스토킹하는 전 연인처럼 지나간 시절을 붙잡고 놓아주지 않는다. 한류가 세계적으로 먹히면서 사람들의 인식이 이제 겨우 변하나 했더니 경제가 어려워지면서 산업화의 망령이 돌아왔고, 이번에는 유효기간이 다한 민주화 꼰대들의 생명력이 연장됐다.

지난 8월 김민석 의원이 대통령의 계엄을 경고했을 때, 정치평론가들은 모두 그를 비웃었다. 국민에게 괜한 공포심을 조장하지 말라고 타박했다. 그런데 대통령이 정말 계엄을 해버렸다. 물론 그 과정에서 한국은 계엄을 할 수 없는 곳임이 드러났다. 그러니까 김민석 의원의 발언을 비판했던 정치평론가들은 틀렸지만 틀린 게 아니다. 하지만 어쨌든 계엄은 일어났다. 이제 한동안은 누군가 "대통령이 계엄을 준비한다"거나 "군대가 쿠데타를 일으킨다" 같은 음모론을 제기하면 단순히 헛소리라고 치부하지 못할 것이다. 대통령의 체포 리스트에 올랐던 방송인 김어준 씨가 국회에서 언급한 '한동훈 대표 암살 계획' 같은 것이 대표적이다. 윤석열 대통령이 특수부대를 이용해 여당 대표를 납치해 암살하고 북한군의 소행으로 몰아서 계엄을 합리화한다는 엄청난 작전이다. 당연히 음모론이라고 생각한다. 솔직히 대통령이 계엄에 대처한 방식을 보면 그런 대범한 계획을 세울만한 인물로는 보이지 않는다. 하지만 바로 전날까지 음모론이었던 계엄도 실제 일어나지 않았나. 그러니 어떻게 그 암살 계획은 가짜라고 단정할 수 있겠는가.

이번 계엄은 한국 사회가 그동안 쌓아 올린 신뢰를 단번에 무너뜨렸다. 거기에 대통령이 선거 음모론까지 덧붙여서 신뢰를 아주 나락으로 보내버렸다. 대통령은 담화를 발표할 때마다 외국 투자자들에게 "한국은 믿지 못할 나라니 제발 투자금을 빼서 돌아가 주세요"라고 하며 사정하고 있다. 하나씩 의심하기 시작하면 모든 것이 문제가 된다. 그리고 그 신뢰를 회복하기 위해서는 비용이 발생한다. 모두가 카페에 있는 물건을 훔쳐 가지 않는다는 믿음이 있을 때는 누구나 긴장을 풀고 편하게 있을 수 있다. 택배 박스를 건드리지 않는다는 믿음이 있다면 부재중일 때 그냥 집 앞에 물건을 던져놓고 갈 수 있다. 하지만 그 믿음이 깨지면 하나하나가 다 비용이다. 사회적으로는 치안력 유지를 위해 경찰이 추가로 필요하고 각 개인도 더 많은 시간을 할애해야 한다. 전 연인이 스토킹하는 바람에 새로운 연애도 시작하지 못하는 꼴이다. 우리는 이제 당연하게 생각해 왔던 민주 시민의 권리를 위해 거리에 나서야 하고 분개해야 한다. 경제가 휘청이는데 민주주의를 지키겠다는 투사들에게 투표를 해야 한다.

윤석열 대통령은 운동권이 득세하던 민주화 시절로 시간을 되돌렸다. 나는 탄핵 집회에서 소위 과거 운동권이라는 분들이 매우 즐거워하는 모습을 봤다. 응원봉은 젊은 세대보다 중장년 층들이 더 좋아한다. 그래서 기사가 쏟아지는 것이다. 그들은 분노했다기보다는 신명이 났다. 웬만한 피부과 시술도 탄핵 집회만큼 그들을 회춘하게 할 수는 없을 것이다. 그 반짝이는 눈망울이란……. 나는 좋다. 누구라도 신나하는 모습을 보니까 보기 좋은데, 윤석열 대통령과 보수 진영이 가장 싫어하는 것이 바로 이런 모습 아닌가? 윤석열의 헛발질은 오히려 자신들이 가장 싫어하는 이들을 준동하게 만들었다. 정치적으로 이토록 무능할 수 있을까.

불안은 영혼을 잠식한다. 언론에서는 2차 세계 대전을 일으킨 히틀러나 이전 군사정권 시절 수괴들과 비교하기도 하던데, 윤석열 대통령은 그 급도 안 된다. 대통령은 국가는 물론 자신에게 뭐가 유리한지조차 제대로 파악하지 못했다. 피해의식에 사로잡혀 판단력을 잃었다. 말년에 히틀러가 그랬지만, 적어도 히틀러는 처음에는 전략을 잘 세웠다. 히틀러 역시 쿠데타를 기획하고 실패했지만, 적어도 그건 정치적으로는 좋은 수였다. 반면 이번 계엄은 처음부터 끝까지 일관되게 무능했다.

나는 정치인, 특히 대통령 정도 되는 지도자에게 도덕성은 그렇게 중요하다고 생각하지 않는다. 국가를 잘 운영하기만 한다면 소소한 비리나 스캔들 정도는 얼마든지 허용할 수 있다. 대통령이 운영하는 국가 예산이 수백조인데 가방 좀 받는 게 대수겠는가. 우리가 나아갈 방향만 잘 잡아준다면 그 정도는 쿨하게 눈감아 줄 수 있다. 황희 정승을 떠올려보라. 위인전에 나오는 인물이다 보니 마치 청백리 같은 삶을 살았을 거 같지만 사실 그는 부패한 관리였다. 그럼에도 세종대왕은 그를 중요한 직책에 오래오래 앉혀놓았다. 오히려 비리가 많았기에 그는 왕의 명령을 거역하지 못했다.

윤석열 대통령이 계엄을 일으켰기 때문에 그를 탄핵하는 것이 아니다. 그것이 그의 주장대로 국가를 발전시키기 위한 정치 행위였다면 시민들은 묵인했을 것이다. 그런데 그의 행위는 자신은 물론 자신의 지지 세력과 국가 전체를 완전히 망쳐버렸다. 그는 오직 자신의 불안을 잠재우기 위해 해서는 안 될 짓을 저질렀고 그 불안을 오히려 실현시켜 버렸다.

부패한 지도자에게는 국가를 맡길 수 있어도 무능한 지도자에게는 맡길 수 없다.

추신.

고백하자면 나는 윤석열 대통령을 인간적으로 꽤 좋아한다. 좋다는 감정은 상대적이니까 비교를 하자면 아직도 대통령을 옹호하는 한 10퍼센트 정도의 콘크리트 지지층을 빼고 나면 그다음이 내가 아닐까 싶다. 후보 시절에는 별로였는데 대통령이 된 이후 오히려 생각이 바뀌었다. 꼰대 같아 보여서 싫었는데, 알고 보니 순정파 로맨티스트더란 말이지. 특히 타인에게는 모두 욕먹는 로맨티스트. 욕을 먹어야 진짜 낭만이거든. 나는 어쩌면 대통령이 영부인의 죄를 덮어주기 위해 영부인보다 더 큰 죄를 저지른 건 아닐까 하는 상상까지 해봤다. 정말 멋진 남자라고 할 수 있지만, 안타깝게도 그런 사람은 대통령을 해서는 안 된다.

앞으로 대통령 부부의 삶에 좋은 일은 별로 없을 것 같다. 나는 대통령과 영부인이 수많은 난관에도 끝까지 서로 아껴주고 지켜주며 무엇보다 사랑하길 진심으로 기원한다. 역사상 훌륭한 로맨스 작품 치고 비극으로 끝나지 않은 경우가 드물다. 왜냐면 비극이 닥쳐야만 사랑이 '쩐'인지 확인할 수 있기 때문이다. 그런 면에서 진정한 로맨스의 완성은 비극일지도 모르겠다. 부디 최고의 연인에게 최고의 결말이 기다리길 빈다.

이제 제발 안녕이다. 사람이든 시대든.

2024년 12월

틀릴 결심

초판 1쇄 발행 2025년 2월 21일

지은이   오후
책임편집   김정하
디자인   이상재

펴낸곳   (주)바다출판사
주소   서울시 마포구 성지1길 30 3층
전화   02 - 322 - 3885(편집) 02 - 322 - 3575(마케팅)
팩스   02 - 322 - 3858
이메일   badabooks@daum.net
홈페이지   www.badabooks.co.kr

ISBN   979-11-6689-323-0 03300